JOHN MACMURRAY

ジョン・マクマレー研究

キリスト教と政治・社会・宗教

宮平　望

新教出版社

本書をアリスター・E・マクグラス教授に捧げる

目　次

凡　例	6
前　書	9

序　章　ジョン・マクマレー研究　13

第一節　ジョン・マクマレー研究の歴史　13

第二節　ジョン・マクマレー研究の方法　18

第一章　ジョン・マクマレーの生涯と思想　23

第一節　知的生活　23

第二節　科学とキリスト教に対する関心　26

第三節　平和への情熱　28

第四節　キリスト教と共産主義　32

第五節　宗教の意味　35

第六節　キリスト教の意味　38

第二章　共産主義と民主主義　48

第一節　共産主義──ヘーゲルからマルクスへ　48

第二節　共産主義──マルクスからマクマレーへ　51

第三節　共産主義と宗教　54

第四節　共産主義とイエス　57

第五節　民主主義とイエス　　　　　　　　　　62

第六節　民主主義と宗教　　　　　　　　　　　67

第七節　自由と現実　　　　　　　　　　　　　74

第八節　自由と友情　　　　　　　　　　　　　82

第三章　社会と共同体　　　　　　　　　88

第一節　世界観——機械論と有機体と人間性　　88

第二節　行為者と主体　　　　　　　　　　　　99

第三節　行為者と他者　　　　　　　　　　　104

第四節　人間的関係と非人間的関係　　　　　109

第五節　人間的共同体と非人間的社会　　　　118

第四章　宗教と信仰共同体　　　　　　129

第一節　理性と感情　　　　　　　　　　　　129

第二節　理性と宗教　　　　　　　　　　　　138

第三節　宗教と信仰共同体　　　　　　　　　141

第四節　宗教と経験　　　　　　　　　　　　148

第五節　ヘブライ人の信仰共同体　　　　　　152

第六節　キリスト者の信仰共同体　　　　　　155

第七節　イエスの信仰共同体　　　　　　　　164

結　章　ジョン・マクマレーへの批判的評価　　170

第一節　ジョン・マクマレーへの評価　　　　170

第二節　ジョン・マクマレーへの批判　　　　189

年　表　　　　　　　201

文献表　　　　　　204

事項索引　　　　　219

聖書箇所索引　　　228

後　書　　　　　　231

凡　例

1. cf. は「参照せよ」、p. は「ページ」、also は「また」、c. は「およそ」を表す。

2. f. 及び ff. は「以下」を表し、引用ページまたは参照ページが前者は二ページ、後者は三ページ以上に渡ることを表す。

3. ed. は「編集」を、tr. は「翻訳」を、intro. は「紹介」を表す。et al. は「他」を表す。

4. マクマレーの言葉であれ、私自身の言葉であれ、英語原語は直後に（……）で示し、マクマレーの英語原文における斜字体は〈……〉で示す。私自身による補足は、同一内容の別表記を示す（=……）と内容明示のための［……］である。

5. 文中での著作名は、明示する必要がなければ、巻末の文献表に記載の副題、シリーズ名、出版社、出版年などを省略し、原則として著者名と本題のみを引用する。マクマレーの著作の場合は、巻末の文献表に記載の省略記号のみを使用する。文献表の = は邦訳書を、≒ は部分的に重なる邦訳書を指す。

6. 文中で歴史的人物の姓のみを記す場合、そのフルネームと生没年を巻末の年表に別記するものもある。年に関しては、西暦 A. D. は省略し、紀元前 B. C. のみを記す。

7. ジョン・マクマレーの英語原本における主要語句については、基本的に下記の括弧内の訳語を使用するが、文脈において適宜、別訳を使用していることも多々ある。ただし、下記では便宜上、名詞形を中心に記している。なお、マクマレーが活用する最重要語の一つである「現実（reality）」とは、本書の「第二章　共産主義と民主主義」の「第七節　自由と現実」や「第三章　社会と共同体」の「第一節　世界観

——機械論と有機体と人間性」のそれぞれの冒頭で示しているように、人生に真の意義を与えるものであり、形式的には全体、具体的には宇宙、否定的には無限であり、これらの肯定的表現が「現実」である。また、Emotion（感情）と Feeling（感情）という用語は、意味内容上の明快な区別がなされていないが、Act（行い）は Event（出来事）の対義語であり、Action（行為）は Thinking（思考）の対義語とされている。

Act（行い）、Action（行為）、Activity（活動）、Behavior（行動）、Body（体、肉体）、Brotherhood（同胞意識）、Care（世話、配慮）、Communication（意思疎通）、Communion（信仰共同体、親交）、Communism（共産主義）、Community（共同体）、Conduct（振る舞い）、Contemplation（瞑想）、Creation（創造、創出）、Emotion（感情）、Enjoyment（楽しみ、享受）、Expression（表現）、Fear（恐怖）、Feel（感触）、Feeling（感情）、Fellowship（親睦、交友）、Form（形態、形式）、Friendship（友情）、Hate（憎悪、憎しみ）、Idea（理念、観念、概念）、Idealism（理想主義、観念論）、Illusion（幻想）、Imagination（想像、空想）、Immanence（内在）、Level（水準）、Life（生活、生命）、Love（愛、愛情、恋）、Mind（心）、Mode（様態）、Motivation（動機付け）、Motive（動機）、Movement（運動）、Nature（自然、性質）、Negative（消極的、否定的）、Pattern（型）、Perception（知覚）、Person（人間）、Personal（人間的、人間性）、Personality（人間性）、Positive（積極的、肯定的）、Process（過程、進展）、Quality（特質）、Realism（現実主義、実在論）、Reality（現実、実現）、Reflection（考察）、Relation（関係）、Religion（宗教）、Representation（表示、表明）、Schema（枠組み）、Sentiment（感傷）、Sign（印）、Society（社会）、Symbol（象徴）、Thought（思考、思想）、Transcendence（超越）、

1　Esther McIntosh, *John Macmurray's Religious Philosophy*, p.35. n.1.

2　John Macmurray, 'What is Action?' Esther McIntosh (ed. and intro.), *John Macmurray*, p.39.

Type（型式）、Unity（一致、統一、統一体）、Universality（普遍性）、Withdrawal（退却）

8. 聖書箇所は、下記の括弧内の引用表記を使用し、章と節は：で区切る。

旧約聖書：創世記（創世）　出エジプト記（出エ）　レビ記（レビ）　民数記（民数）　申命記（申命）　ヨシュア記（ヨシ）　士師記（士師）　ルツ記（ルツ）　サムエル記上（サム上）　サムエル記下（サム下）　列王記上（列王上）　列王記下（列王下）　歴代誌上（歴代上）　歴代誌下（歴代下）　エズラ記（エズ）　ネヘミヤ記（ネヘ）　エステル記（エス）　ヨブ記（ヨブ）　詩編（詩編）　箴言（箴言）　コヘレトの言葉（コヘ）　雅歌（雅歌）　イザヤ書（イザ）　エレミヤ書（エレ）　哀歌（哀歌）　エゼキエル書（エゼ）　ダニエル書（ダニ）　ホセア書（ホセ）　ヨエル書（ヨエ）　アモス書（アモ）　オバデヤ書（オバ）　ヨナ書（ヨナ）　ミカ書（ミカ）　ナホム書（ナホ）　ハバクク書（ハバ）　ゼファニヤ書（ゼフ）　ハガイ書（ハガ）　ゼカリヤ書（ゼカ）　マラキ書（マラ）

新約聖書：マタイによる福音書（マタ）　マルコによる福音書（マル）　ルカによる福音書（ルカ）　ヨハネによる福音書（ヨハ）　使徒言行録（使徒）　ローマ人への手紙（ロマ）　コリント人への手紙一（コリ一）　コリント人への手紙二（コリ二）　ガラテヤ人への手紙（ガラ）　エフェソ人への手紙（エフ）　フィリピ人への手紙（フィリ）　コロサイ人への手紙（コロ）　テサロニケ人への手紙一（テサ一）　テサロニケ人への手紙二（テサ二）　テモテへの手紙一（テモ一）　テモテへの手紙二（テモ二）　テトスへの手紙（テト）　フィレモンへの手紙（フィレ）　ヘブライ人への手紙（ヘブ）　ヤコブの手紙（ヤコ）　ペトロの手紙一（ペト一）　ペトロの手紙二（ペト二）　ヨハネの手紙一（ヨハ一）　ヨハネの手紙二（ヨハ二）　ヨハネの手紙三（ヨハ三）　ユダの手紙（ユダ）　ヨハネの黙示録（黙示）

前　書

　時は飛び去るが、流れ続けている（Time flies. Time flows.）。

　二十年という時が飛び去ったが、その間、本書の主題は私の心の中で流れ続けていた。二十年ほど前、主として博士論文執筆のために使用した研究書や論文と共に、ジョン・マクマレーの著作やコピーを携えてイギリスから日本に帰国し、このマクマレー関連文献を書斎の本棚の片隅に安置した。しかし、つい最近それらを紐解く時が来た。私は文字どおりそれらの紐を解き、今やそれらの内容を読者に忠実に紐解くことを望んでいる。そのような訳で、私は本書においてマクマレーの著作から広範囲に引用し、彼の言葉を彼自身に語らせることにした。

　一九九〇年代に私がジョン・マクマレー（John Macmurray, 1891年-1976年）の『関係における人間（*Persons in Relation*）』を初めて知ったのは、ガントンの『三位一体論神学の約束』という本を通してであり[3]、人間関係の現実に対するマクマレーの洞察を深く感動しつつ読む機会があったが、その際、日本の「人間」概念、つまり、文字どおり「人と人との間」という概念と比較しながら読み進めていた[4]。

　明確に著されたマクマレーの著作は、このような文化的風土にいる人々だけではなく、一般に哲学や宗教を学ぶ学生にも刺激的で有益である。事実、彼の代表的な著作の一つである「『宇宙を解釈する（*Interpreting the Universe*）』は、学生時代に読む必要のあった本の中で最も興味深いもの

3　Cf. Colin E. Gunton, *The Promise of Trinitarian Theology*, pp.90ff. Cf. also David A. S. Fergusson, *John Macmurray in a Nutshell*, p.22.

4　Cf. 宮平望『神の和の神学へ向けて』の「第四章　神の和の神学の風土的基盤」。

であったと、学生たちによって毎年、度々指摘されていた」。このように、ダンカン（1960 年 -61 年と 1966 年 -67 年、カナダ哲学会会長 [President of the Canadian Philosophical Association]）は、一九六〇年代、オンタリオ州キングストンのクイーンズ大学（Queen's University, Kingston, Ontario）の大教室で開かれていた一年生対象の哲学講義の知的雰囲気を活写している。

二十世紀の著名な宗教哲学者の一人であるヒックが、エディンバラ大学での自らの学生時代を回顧し、やや両面価値的であるが基本的に正当に評しているように、

　　　「マクマレーは、……自分自身の独創的な哲学を持っており、その影響
　　　力はジョン・マクマレー学会（John Macmurray Society）が存在するほど
　　　であり、それは今日も活動している。個人主義よりも、むしろ、共同体
　　　や相互依存を強調する彼の思想は、さらにトニー・ブレア（Tony Blair）
　　　首相にも影響を与えた。……しかしながら、若気の傲慢さや明敏さに
　　　満ちた私たちの中には、彼の哲学体系は十分な一貫性がないと考える者
　　　もいて、私自身もギッフォード講演が何年も後に出版された時、同じよ
　　　うに考えていた。……それにもかかわらず、人の生活は本質的に人間的
　　　（personal）であり、また、私たちはすべてお互いに相互依存的であると
　　　強調してくれたジョン・マクマレーに、私は依然として感謝の気持ちを
　　　抱いている」。

　コステロは、「ヨハン・セバスチャン・バッハは、メンデレスゾーンが一八〇〇年代初期に『発見』するまで、基本的にヨーロッパでは知られていないままであった」と指摘しつつ、マクマレーを「二十世紀イギリ

5　A. R. C. Duncan, 'Introduction,' IU, p. viii.

6　Cf. Eugene T. Long, 'DUNCAN, Alistair Robert Campbell (1915-1993),' p.244.

7　John Hick, *An Autobiography*, pp.66f.

8　John E. Costello, *John Macmurray*, p.10.

ス哲学界の秘蔵する最高の哲学者」、また、「二十一世紀のための哲学的提言者」であると、自らの詳細なマクマレー伝の中で称し、その巻末に、二十世紀スコットランドの代表的神学者の一人であるトランス（Thomas F. Torrance）によるマクマレー賛辞を次のように付加している。

　　「ジョン・マクマレーは現代哲学の静かな巨人であり、英語圏の学者や社会思想家の中で最も独創的、創造的である。……彼が自らの教育と執筆を通してなしたことの中には、萌芽から収穫に至るまでの一層長い時が込められている。というのは、彼の思想が人間実存の基盤の中に深く広く浸透するからである。したがって、もし、彼が正しく評価されるべきであるにもかかわらず、いまだにそうされていないのなら、それは、彼が私たちより五十年ほど先を進んでいるからである」。

9　John E. Costello, *John Macmurray*, p.16.

10　John E. Costello, *John Macmurray*, p.18. しかしながら、マクマレーと同世代の人々の中には、「彼は一九三〇年代にラジオ番組に登場することによって、……余りにも簡潔に書き、語った」とか（John E. Costello, *John Macmurray*, p.16）、彼のギッフォード講演（Gifford Lectures）では「多くの未解決部分を残した」と指摘した者もいる（John E. Costello, *John Macmurray*, p.333. Cf. John E. Costello, *John Macmurray*, pp.141, 300, 310）。むしろ、この点に関してマクマレーは部分的にスコットランド常識学派（the Scottish Commonsense School）の伝統の中におり（cf. Adam Hood, 'John E. Costello, *John Macmurray A Biography*,' p.243; Esther McIntosh, *John Macmurray's Religious Philosophy*, p.6）、この「未解決部分（loose ends）」が学際的に開かれた様々な種類の議論を招来するという積極的役割を果たしていると思われる。コウツ（J. B. Coates）は一九四四年に、「マクマレーは、現代文明が直面している大きな問題に取り組む私たちの思想家の中で最も学識の深い思想家の一人である。彼は宗教的洞察と実践的常識と経験主義を独特な仕方で組み合わせることで、種々の物事の価値の正しい知覚と健全な実践的知恵を同時に生み出す」と評している（J. B. Coates, 'John Macmurray,' p.113）。

11　John E. Costello, *John Macmurray*, p.422. トランスは自らの『神学的科学（*Theological Science*）』の中で、ジョン・マクマレーの著作に広範囲に依拠し、二十世紀イギリス国教会の影響力ある神学者の一人であるマッコーリーも、自らの『二十世紀の宗教思想（*Twentieth-Century Religious Thought*）』の中

このような人物の生涯と思想を日本語で紹介できることは、大きな喜びである。実に、マクマレーの思想こそ、各人の社会的立場に関係なく恐怖を信頼に置き換える反戦平和の人間関係論を、また、各人の帰属先国家に関係なく他者を隣人に変貌させるグローバルな共同体論を、さらに、各人の宗教的背景に関係なく来世を現世に導き入れる現世界中心的な宗教論を確立する一助となるだろう。

なお、本書はマクマレーの主要著書の出版社である Humanity Books (An Imprint of Prometheus Books)、Humanities Press International、Quaker Books (formerly Quaker Home Service)、Britain Yearly Meeting of the Religious Society of Friends (Quakers)、Faber、Student Christian Movement Press の働きに多くを負っている。改めてこれらの書肆に深甚の感謝の言葉を申し上げたい。

に「人間性の形態： J. マクマレー」という節を設けている（John Macquarrie, *Twentieth-Century Religious Thought*, pp.206f.）。

序　章　ジョン・マクマレー研究

　ジョン・マクマレーが一九七六年にこの世を去ってからすでに四十年以上もたつが、私たちは少なくとも時間的に依然として、彼に懸命に追い付こうとしている。「前書」で示したように、彼は「私たちより五十年ほど先を進んでいるからである」[12]。この期間、幾つもの型式のマクマレー研究が行われ、生み出されてきた。まず、それらの歴史を検討し、その後、本書の研究で用いられる方法を示そう。

第一節　ジョン・マクマレー研究の歴史

　ジョン・マクマレー研究は主として、入門書や彼の著作の抜粋からなる解説書、記念論文集や雑誌の特集、専門的学術書、比較研究書、宗教学、倫理、哲学の教科書からなる。マクマレー関係の諸機関もまた、彼の思想を共有し普及するという重要かつ不可欠な役割を果たしてきている。この節では、これらの幾つかをこの種類順に、各々年代順に紹介しよう。

　ウォレンの『現実になるということ　ジョン・マクマレーの思想入門』(Jeanne Warren, *Becoming Real An Introduction to the Thought of John Macmurray*, 1989 年) は、かつてイギリス哲学界で無視されていたジョン・マクマレーの主要著作の幾つかを広範囲に引用し、紹介している[13]。ファガソンの

12　John E. Costello, *John Macmurray*, p.422.

13　Cf. Jeanne Warren, *Becoming Real*, pp.1, 5. Cf. also Philip Conford (ed.), *The Personal World*, pp.13, 17f. ; Kenneth C. Barnes, *A Vast Bundle of Opportunities*, p.47; Cairns Craig, 'Editorial,' p. i; A. R. C. Duncan, *On the Nature of Persons*, p.2; Michael Fielding, 'The Point of Politics: Friendship and Community in Macmurray,' David Fergusson and Nigel Dower (eds.), *John Macmurray*, p.218; Esther McIntosh, *John Macmurray's Religious Philosophy*, p.209.

14

『ジョン・マクマレーの要点』（David A. S. Fergusson, *John Macmurray in a Nutshell*, 1992 年）は、「人間が自分自身を見いだす世界を反映している科学、芸術、心理学、政治理論、宗教の間の合理的関連を確立」しようとするマクマレーの著作の全体的論的側面を強調し[14]、彼の思想の幾つかを神学的、哲学的視点から批評している。一九九〇年代は、ジョン・マクマレーの名前が一般大衆に浸透する契機を迎えた。マクマレーの著作が当時の労働党党首トニー・ブレア（Tony Blair）に影響を与えていることが知られるようになったからである[15]。ブレアによる序文は、マクマレーの作品集であるコンフォード編集の『人間的世界　自己と社会におけるジョン・マクマレー』（Philip Conford [ed.], *The Personal World　John Macmurray in Self and Society*, 1996 年）に含まれている。マクマレーの各分野の著作の抜粋と簡潔にしてよくまとまった序章からなる同様にして有益なもう一冊の作品集は、二〇〇四年に出版されたマッキントッシュ編集の『ジョン・マクマレー哲学選集』（Esther McIntosh [ed. and intro.], *John Macmurray Selected Philosophical Writings*）である。

　逆上って一九七五年、マクマレーの生涯の最終年に近づいた年、レンは『人間的宇宙　ジョン・マクマレー献呈論文集』（Thomas E. Wren [ed.], *The Personal Universe　Essays in Honor of John Macmurray*）を編集、出版した。この記念論文集はマクマレーによる「科学と客観性」（'Science and Objectivity'）という最後の学術論文と共に、バーンズ（W. H. F. Barnes）、ルイス（H. D. Lewis）という二人のギッフォード講演者による寄稿も含んでいる。一九九一年、ジョン・マクマレーの生誕百周年記念会での発表は後に、『哲学と神学　第六巻　一九九一年／一九九二年　第

14　David A. S. Fergusson, *John Macmurray in a Nutshell*, p.2.

15　マッキントッシュによると、マクマレーの共同体理解とブレアの共同体理解は異なる。例えば、「強制的な『地域奉仕活動（community-work）』に対するブレアの高望みとは逆に、マクマレーは隷属（servitude）を観念論的に増進することに反対している」（Esther McIntosh, 'Community and Society,' p.75, cf. Frank G. Kirkpatrick, *John Macmurray*, pp.157f.）。

四号　一九九二年夏』（*Philosophy and Theology　Volume* 6　1991/92　#4 *Summer*, 1992）と『チャップマン　スコットランド高級文学誌　第七三号　一九九三年夏』（*Chapman　Scotland's Quality Literary Magazine　No*73 *Summer* 1993）において特集として掲載され、より最近では二〇〇七年、アバディーン大学スコットランド思想研究所（The Centre for Scottish Thought, University of Aberdeen）が、『スコットランド思想誌』（*Journal of Scottish Thought*）の第一号第一巻を専らマッキーバー（Robert Morrison MacIver）とマクマレー二人に関する論文特集号として発行した。

　マクマレーに関する学術研究書は、幾つもの方面から着実に生み出され続けている。取り分け、著名なマクマレー研究者であるカークパトリック（Frank G. Kirkpatrick）は、マクマレーや他の哲学者らの洞察に依拠しつつ、共同体や行為性に関する重要な著書を出版し続けている。それらには、『共同体　三つの様式』（*Community　A Trinity of Models*, 1986 年）、『共に結ばれて　神と歴史と宗教共同体』（*Together Bound　God, History & the Religious Community*, 1994 年）、『共同体の倫理学』（*The Ethics of Community*, 2001 年）、『有神論的倫理のための道徳的存在論　愛と正義において諸国を集める』（*A Moral Ontology for a Theistic Ethic　Gathering the Nations in Love and Justice*, 2003 年）、『ジョン・マクマレー　政治哲学を超える共同体』（*John Macmurray　Community beyond Political Philosophy*, 2005 年）、『神の神秘と働き　世界における神の存在と行為』（*The Mystery and Agency of God　Divine Being and Action in the World*, 2014 年）が含まれる。『人間の性質について』（*On the Nature of Persons*, 1990 年）は、著者であるダンカン（A. R. C. Duncan）自身によって「マクマレーの思想の短篇入門書」と呼ばれているが[16]、むしろ、他の哲学者たちや彼らの概念との関連で著された実質的な研究書である。ファガソン（David A. S. Fergusson）とダウア（Nigel Dower）によって共同編集された『ジョン・マクマレー　批判的視点』（*John Macmurray　Critical Perspectives*, 2002 年）

16　A. R. C. Duncan, *On the Nature of Persons*, p. ix.

は、一九九八年に開催されたジョン・マクマレーの著作の学際的国際会議の豊かな成果である。マクマレーの出版された文書や資料のみならず未出版のものにも依拠しているマッキントッシュの『ジョン・マクマレーの宗教的哲学』(Esther McIntosh, *John Macmurray's Religious Philosophy*, 2011 年)は、宗教的性質を強調した彼の哲学に関する最初の本格的、網羅的、組織的研究であり[17]、そのようなものとして今後のすべてのマクマレー研究の必読書である。

　マクマレーと他の学者の比較研究は、マクマレーの思想を単に明確な浮き彫りにするだけでなく、相互交流のない研究状況においても驚くべきほど類似した見解に逢着している場合があることも示している。それらの秀逸な研究には、クリーマーの『旅への指針　ジョン・マクマレー　バーナード・ロナガン　ジェームズ・ファウラー』(David G. Creamer, *Guides for the Journey John Macmurray Bernard Lonergan James Fowler*, 1996 年)、フードの『ベイリー、オーマン、マクマレー　経験と宗教的信仰』(Adam Hood, *Baillie, Oman and Macmurray Experience and Religious Belief*, 2003 年)、クラークの『人間関係理論　フェアバーン、マクマレー、サティ』(Graham S. Clarke, *Personal Relations Theory Fairbairn, Macmurray and Suttie*, 2006 年)、ケネディーの『摂理と人格主義　カール・バルトとオースティン・ファーラー、ジョン・マクマレー、ヴィンセント・ブリュンマーとの対話』(Darren M. Kennedy, *Providence and Personalism Karl Barth in Conversation with Austin Farrer, John Macmurray and Vincent Brümmer*, 2011 年)、ブレットの『人間の神学的概念　カール・ラーナーの神学とジョン・マクマレーの哲学の対話』(Gregory Brett, *The Theological Notion of the Human Person A Conversation between the Theology of Karl Rahner and the Philosophy of John Macmurray*, 2013 年)がある。

　かつては奇妙に(weirdly)無視され、今や広く(widely)知られるよ

17　Cf. Esther McIntosh, *John Macmurray's Religious Philosophy*, p.5. Cf. also A. R. C. Duncan, *On the Nature of Persons*, pp.118f.

うになったジョン・マクマレーは、宗教、倫理学、哲学の主要な教科書の適切な箇所に落ち着いている。例えば、マッコーリーの『二十世紀の宗教思想　哲学と神学の最前線　一九〇〇年から一九八〇年まで』（John Macquarrie, *Twentieth-Century Religious Thought The Frontiers of Philosophy and Theology*, 1900-1980, 1981 年）、ジェフコの『現代倫理学の諸問題　人格主義的視点』（Walter G. Jeffko, *Contemporary Ethical Issues A Personalist Perspective*, 2013 年）、そして、グラハム編集の『十九世紀と二十世紀のスコットランド哲学』（Gordon Graham [ed.], *Scottish Philosophy in the Nineteenth & Twentieth Centuries*, 2015 年）が挙げられるだろう。

　マクマレーの著作に対する様々な反応にもかかわらず、彼が英語圏諸国に与えてきた影響力は相当なものであり、一九七一年カナダでジョン・マクマレー学会（the John Macmurray Society）が設立され、後に国際ジョン・マクマレー学会（the International John Macmurray Association）となった。また、一九九三年イギリスではジョン・マクマレー交友会（the John Macmurray Fellowship）が設立され、両者共に出版、会議、インターネットなど、種々の方法によってマクマレーの思想を普及させている[18]。コステロ（John E. Costello）は、トロント大学のリージス学寮（Regis College, the University of Toronto）にマクマレーの著作を網羅的に収集した偉業で著名であり、未出版の手紙や資料を含むその広範囲に及ぶ文献に基づいて、『ジョン・マクマレー伝記』（*John Macmurray A Biography*）を二〇〇二年に完成、出版した。

18　Cf. Philip Conford (ed.), *The Personal World*, p.223. Cf. also David A. S. Fergusson, *John Macmurray in a Nutshell*, p.21; John Hick, *An Autobiography*, p.66; Stanley M. Harrison, 'The John Macmurray Centenary,' p.69; Jack Costello SJ, 'The Life and Thought of John Macmurray,' David Fergusson and Nigel Dower (eds.), *John Macmurray*, p.32. これら二つの主要な団体のうちジョン・マクマレー交友会は、現在も活動中であることがそのウェブサイトから確認できる。

序　章　ジョン・マクマレー研究

第二節　ジョン・マクマレー研究の方法

　自らの経歴を顧みてマクマレーは、自分自身を「哲学者」、「社会史研究者」、「宗教的求道者」であると三重に確認する（SRR, p.24）[19]。このことは、本書が「第二章　共産主義と民主主義」、「第三章　社会と共同体」、「第四章　宗教と信仰共同体」という三つの主要な章を構成するように導いてくれる。言うまでもなく、これらの章で取り組もうとしている諸問題が多くの重要な点で相互に重なり合っていることは、各章の「共産主義（communism）」、「共同体（community）」、「信仰共同体（communion）」という用語がすべて、「共に（together with）」という意味を持つラテン語の「cum」に由来する英語の「co」という接頭辞を含み[20]、人々がある程度それぞれの財産と生活と信仰をお互いに共有するだけでなく、これらの三つの基本的構成要素が各個人において密接に絡み合っていることからも明白である。

　一般的に言って、マクマレーは戦前から「共産主義」の研究を開始し、戦後も、家族から地球規模に至る「共同体」が実現されうる方法を探究し続け、最終的に彼は「キリスト友会（the Society of Friends）」という「信仰共同体」に入会した[21]。ある意味で、彼は共産主義に「半分（half）」同

19　クレイグはマクマレーを「博識家（generalist）」と呼ぶ。博識家にとって、「哲学は人間経験の全側面の一般的（general）説明のための基盤であり、自らの置かれている特定の歴史的環境に対する応答のための基盤であった」(Cairns Craig, 'Editorial,' pp. xvf.)。マクグラスの示した「マクロ神学（macrotheology）」と「ミクロ神学（microtheology）」という区別に基づけば、マクマレーを「マクロ哲学者（macrophilosopher）」と呼ぶことができるだろう（cf. Alister E. McGrath, *The Science of God*, p.248）。

20　'cum,' P. G. W. Glare (ed.), *Oxford Latin Dictionary*, p.467.

21　マクマレーはすでに一九二九年に、「親交（communion）」という用語の重要性に気づいていた。「人間的一致の中で共に結び付けられており、相互知識と相互活動が不可分の側面として融合されている人々の充実した関係は、おそらく『親交（communion）』という用語で最も適切に表現されるだろう」

情的であり（SRR, p.27）[22]、ある程度「共同体主義者（communitarian）」であり[23]、むしろ、造語をするならば「信仰共同体主義者（communionarian）」と言えるだろう。本書の構造は、彼のこのような推移に対応している。

　それにもかかわらず、マクマレーが自らの生涯を通してキリスト者であり続けたことは、彼に対して最も大きな影響を与えたものがイエスの教えであることを疑いなく示している。彼が述べているように、

　　「生活と思想を分離することはできないというのが、イエスの宗教の特
　　徴である。理論と実践の一致は、あらゆる現実的な弁証法的思考の基盤
　　であり、したがって、イエスの教えを彼の生活様式に直接的に関係づけ
　　ることなく説明することはできない。これらの二つを分断することは、
　　確かに、現実と観念との区別を導入する最も簡単な方法の一つであり、
　　それは幻想的宗教の特徴である。私たちが、人類の真の共同体の創造と
　　しての天の王国に直接的関心を持っていたイエスの教えの一側面を考察

（PPE, pp.326f.）。

22　Cf. 本書「第一章　ジョン・マクマレーの生涯と思想」の「第四節　キリスト教と共産主義」。

23　「共同体主義（communitarianism）」については、cf. Amitai Etzioni, *The Spirit of Community*. Cf. also John E. Costello, *John Macmurray*, p.311; Philip Conford (ed.), *The Personal World*, p.24. マクマレーと共同体主義たちとの名目上の同定に対する警告については、cf. Frank G. Kirkpatrick, 'Public and Private: The Search for a Political Philosophy That Does Justice to Both without Excluding Love,' David Fergusson and Nigel Dower (eds.), *John Macmurray*, pp.192f. ; Frank G. Kirkpatrick, *A Moral Ontology for a Theistic Ethic*, pp.178f. ; Frank G. Kirkpatrick, *John Macmurray*, pp.121-124. 実際に、「マクマレーは決して現代の共同体主義の側に立ってはいない。この共同体主義は、……まさしく道徳的価値観と自己認識と忠実さを実際の共同体の共通の実践と伝統から導き出し、それらによって支えられているため、普遍的共同体を疑問視するか、否定したがるからである」（Nigel Dower, 'Universal Community and Justice,' David Fergusson and Nigel Dower [eds.], *John Macmurray*, p.226. Cf. Esther McIntosh, *John Macmurray's Religious Philosophy*, pp.8, 133; Esther McIntosh, '11. John Macmurray as a Scottish Philosopher,' pp.298f.）。

序　章　ジョン・マクマレー研究

してきたように、私たちは今や、イエスがその王国を確立する努力を自らの生涯の中で具体化させたような実践的活動について考察しなければならない。つまり、私たちは、天の王国を確立するための独自の行動方針を選択して完遂した社会改革者としてのイエスを見据えなければならないのである」（CS, p.82, cf. CS, p.88）。

　マクマレーがイエスにおいて生活と思想の一致を見てとり、イエスの追随者の一人として自分自身の立場を意識しているように、「事実、私たちは社会の外に立ってはいない。私たちが社会である。社会を再構成することは、私たち自身を再形成することである。……私の思考は私の生活の一部であり、私の生活における他のあらゆることと同じように、それは社会の歴史的発展の一部である」（PC, p.43）。したがって、特に戦時中の生活を含めて、マクマレーが経験した生活は、彼が講演や著作によって表現した思想を検証する際に必須である。

　彼の告白によると、「私は自分自身の過去にそれほど興味を持ったことがなく、過去に興味を持つことがあるとするなら、それが現在と未来に光を与える時のみである」（SRR, p.1）[24]。確かに、私たちは彼の過去に興味を

24　マクマレーは自分自身の生涯を「すごく普通（extraordinary ordinary）」と見なすが（John E. Costello, *John Macmurray*, p.9）、本書「第一章　ジョン・マクマレーの生涯と思想」の「第三節　平和への情熱」で見るように、特に戦時中の彼の生活を考慮すると、私は「普通にすごい（ordinarily extraordinary）」と思う。Cf. John E. Costello, *John Macmurray*, p.15:「イギリスの哲学者であり、マクマレーのかつての教え子であったエメット（Dorothy Emmet）は、自分のかつてのベイリオル学寮教授（＝マクマレー）のことを『一匹狼（maverick）』の思想家と呼ぶ。彼は幸福と尊敬に値する多くの学問的連携を持っていたけれども、自分の特定の仕事関連の同僚からは退却していたように彼女（＝エメット）には思えた」（cf. also John E. Costello, *John Macmurray*, p.117）。自分の学生に関する次の寸評は、彼の胸臆を吐露している。「試験とは、どのように花が成長しているのかを確かめるために、根ごと掘り返すことである」（John E. Costello, *John Macmurray*, p.224）。一九五〇年代初期、彼のエディンバラ大学時代の寸評であるが、「もし、私が自分の良心に従うとするなら、一年生の学生の半分以上を落第させなければならないだろう」とのこと

持っている。なぜなら、それはこれから続く幾世代とも密接に関係する現代世界に光を与えると確信しているからである。マクマレー自身も述べているように、「未来への鍵は過去の中にある。これは、私が強調しておきたい最初の点である。私たちは、単に歴史それ自体に対する興味から過去に関心を持っているのではない。現在と直近の未来に対する手掛かりとしての過去に興味を持っているのである。私たちの目的は、現代世界とその可能性に光を与えることである」(INT, p.39)。したがって、このマクマレー研究は、更なる探究の前に彼の過去の経験も解明する必要がある。本書「第一章　ジョン・マクマレーの生涯と思想」は、この目的に答えることが意図されている。

　マクマレーによくあることだが、彼は主として戦前から戦後に渡る多くの異なる機会に行われた講演や講義に由来する著作の中で、幾つかの重要な点や主題を繰り返し述べる。例えば、彼は読者に、「一般原則を繰り返し述べることは、異なる関連事項や、特に、異なる適用において、それ自体かなりの価値を持つ」ことを想起させている (RE, p. xxiii)。したがって、本書においても、私たちは随所でマクマレー自身にそれらを繰り返し述べてもらう方法に従うが、彼の著作からの引用の文脈、特に、政治組織や教会制度に対して向けられた彼の批判の文脈や背景を十分に意識しつつも、「歴史は繰り返す」という格言に留意する時[25]、その方法は極めて理にかなっていると思われる。この意味で、このマクマレー研究は、一般的な哲学的背景に対する彼の特徴的な立場よりも、むしろ、彼の立場から見た批判的世界観を提示しようとするものである。ただし、彼の思想は、本書「結章　ジョン・マクマレーへの批判的評価」においてキリスト教神学の

　　である（John E. Costello, *John Macmurray*, p.313)。そこでの彼の講義は、あらゆる学部から集まった学生や教員にとても人気があったため、「マクマレーの聴衆は時折、四百人にもなり、講義教室を変更する必要が生じた」という（Robert Calder, 'Macmurray – Man and Mind,' p.73. Cf. Jack Costello SJ, 'The Life and Thought of John Macmurray,' David Fergusson and Nigel Dower [eds.], *John Macmurray*, p.26)。

25　「歴史は韻を踏む」とも言われる。

伝統の観点から検証される。

　基本的に本書を通して、ジョン・マクマレーの著作に対する言及は、巻末の文献表に示された省略記号とページ番号を引用することによって括弧内に示す。マクマレーによる聖書からの引用は、それが彼によって示されていなければ、脚注の中で明示する。

第一章　ジョン・マクマレーの生涯と思想

　この章は、マクマレー自身の自伝、『宗教における現実の探究（*Search for Reality in Religion*)』に依拠しつつ、彼の思想に大きな影響を与えたその生涯を検討し、[26] 彼の全般的な思想、特に、政治、社会、宗教という諸問題に対する彼の見解を解明することを意図している。それは、後にそれらをより詳細に検証するためである。

第一節　知的生活

　元々、一九六五年に出版された『宗教における現実の探究』の序文の中で、マクマレーは、マンチェスター、ヨハネスバーグ、オックスフォード、エディンバラの諸大学における哲学者としての自分の学問的経歴を振り返り、自分自身を「知識人（intellectual)」に分類している（SRR, p.2)。この分類は、次の挿話と十分に一致している。

　　「一八九六年、五歳だったジョン・マクマレーは、カークカドブライトシャー（Kirkcudbrightshire)のマックスウェルトン（Maxwellton)にある小学校の門を初めてくぐった。五分もたたないうちに、彼はかなりの神童であると見なされた。学校には様々な本があったのだが、彼は最高学年の使用する教科書も読めたのである。それは誰の目にも明らかであった。驚嘆した教師が、『君は大きくなったら何になりたいの』と尋ねると、その若者は見上げて、厳かに、『知識のある人（a man of

---

26　Cf. John E. Costello, *John Macmurray*, pp.11, 17.

knowledge）です』と言った[27]」。

　哲学に精通している彼の知的生涯は、本質的に彼自身の「非常に宗教的
な家庭」に由来しているようである（SRR, p.5, cf. MB, p.24）。彼が述べて
いるように、「哲学者は必然的に、それ自体に宗教的特質を備えた献身的
活動に関与している」（SRR, p.2）。彼は回顧しつつ、告白している。

　　「私は宗教がそれ自体の現実を持っていると堅く確信しているので、後
　にそのことを一瞬たりとも疑問視することができなかった。それは、私
　の両親の宗教的生活の特質を知っていることに由来するのだが、両親が
　私に与えた最も価値あるものである。私に残された他の重要なものは、
　旧新約両方の聖書の詳細な知識、伝統的なプロテスタント神学の主要原
　則の十分な理解、プロテスタント教会をローマ教会から分離した諸問題、
　特に、伝道活動のような宗教的活動の幾つかの実践的経験、そして、そ
　れらの基礎にある思考方法や観念や態度である」（SRR, pp.9f.）。

　マクマレーの両親は、「キリスト教の伝統の中で、おそらく最も知的な
もの」と彼が特徴づける「スコットランド教会の伝統的なカルヴィニズ
ム」を、霊感と権威ある聖書に基づく健全な教理という観点から信奉して
いた（SRR, pp.5f.）。特に、彼の父の座右の書は、十六世紀スイスの宗教
改革者カルヴァンによる『キリスト教綱要』であり、「私の父についての
私の最後の思い出の一つは、書き物机に座って分厚いカルヴァンの『綱
要』を熟読している一隠居老人の光景である」と彼は語っている（SRR,
p.6）。
　しかし、十九世紀アメリカの伝道者ムーディとサンキによる伝道が、彼
の両親に大きな影響を与え始めていた。それは、十九世紀後半頃、彼の両

27　John E. Costello, *John Macmurray*, p.19 は、文末注で「*The Times Educational
　Supplement*, "Scottish Diary," Jun. 25, 1976, p.3」に再録された話として言及して
　いる。

親の新婚時代である（SRR, p.6）。この伝道は、彼が回顧しているように、「感情（emotion）に対する不信と抑圧」の浸透した知性過剰な古きスコットランド教会長老主義に「感情（feeling）の温かさ」を吹き込んだ（SRR, p.6）[28]。実際に、「感情（feeling, emotion）」は、マクマレーの思想において必須の役割を果たしている。彼は少年時代のスケートの経験にも言及しているが、フィギュア・スケートの指導書を読んで理解した後に、後ろ向きのダッチロールを試してみたが無理だったという。

　　「私がぎこちない振りをしていると、私のその努力を見つめていた一人の熟練者がやって来て、私に同情的に話しかけた。彼は言った。『それをしたいのなら、その感触（feel）をつかむんだ』。彼は私の手をつかんで進み、私に幾つかの動きを添えて体の向きを変えてくれた。効果はすぐに現れた。数秒のうちに、私はその感触（feel）をつかみ、難点はあたかも魔法のようにすべて消え去った。……私は『その感触（feel）をつかむ』という表現で、まさしく『直接的経験においてそれに気づくようになる』ということを言いたかったのだ」（IU, p.5）[29]。

　マクマレーが十歳の頃、長老教会に不満を抱いた彼の父は、家族と共にアバディーンのバプテスト教会に加わったが、父が「スコットランドの南西端から、……自分自身の要望と出費で」そこに引っ越すことを決めたのは、「自分の子どもたちの教育のためであった」（SRR, p.7）。そして、その後、より福音的なバプテスト教会に移った。しかし、彼の父は「その教会会計の不正処理を見つけて」そこを去り、プリマス・ブレズレン

28　「感情」に対する彼の強調については、cf. 本書「第四章　宗教と信仰共同体」の「第一節　理性と感情」。マクマレーは「感情（feeling）」という用語と「感情（emotion）」という用語を区別なく使用している（Esther McIntosh, *John Macmurray's Religious Philosophy*, p.35. n.1）。

29　この「直接的経験」については、cf. 本書「第三章　社会と共同体」の「第一節　世界観——機械論と有機体と人間性」。

第一章　ジョン・マクマレーの生涯と思想

（Plymouth Brethren）の集会に移った（SRR, p.7）[30]。一九〇九年にグラスゴーに引っ越した時も、家族は続けてプリマス・ブレズレンの礼拝形式に則した集会に連なった（SRR, pp.7f.）。

　この父は影響力のあった福音伝道運動とは関係なく、宣教師として中国に行く計画を立てていたが、現地で起こった一九〇〇年前後の義和団事件のために、その計画は実現されなかった。加えて彼は、彼自身の父に先立たれた母と病んでいた姉妹を支援するためにも、その計画を取りやめる必要があった（SRR, pp.6f.）。したがって、ジョン・マクマレーは、自分が父の代わりに宣教師としての使命を実現すべきだという感情を抱くようになり、事実、彼自身、一九一三年にグラスゴー大学で最初の学位を取得する前に中国での宣教活動の候補者になっていた。しかし、宣教への情熱は静まり[31]、最終的に彼の志願は受け入れられなかった。こうして、彼はその代わりにオックスフォードに向かったのである（SRR, p.7）。

第二節　科学とキリスト教に対する関心

　子どもの頃からマクマレーは、天文学や生物学といった自然科学に対する興味を明確に示していたので、「もし、私が自分自身の道を進んでいたとしたなら、科学者になっていたはずである」と自らの本心を語っている（SRR, p.10）。しかし、彼の学校やグラスゴー大学の教育者たちは、彼

30　ジョン・マクマレーの父、ジェームズ・マクマレーはかつて内国消費税担当職員（Internal Excise Officer）であり、後にグラスゴーで内国蔵入部主任（Principal Officer of the Inland Revenue Department）になった（John E. Costello, *John Macmurray*, pp.21, 30）。

31　マクマレーの言葉によると、「私が最初の学位を得るまでに、私は実際に中国宣教地への候補者に志願していた。しかし、その頃までに私はいくらか生半可な気持ちに（half-heartedly）なってしまい、特定の資格もないので、不採用となった」（SRR, p.7）。Jack Costello SJ, 'The Life and Thought of John Macmurray,' David Fergusson and Nigel Dower (eds.), *John Macmurray*, p.2 によると、これは、「当時、彼の健康が優れていなかったため」である。

が西洋古典を履修する道を定めた。その際、マクマレーはその条件として、学校では化学を、大学では地学を追加科目として入れることを認めてもらった。彼が強調しているように、地学は鉱物学、結晶学、古生物学とも広く関係している（SRR, pp.10f.）[32]。彼によると、科学的方法論に基づくこの種の研究は、例えば、科学と宗教の関係に関する論争といった諸問題を追究するための堅固な基盤を提供してくれる（SRR, p.11）[33]。

　彼がグラスゴー大学に入学した時、宣教師になるという当初の希望は、宣教師志願学生連合（the Student Volunteer Missionary Union）に入会するように彼を自然に導き、また、彼の多才さは学生キリスト教運動（the Student Christian Movement）への参加によって十分に開花した。この運動は当時、キリストのために世界を勝ち取り、人の活動のあらゆる領域をキリスト教の影響の下に位置づけることを目的とした活発な超教派的集団である（SRR, p.12）。

　彼の記憶に浸透している出来事の一つは、彼が大学一年生の頃、聖書研究の準備をしている時に起こった。その時、彼はパウロによるローマ人への手紙の中に含まれているはずの中心的なキリスト教教理を見つけることができなかったのである。彼が古典研究における学術的手法を用いて聖書を解釈した時、彼が観察したものは、キリスト教信者による経験の解説であった（SRR, p.13）。この発見により、結果として、彼は教義を拒否するようになり、神学は批判的分析と再構築を経るべきであり、宗教的経験の妥当性は科学的手段によって検証されなければならないと信じるようになった（SRR, pp.13f.）。

32　地に足の付いた（down-to-earth）彼の現実的な哲学を考慮すると、大地（the earth）と密接に関係しているこれらの自然科学的学問を彼が履修していたことは極めて象徴的である。

33　マクマレーはすでに一九三九年に、「私は現代科学に対する賛辞では、誰にも引けを取らない。それに対する私の信念は、これまで科学が応用されて活用されるようになったことに由来する実用的効果への反応ではない。……科学はそれ自体、全く賞賛すべきものであり、真の人間社会の達成にどうしても必要不可欠である」と告白している（BS, p.20, cf. RAS, p.10）。

一九一九年、彼は自らの学生時代の最終学期には兵役から戻っており、学生キリスト教運動のオックスフォード支部の会長の役を担い、その再建に参与した。彼は、「宗教的な親睦は楽しめるものであるということや、どのような部門の創造的な人間的努力もキリスト教に統合されえないようなものはないことを教えてくれた」と評して、この運動の重要性を高く評価している（SRR, p.13）。

第三節　平和への情熱

一九一三年十月、マクマレーはオックスフォード大学ベイリオル学寮に入学し、二年間の人文学課程を取ったが[34]、第一次世界大戦が勃発し、一九一四年十月までに看護兵（Nursing Orderly）として陸軍医務班（the Army Medical Corps）に入隊していた。ただし、彼は人文学課程の残りを終えるために、一九一八年の休戦後に短期間オックスフォードに戻った（SRR, p.15）。この期間に彼は、伝統的キリスト教は教会合同型宗教に変革されるべきであると考えるようになったが、ローマ・カトリック教会は

34　マクマレーの時代のオックスフォード大学のベイリオル学寮の知的環境については、cf. John E. Costello, *John Macmurray*, p.58:「イギリスの観念論は、……ヘーゲルとカントをキリスト教信仰と混ぜて、宗教的経験の哲学的擁護を導き出そうとするものであった。このベイリオル運動のすべての構成員は、進歩を信じていた。彼らの『社会的観念論（social idealism）』は、人間の霊的統一性を訴え、歴史における神の『絶対精神（Absolute Spirit）』の展開に人間が活発に参加することを主張した。……ベイリオルの精神は、世界に対する人間の配慮を神の王国に仕えよという福音の命令につなげる自由主義的キリスト教の確信に基づいていた」（cf. also John E. Costello, *John Macmurray*, pp.59, 92）。また、マクマレーはベイリオル学寮に入った時、「哲学における観念論者と実在論者との応酬を見ていた」（SRR, p.15）。一般的に言って、彼は「論理実証主義と言語分析がその領域で支配的であり、専門の哲学者たちの関心が、ますます現代文化に疎遠になっていくように見えた時代に生きていた」（David A. S. Fergusson, *John Macmurray in a Nutshell*, p.2. Cf. Philip Conford [ed.], *The Personal World*, p.42）。マクマレーの平和主義については、cf. Walter G. Jeffko, *Contemporary Ethical Issues*, pp.378ff.

歴史的、理論的理由で教会合同型宗教としては不適切だと見なした（SRR, pp.15f.）。

一九一六年、彼は戦闘組織における自らの役割を強く意識し、キャロメン高地連帯兵（the Cameron Highlanders）の任務を担い、北フランスのソンムの大隊に加わった。しかし、そこで彼はドイツ軍の攻撃により負傷し、その後、一九一八年のアラスの防衛戦では傷病兵としてイギリスに送り返された。こうして、彼は一九一九年夏にオックスフォードでの学位取得課程を終えた（SRR, p.16）。彼がソンムでの悲劇を振り返り、詳述しているように、この経験を通して彼は死を身近に知り、自分自身の現実と直面した。彼の消し去れない記憶によると、

「任務が与えられた後、私は一人進み行き、ソンムの小隊に加わった。前線からはかなり離れた予備隊用の塹壕には、私の指揮下の兵が何人かいた。静かな夜だった。私は彼らのもとに行くために、この野外を八百メートル以上も歩いたのだった。彼らは紅茶を飲んでいて、私は塹壕の角で彼らに加わった。私はその角の手前に、彼らの一人と共に座り、二人目の兵はちょうどその角の所に座っていて、その角の向こうにいた三人目の兵と冗談を言っていた。そのため、私はその兵の声は聞こえたが、姿は見えなかった。私が座ってから数分後、私たちは砲弾のうなる音が自分たちの方に向かって来るのを耳にした。それは私たちの塹壕の角の向こうに着弾し、爆発した。煙霧がなくなると、私の隣の兵と私はその角に向かって突進し、起こったことを目にした。私たちはその角の向こうの兵が死んでいるのを見つけたのである。それは、飛んで来た金属片でほとんど真っ二つになっていた。その角にいた兵は大量に出血していたので、私たちが担架を叫び求めると、彼は運ばれて行ったが、生きている可能性は低いと思われた。一瞬前まで共に語り合っていた私たち四人のうち、二人が残されたのである」（SRR, p.17）[35]。

---

35 Cf. Jack Costello SJ, 'The Life and Thought of John Macmurray,' David Fergusson

彼は続けてこの小著『宗教における現実の探究』で、自らがくぐり抜けてきた経験を詳述している。それもここで引用に値するものである。

　「ちょうど前線の私の駐屯地の外では、息絶えた一人の高地連帯兵がキルトの正装をまとったまま、多数の有刺鉄線の中央につるされていた。敵と味方の中間地帯で、主要な作戦なしに彼のもとに行くことは不可能であった。それで、彼はそのままにされた。来る日も来る日も。あたかも、彼は私たちのうちの一人であるかのように。疑いもなく、実際の兵役に就いている兵士にとって通常であるこのような経験は、各人に異なった影響を与える。それは結果的に、戦友たちにとっても私自身にとっても死の迅速、完全な受容を意味したと思う。戦前それはおぞましい最期に思えていたが、今や人生の一つの事件になり、結果として死の〈恐怖〉を永遠に取り去った。これは現実におけるすさまじい利益である。というのは、私たちはそこに到達するまで──しかしながら、実際に私たちは到達してしまう──、自分たちの人生を現実の姿で見ることができず、したがって、生きるべき人生を生きることができないからである」（SRR, p.18）[36]。

───────────────

and Nigel Dower (eds.), *John Macmurray*, p.10:「彼はフランスに向かう前、まだソールズベリー近くのスリングで訓練を受けている頃、幻を見た。彼は、いやな臭いのするほろ酔いの人々に満ちたテントの中にいると、暗闇から人影が近づいて来て、『あなたはこの戦争で死なない。あなたは生還して世界を造り直す』と言ったという。……彼は一九一八年三月二八日、アラス近くでドイツ軍による最後の大きな攻撃の際に、自分の部隊を安全な場所に引き戻そうとして、榴散弾（shrapnel）によって顔と頭にひどい負傷を負った。この勇敢な行為のために、彼は戦功十字勲章（the Military Cross）を授けられた。そして、彼は後に、自分の知る限り、自分は敗走したことによって勲章を授けられた唯一の兵士であると悔やみつつ述べた」。

36　このような戦争の残虐さにもかかわらず、「ジョン［・マクマレー］はずっと後に、友人であるバーンズ（Kenneth Barnes）との戦争に関する会話で、自分の知る限り、自分は一人も殺さず、重傷も負わせずに戦渦をくぐり抜け

この種の経験によって彼は、私たちの命はいつ何時終わるか分からないことや、それゆえ、あたかもその日が最期の日であるかのように、毎日をより良く生きなければならないということを実感した。彼が戦争を「愚考、破壊、無駄、無益（stupidity, destruction, waste and futility）」と簡潔に非難しているように（SRR, p.19）、命の貴重さをそのように実感することは実質上、命を死に変貌させる戦争に対する強い反発に等しい。彼を含む武装兵たちが、理想主義（idealism）に燃えて、戦争を終結させる戦争に参加したことは、皮肉以外の何物でもない（SRR, pp.18f., cf. TT, p.17）[37]。マクマレーは、「私たちの若い情熱と信頼感と無知は、本心では自分自身の財産と権力と威信に興味を抱く人々にもてあそばれていたのである」と強調する（SRR, p.19）。さらに、彼はこのような好戦的な暴利主義気質に対し、平和主義者たちのほとんどはフランスの塹壕の中にいたと、皮肉を込めて報告している。それは、彼が一九一六年の短期休暇の際に帰国、結婚して、フランスに戻った時の状況である（SRR, pp.20f.）[38]。

もう一つの重要な出来事は「一九一七年初頭」[39]、同様にして彼自身に大きな影響を与えたものである。ロンドン北部のある教会の会衆は、彼が戦争気質に反対して戦後のキリスト教的な和解の課題を説いた時に、冷たい敵意を示した（SRR, p.21）。マクマレー自身の言葉によると、「戦争が終

たと、一度、語ったことがある」（John E. Costello, *John Macmurray*, p.87）。

37　Cf. CF, p.25:「イギリスで私たちは、それを『戦争を終結させるための戦争（a war to end war）』、『民主主義のための世界安定化（to make the world safe for democracy）』と呼んだ」。マクマレーはまた、「例えば戦時中、国家がその精力を結集して総目的としての勝利に専念する時、満足のいく行為は、戦争に勝つ行為のみである」と警告する（NM, p.56）。Cf. also John E. Costello, *John Macmurray*, p.114:「彼（＝マクマレー）は、陸軍大将らが数千人もの兵士たちを単に戦う部隊として扱い、戦争を終結させるための必要な行為というよりは、むしろ、専ら『力を見せ付ける（show of force）』ために定められた戦略の中で、彼らを確実な死の中に送り出すのを見ていたのである」。

38　Cf. John E. Costello, *John Macmurray*, p.346.

39　John E. Costello, *John Macmurray*, p.80.

わっても、私は決してどのようなキリスト教会の会員にもとどまらないし会員になることもないと、キリスト教的な理由で決心したのは、この礼拝の後のことである。私は大学教師である間はこの決断を生涯守り、退職後にのみキリスト友会の会員になることを申し出た」（SRR, p.21）。こうして、彼は「一九五〇年代末にキリスト友会に入会した」（YMF, p.2, cf. SRR, pp.1, 27f., 69）[40]。

　「断じて繰り返すな（Never again）！」と言って第一次世界大戦から戻った彼は、除隊して大学での研究も一九一九年に終え、諸大学で大学教員の職務を開始した。そして、その頃には、理想主義や当時のすべての制度教会に見切りを付けていた（SRR, pp.19, 22, cf. TT, pp.17f.）[41]。このことは一方で、「野蛮な破壊と愚鈍な無駄（savage destruction and stupid waste）」を創出したヨーロッパ文明に懐疑的、批判的になった彼が、現実主義的な哲学者として平和主義に人生の残りをささげる決心をし、他方で、キリスト教の現実が「再発見され、再創造される」ことを希望しつつ、キリスト者として生き続ける確信を持ったことを意味する（SRR, p.22, cf. MB, pp.24f.）。というのは、彼は宗教自体を人の生活と活動の中で最も中心的なものと見なしているからである（SRR, pp.22f.）。

第四節　キリスト教と共産主義

　マクマレーは宗教の現実を見いだそうと努力しつつ、「キリスト教とは何か」という問いに具体的に答えようとする。この問いは、十九世紀デンマークの哲学者キルケゴールが取り組んだ「いかにキリスト者となる

40　John E. Costello, *John Macmurray*, p.82 によると、彼がキリスト友会に入会したのは、「一九五九年」のことである。

41　彼は教会の偽善を率直に指摘して言う。「私たちは、もはや教会の〈善意の信仰（*bona fides*）〉を信じることができない。……その人々は語ったことを本気で語っていなかったのであり、それゆえその人々が言ったことは、たとえ真実だとしても、的外れになったのである」（SRR, pp.22f.）。

か」という問題と深く関係している（SRR, p.24, cf. SA, p.36）。マクマレーは、二十世紀に最も影響力のあったユダヤ教思想家ブーバーにも言及しつつ、自分自身の哲学的立場を次のように辿っている。[42]

「哲学者として私は、ヘーゲル的体系がすべての哲学をまとめ上げているとは思えなかった。宗教的探究者として私は、彼（＝キルケゴール）がしたように、伝統的神学の主要な教理を当然のこととして受け入れることもできなかった。また、社会史研究者として私は、彼の態度や回答の徹底した個人主義を受け入れることもできなかった。私はこれらのことに関して、現代思想家の中でも最も偉大な人物の一人、マルティン・ブーバーの預言者的洞察により近いと思う。しかし、キルケゴールの問いと私自身の問いの形は、ほとんど同じである。私たち二人にとってその問いは、彼が『実存的（existential）』と呼ぶように教えてくれた形態を取っている」（SRR, p.24）。

そして、ある機会にマクマレーは偶然、宗教的関心を持つ教会の指導者たちや信徒たちの出席する会議に参加して、「キリスト教とは何か」という問いを論じることになった。その問いに対する回答を諦めた後の彼らの最終的な結論は、「キリスト教とは何かということを見いだせるようになる前に、私たちは二つの問いを真剣に研究しなければならないはずであ

42　Cf. John E. Costello, 'Introduction,' RE, p. xviii: マクマレーと「マルティン・ブーバーとのたった一回の会談で、ブーバーは三時間の会話の後、『私たちに異なる点は一つも見つからない。ただ、あなた（＝マクマレー）は形而上学者（metaphysician）であり、私は詩人（poet）だ』と言ったと報告されている」（cf. also John E. Costello, *John Macmurray*, pp.15, 322; John Macquarrie, *Twentieth-Century Religious Thought*, p.207; Esther McIntosh, *John Macmurray's Religious Philosophy*, p.75). Cf. also SRR, pp.2f. :「少なくとも作業仮説として、信仰と理性の関係に関する見解について私がかなり共感するのは、［トマス・］アクィナスである」。マクマレーの知的背景については、cf. Walter G. Jeffko, *Contemporary Ethical Issues*, p.417. n.20.

34

る。一つは現代共産主義の性質であり、もう一つは性の問題である」というものであった（SRR, p.25）[43]。この示唆によって彼は、十九世紀のマルクスの初期の著作の網羅的研究を開始するようになった[44]。マクマレーによると、マルクス主義とキリスト教の伝統との歴史的関係は特に密接なので、「共産主義の研究はキリスト教理解の必然的な序文であった」（SRR, p.25）。さらに、マルクスによる宗教の拒絶の背後にある基本的理由は、「宗教は観念論の一般的な、それゆえに重要な一形態であるという確信」であった（SRR, p.25）[45]。

このことは一方で、マクマレーは「観念論は拒絶されなければならない危険な幻想である」と主張するマルクスに同意するが、他方、「宗教は必然的に観念論の一形態である」というマルクスの見解に反対するということを意味する（SRR, p.26）。マクマレーにとって、観念論的宗教は非現実的であるという点で、マルクスによる観念論と宗教の同定は的外れである（SRR, p.26）。しかし、マクマレーは、この型式の宗教がローマ帝国を受け入れたキリスト教において現れたと主張する。ただし、ヘブライ人の宗教は観念論とは程遠いものであったと言う。キリスト教はそのような受容の長い過程で、ギリシャ哲学に基づいて正統信仰を形成し、ローマ国家の組織を手本にして階級的、権威的教会を確立するようになり（SRR, p.26）、理論的正統信仰とその法的教会制度は、自らを単に異端的集団だけではな

43　後にマクマレーは、「共産主義」と「性」を「一般的生活の二つの基本──労働と結婚──と言い換えている」（SRR, p.32, cf. CS, p.96）。

44　したがって、この段落で言及されている「会議」は遅くとも、マクマレーがマルクスの著作の研究書を出版し始める一九三〇年代初期に開催されたと推測できる。John E. Costello, *John Macmurray*, p.197 によると、「この会議は、一九三二年十月初めに開催された」。

45　観念論の定義については、cf. SRR, p.25. n.1:「霊的生活が物質的生活から切り離され、それ自体で価値があるものとされ、追求される所ならどこでも観念論がある。観念論の逆は理論と実践の統合であり、理論ではなく実践における統合である。宗教における観念論の最も顕著な表現はおそらく、あの世のもの（otherworldliness）である」（cf. IR, p.8）。

く世俗的事柄からも分離し、専ら観念論的で、それゆえに空想的な霊的キリスト教になったのである。[46] マクマレーは、「現代共産主義は、キリスト教がローマとの適合を選び取ることによって、教会に捨て去られたキリスト教本体の半分かもしれない。それがやって来て、保存された部分に対して自己主張をしているのである」と考える（SRR, p.27, cf. CS, pp.143ff.）。彼によると、ある意味で共産主義は元々のキリスト教の失われた半分なのである。

第五節　宗教の意味

　人間の能力はマクマレーによると、自分の行為を考察して、それについて道徳的判断を下し、その蓄積された伝統を規則によってお互いや後の世代の人々と共有する点において特徴的である（SRR, p.29）。この考察の元々の形態が宗教であり、ここから科学、芸術、哲学といった他のすべての形態の考察が発達し、分離した（SRR, p.30）。[47] したがって彼は、「最初にあるのは宗教のみであり、その時それのみが考察の唯一の形態である。それは、第一のものであるだけでなく普遍的でもある。人々がいる所には宗教がある」と述べる（SRR, p.30）。

　この原始的な宗教的生活は、家族からより大きな共同体に至る共通の人間的生活であり、その共通の生活は考察の中で意識化され、神聖化される。踊りや祝宴といった儀式活動は、日常生活における同じ時の共有や、過去や未来の部族、つまり、死者やまだ生まれていない子どもたちとの時間を超えた一致の象徴的形態である（SRR, pp.31f.）。したがって、マクマ

46　マクマレーは、典型的な宗教的観念論をこの世から分離されたカトリック修道会の中に見いだす（SRR, p.27. n1）。

47　カークパトリックが述べているように、「マクマレーには概して、宗教をユダヤ教とキリスト教に同定する傾向があった。彼が非西洋の非有神論的宗教を深く学び、多くを理解していたかどうかは不明である。確かに、彼はそのような宗教について熟考された理論を持っていなかった」（Frank G. Kirkpatrick, *John Macmurray*, p.52. n.88）。

レーが定式化しているように、「〈宗教とは、共同体に関するものである〉
(*Religion is about community*)」(SRR, p.31, cf. SRR, p.67)。

宗教にはもう一つの側面、協力という面もある。部族の日常生活は、子
どもの出産や保育、また、部族の物質的必需品の提供における協力、要す
るに結婚と労働を通して送られる（SRR, p.32, cf. SRR, p.25）。さらに、こ
の生活は他の人々だけではなく、自然との協力も必要とする。これは単に、
部族が自然資源を必要とするということだけではなく、むしろ、自然の怒
りや悪意を引き出さないために、自然との良い人間的関係を維持する必要
があるということを意味する（SRR, p.33）。ここから同様にして、「宗教
とは、協力に関するものである（Religion is about co-operation）」とも言え
るだろう。

人と自然、または世界との共同体、さらに、人と人との共同体は、歴史
的発展を通してあらゆる宗教に見られる二つの側面である（SRR, pp.33f.)。[48]
しかし、宗教が原始的なものから成熟したものに発展すると共に、人と人
との間に闘争が起こり、一方で、とてもしばしば軍事的指導権となる世俗
的指導権を求める進歩的権力と、他方、宗教的権威を維持する保守的権力
との緊張が高まる。これは歴史的に、国家と教会の闘争という形で示され
ている（SRR, p.35)。[49]

さらに、原始的宗教と成熟した宗教との間にはもう一つの明白な相違が

48　マクマレーは、原始的宗教における人と人との関係、人と自然との関係は、
　　キリスト教のような成熟した宗教においては、それぞれ隣人関係、人と神と
　　の関係に発展していったと主張する。彼が述べているように、「これら二つの
　　側面は、成熟した宗教において、『あなたは、あなたの神、主を愛しなさい』、
　　『あなたは、あなたの隣人をあなた自身のように愛しなさい』という二つの大
　　きな命令に成長していった。これら二つのうち、イエスは第二のものは第一
　　のものと似たようなものであると語った。おそらく、原始的宗教はこの類似
　　性が何に依拠しているのかを私たちに示唆しうるだろう」（SRR, p.33, cf. マタ
　　22:37-39)。
49　マクマレーによると、ヘブライ人の社会は極めて神中心的であり、そこで
　　は「宗教と政治の区別は存在しない」（SRR, p.36)。

ある。原始的宗教は、その特定の神を礼拝する活発な限定的集団で構成されているが、マクマレーが、「もし、宗教というものの必然的結果が共同体であるなら、普遍的宗教の必然的帰結は普遍的共同体である」という並行現象に言及しているように（SRR, p.38, cf. SRR, p.36）、成熟した宗教は、人類すべてのための唯一真の神を持つ普遍的なものである。

この普遍的一神教は、二つの問題を抱えている。一つは、それがすべての他の特定の神々を当然、非現実的であると見なしている点である。もう一つは、普遍的宗教が真の普遍的神の庇護の下にあっても、異質な集団からなる人々の普遍的な親睦を同じように作り出せないという点である。その結果、それはそれ自身の内部で戦争状態に直面する（SRR, pp.37f.）。

マクマレーは、「それら（＝すべての偉大な宗教）は、〈誰〉のものか。また、それらが祝い、聖なるものとする人間の一致の絆は何か」と問う（SRR, p.38）。ここで、普遍性の問題を扱う際の二つの失敗例、暴力的方法と観念論的方法がある。

第一に、彼はローマ帝国のキリスト教が暴力的に、つまり、征服によって世界を統一しようとした点を指摘する。しかし、この種の統一は成功しなかった。彼が愛の性質を、「あなたは力によって人々をお互いに愛し合うようにさせることはできない」と明示しているように（SRR, p.39, cf. CS, p.63）、征服は決して宗教的一致を生み出すことができないからである。逆に征服が成功したとしても、その宗教は拒絶される結果を招くか、さらに悪いことには、単に敵対勢力を生み出すだけである。

第二に、仏教はこの世の日常生活の現実を否定することによって、宗教共同体内の衝突や不一致を取り扱おうとする（SRR, p.38）。仏教は観念が現実であると想定するため（SRR, p.39, cf. CS, p.63）、闘争や苦難というこの世の現実的な出来事は、幻想として片づけられる。しかしながら、この観念論的解決は、問題を観念の世界に転移することによって現実の世界から退却することであり、「悪い哲学（bad philosophy）」と判断されるはずである（SRR, p.40）。

キリスト教の哲学者としてマクマレーは、「観念論がキリスト教と両立

第一章　ジョン・マクマレーの生涯と思想

38

しないのは、専らそれがキリストの生と死を無意味にするからである」と考え（SRR, p.40）、それゆえ宗教の普遍性の問題に関しては、観念論的ではなくキリスト教的な解決方法を検討する。

第六節　キリスト教の意味

　キリスト教の意味を明示するためには、旧約聖書に基づくヘブライ人の宗教を検討することが不可欠である。ヘブライ人の宗教は、歴史的に二元論との戦いの中で包括的な性格を保持してきた（SRR, p.41）。それはアブラハム、イサク、ヤコブの神を礼拝し、諸国の他の神々を排除することから始まった。偶像礼拝と対立するこの厳格な一神教は、ヘブライ人のすべての側面を統一し、それに従って宗教的不一致に至りうるあらゆる二元論を克服しようとした。

　例えば、ヨベルの年は、負債を負った奴隷と豊かな人々を同等にするために制定され[50]、祭司と預言者の区別は、支配者階級を構成する祭司たちとは別に、神の言葉を受けた人なら誰でも、神の直接の使者である預言者としての役割を果たせるようにしたものである（SRR, p.42）。王政はヘブライ人の生活を二元論的危険に導くもう一つの要因であったが、それは民の世俗の中心としての王が宗教的領域から距離を取り、民を侵略するために再来しえたからである。マクマレーによると、そのような危険を阻止するために紀元前十世紀のダビデ王の統治は、王政が機能的に宗教的構造の中に位置づけられるようにして確立されたのである（SRR, p.43）[51]。

　アダムのすべての子たちからなる一家族としての共同体を崩す一つの根

50　Cf. レビ 25:8-55, 27:16-25. このレビ記においてヨベルの年は、安息の年である七年目を七倍した年、つまり「五十年目」と呼ばれる年に、例えば負債を負って隷属状態にあるイスラエルの民を解放するために規定された。

51　ここで、ダビデの子、ユダヤ人たちの王としてイエスが、「私の王国はこの世のものではない」と言ったように、宗教的指導者でもあったと記しておくことは重要である（SRR, p.44, cf. ヨハ 8:23, 18:36）。

本的な要因は、良いものすべてを創造した神の意図とは両立しない人間の意図に由来する（SRR, pp.44f.）。マクマレーによると、「神は原初、無限の普遍的行為者であり……」、「神の像に造られた人もまた、その創造者の意図によって規定された限界内で、自由で創造的な行為者である」（SRR, p.44）。したがって、有限の人間と無限の神との間に異なる意志が現れ、こうして唯一真の神の意志を反映しているはずの共同体の中にさえ、人と人との間の衝突が生まれる。しかし、人間の悪意にもかかわらず、最終的には「神の意志が支配する〈はず〉である」（SRR, p.45）。マクマレーは簡潔に次のように語る。

> 「神の目的は、人と自らの間に永遠で協力的な親睦を確立することにあり、それは人間の十分な同意と共に達成されなければならない。また、このことの必然的帰結は、人と人との間の敵意を取り除くことによる人類の普遍的な共同体の回復である」（SRR, pp.45f.）。

人類に対する神の意志、つまり、堕落したこの世に対する神の救いの働きは、歴史において活発に続けられている。神がアブラハムに、「あなたとあなたの子孫によって、地上の諸国民は祝福されるだろう」と約束したからである（SRR, p.46）[52]。このことは、ヘブライ人は単に特殊な民ではなく、普遍的な人間共同体において実現される目的への手段でもあると言うことに等しい（SRR, p.47, cf. SRR, p.50）[53]。

ナザレのイエスという人格における救い主の到来は、この実現の過程の中で本質的な役割を果たしている（SRR, p.47）。神が無限であるように（SRR, p.45）、神の子、救い主イエスの生と死の意味も「無限、無尽蔵」である（SRR, p.48）。マクマレーによると、ユダヤ人たちとローマ帝国の関係を巡る問いに対する意味ある回答は、次のようなものである。

---

52   Cf. 創世 12:2-3, 18:18, 22:16-18, 28:14.

53   Cf. SRR, p.47:「この重要な宗教的洞察は、ヘブライ人の歴史において専ら突発的に預言者的洞察のひらめきの中で意識化された」。

第一章　ジョン・マクマレーの生涯と思想

「歴史において自らの意志を展開する神はローマ帝国を設定し、その中にユダヤ人たちを置いた。私たちはこのことをこの程度まで、神の意志として受け入れなければならない。他方、ローマ帝国は平和を確立して諸国家を統一したけれども、約束された神の王国ではありえない。それは、神の王国への途上の必要な一段階に違いないけれども。その理由は、ローマ帝国が真の共同体ではないからである。それは軍事的征服によって造られたのであり、利己主義によって、そして最終的には強制によって維持された。したがって、その基盤は恐怖である。しかし、天の王国は権力によって造られえない。それは自由に選ばれるものでなければならない。それは利己主義ではなく自己犠牲によって、そして最後には魅力によって維持されうる。その基盤は恐怖ではありえず、愛のみが基盤となりうる」（SRR, p.49）。

　言い換えると、ユダヤの民はローマ帝国の中で愛と魅力に基づいて真の共同体を確立し、その際に、「回心して神に対する十分な忠誠に立ち返り、そうして神に意図されたもの、聖書に啓示された真の人間の親睦を確立しなければならなかったのである」（SRR, p.50）。しかし、イエスがユダヤ人たちに与えたこの使命が拒絶された時、その課題は彼の弟子たちに引き継がれ、イエスの死後、彼らがキリスト教会を形成するようになった（SRR, p.51）。ある意味で、「彼（＝イエス）の生と死のゆえに、天の王国はすでに来た」のであるから（SRR, p.52）、復活したイエスとその生きた力を宗教的に深く経験することによって天の王国をこの世で十分に実現し、その真の親睦を他の人々すべてと共有することこそ教会の役割である

54　Cf. SRR, p.51:「彼（＝イエス）はギリシャ人哲学者ではなく、ヘブライ人預言者であり、したがって、神の被造物を救うという歴史における神の目的の成就に関心を抱いていた。彼はこの世の救いのために来たのであり、それで自らの弟子たちに、『あなたの王国が来ますように。あなたの御心が地上で行われますように』と祈ることを教えた」（cf. also SRR, p.56, マタ 6:10）。

（SRR, p.53）。

　マクマレーは続けて、イエスの教えそのものではなく、むしろ、イエスの教え方を強調する。

　　「彼（＝イエス）は自ら言うことを本気で言っているということを、私たちは額面どおりに受け入れなければならない。彼は自ら本気で言う時の物の言い方を、どのような注解者たちよりもよく知っている。……彼の教えは極めて実践的であり、とても現実的である。彼は事実を取り扱い、行為に目を向ける。一般的規則を避け、代わりに心の姿勢を伝えて明示しようとする。哲学者ではなく、まして神学者や道徳教師でもない。本を書かず、人々に語りかける。時として孤独な個人に、時として自らの弟子たちに、時として群衆に。しかし、彼の聴衆が誰であったとしても、彼はその人々の状況に対して語りかける。……彼の教えは、達成されるべき課題とそれを達成するための手段をいつも見つめる。つまり、彼の関心は、自らの働きを継続するようにと後に残したキリスト教共同体の性格と、必要ならその共同体が実践しなければならない諸条件を特に自らの弟子たちに対して明らかにすることにある。例えば、彼が『あなたの敵を愛しなさい』という時、これは敵意を愛情で置き換え、そうして和解を達成するために必要な条件に関する声明である。それは、この世で天の王国を広げるという教会の働きに対する実践的な規則である」（SRR, p.54）。

　明らかに、このような強調は、諸教会の「〈善意の信仰（bona fides）〉」と呼ばれるもの（SRR, p.22）、またはマクマレーが「悪い信仰」、つまり「不誠実」と呼ぶものに向けた皮肉である（SRR, p.23）。この姿勢に基づいて、「人々は語ったことを本気で語っていなかったのであり、それゆえその人々が言ったことは、たとえ真実だとしても、的外れになったのであ

第一章　ジョン・マクマレーの生涯と思想

る」（SRR, pp.22f.）[55]。またその皮肉は、一九一六年に彼に冷たい敵意を示したロンドン北部のある教会の会衆にも向けられている。その時、彼は戦争気質に反対して戦後のキリスト教的な和解の課題を説いていたのである（SRR, p.21）。

彼はこの型式の偽善の原因を、キリスト教会におけるローマ帝国の影響、観念論の登場、そして、二元論の感染にまで逆上り、これらの三つを「キリスト教会の逸脱」であると批判する（SRR, p.62）。

第一に、マクマレーはキリスト教の中心的主張を、少なくとも二世紀以降、行為から思想に、実践から理論に、労働から考察に、物から心に、体から霊に過度に移行させたギリシャの二元論的思想を指摘する（SRR, pp.55f.）。しかし、もし、紀元前四世紀頃のプラトンやアリストテレスが提案したように[56]、良い生活が瞑想の生活であるなら、良い神は創造者というよりは、むしろ瞑想者であり、良い人間は労働者ではなく思考者になるはずである。これらは労働の価値を軽視することに等しい（SRR, p.56）。また、ギリシャの思想は信仰の意味を信頼や自信から一まとまりの信念に変え、さらにギリシャ哲学の鋳型に流し込まれたキリスト教は正統神学だけでなく、権力で弾圧されるだけの異端をも作り出した（SRR, p.57）。

第二に、二元論的キリスト教は自然に観念論的キリスト教に至り、そこでは例えば物質的なものと霊的なものという対立が対照的に示され、それゆえ霊的なものが観念論的により良いものとして選ばれる（SRR, p.58）。罪を肉体と結び付けてあの世のものを修道院という形で具体化する傾向は、典型的な観念論である（SRR, pp.58f.）。「この世から退却することは、自分自身の中に退却することである」という事実を考慮するなら、観念論は

55　この不誠実に対して、「イエスは語ったことをまさしく本気で語っていた」（COC, p.24, CS, p.76, cf. SRR, p.54）。

56　Cf. SRR, pp.56f. :「アウグスティヌスは、キリスト者になる前は新プラトン主義者であった——新プラトン主義の影響は、以前から教会内に及んでいたけれども。トマス・アクィナスは、アリストテレス哲学の使用を好んだ。また、ストア哲学もキリスト教思想に、特に道徳の分野で影響を与えた」。

共同体志向の生活と対立する「自己中心性、または利己主義」でもある（SRR, p.58）。マクマレーが観念論に反対して強調しているように、

　　「宗教は、その現実において二つのもの——行為と共同体に関心を持っ
　　ている。観念論は行為から瞑想の中へ、共有された生活の緊張から自分
　　自身の霊という孤独の中へ逃避しようとする。それが求める純粋に霊的
　　なものは純粋に空想的なもの、実体も影もない幽霊の世界である。イエ
　　スが来たのはこの世から逃避する方法ではなく、この世の中への天の王
　　国の到来を告知するためである。キリスト教は永遠に完全な天のあの世
　　にではなく、贖いを必要とするこの地上の世界に関心を持っているので
　　ある」（SRR, pp.59f.）。

　第三に、上述した二つの点は、教会によるローマ帝国の受容に道を開い
た。聖なる力と世俗の力という二元論的対比は、教会と国家、教皇と皇帝
との関係という形を取るからである。これらの組織の対比の前者はあの世
のためのものであり、後者はこの世の仕事を持つ人々のためのものであ
る（SRR, p.60）。これら二型式の組織は、キリスト教が世俗の秩序を神聖
なものとし、次のあの世で準備されている報いと罰を宣言するという形で、
相互に二元論的に結び付けられている（SRR, p.61）[57]。
　しかしながら、マクマレーにとってキリスト教は、「次のあの世（the
next other world）」のためのものではなく、「この世の私たちの隣にいる
人々（the others next to us in this world）」のためのものである。彼が一貫し
て強調しているように、「キリスト者にとって、自分の宗教の意味と目的
は自分自身の外側にあり、自分の内側にはない。この世の救いのために献

―――――――――――
57　Cf. SRR, p.61:「この二元論的社会組織の受容と共に、キリスト教の教えは
　　この世からあの世へ移行されなければならなかった。それはもはや、私たち
　　の住むこの世に言及するものではない。心に銘記してほしいのだが、これが
　　宗教に対するマルクスの攻撃の要旨であり、それは一般的に正しいと見なさ
　　れる」。

第一章　ジョン・マクマレーの生涯と思想

身していた人間イエスがそうであったように、キリスト者は『他者のための（for others）』人間である」（SRR, p.65）。マクマレーは教会合同運動を高く評価するが、そこでは、キリスト者は他のキリスト者に手を差し伸ばし、敵意があったとしても、神の霊を抱いてお互いの同胞意識を認識して和解しなければならないからである（SRR, p.67）。この運動は、諸国間の和解の呼びかけでもある（SRR, p.68）。

キリスト友会の会員としてマクマレーは、教会合同を目的とした世界教会協議会（the World Council of Churches）による一九一〇年のエディンバラ会議以降、このキリスト友会がその和解の役割を果たしている点を指摘し（SRR, p.67）、会員となるための特定の教理的信仰を定めていないこの会が、教会合同運動の推進に大きな貢献をしうると信じている（SRR, p.69）。教理的信仰は、それが単純で簡潔なものでなければ、専らキリスト教の各教派や分派の間に境界線を引くからである。彼はむしろキリスト教の実践的な側面を強調する。

　　「キリスト友会を特徴づける中心的確信は、キリスト教は教理的信仰という観点から定義されえないというものである。私たちをキリスト者にしているのは、心の姿勢と生活様式である。これらのものは幅広い多様性や、信仰と意見の変化とも両立する。……それ（＝教会）がお互いをキリスト教会であると認めるということ自体が、一致の基盤として十分である。……教理、儀式、組織の議論は、そのように達成された一致の中で継続することができるだろう。確かに、存在する多様性や相違は、それらの多くが教会の一致の内部で永遠の価値を持つということが見いだされなければならないだろう」（SRR, p.70）。

彼によると、キリスト教の理論的な側面は、ギリシャ哲学の影響を通して建て上げられたものであり、この偏向は個人主義に至る。そこでは、人々は理論的または霊的活動によって自分自身や観念の世界に退却する傾向がある。しかし、配慮の行為において人々は他者と出会い、この出会い

において人々は自分自身とお互いの価値、意味、現実を見いだす（SRR, pp.71f.）。したがって、神の像に造られた人々と神との関係が現実的になるのは、それがその人々の隣人との関係において実現される時のみである。「聖書が、『もし、ある人が神を愛していると言っても、自分の兄弟を愛さないのなら、その人は嘘つきである。真理はその人の内にはない』と言っているとおりである。……私たちは共同体の構成員であることによってのみ人であるということが真理である」（SRR, p.72）[58]。さらに、他者に配慮するそのような生き方は、明らかに奴隷制度や戦争にも反対し（SRR, pp.73f.）、友情を重視する。

> 「それ（＝儀式）が達成する信仰共同体は、日々の世界における共通の生活を指し示している。礼拝のための集会が礼拝者の中に生み出す一致の感覚は、外での日々の生活における実践的一致を指し示している。もし、そうでないのなら、それは単に感傷的で不毛である。したがって、クエーカー（＝キリスト友会会員）の礼拝集会は儀式であるが、極端に簡素なため、諸教会の儀式とは対照的である。このような理由で、それは実用的にのみ正当化される。その儀式が最も簡素で直接的な形で象徴しているのは自由と平等であり、これらはともに友情とすべての現実的な人間関係の構造を構成している。私はこの象徴の簡潔さが魅力的であり、効果的であると思う」（SRR, pp.74f.）[59]。

58　Cf. ヨハ 8:44, ヨハ一 4:20.

59　キリスト友会が共にとる食事（the common meal）に対するマクマレーの建設的な見解については、cf. SRR, pp.75:「私たちが共なる食事（the common meal）の象徴的性格——教会では聖餐式という礼典のこと——を拒絶することは、私たちの儀式を貧弱にするということを言っておかなければならない。そのような拒絶は、キリストの教会の会員である私たちとキリストとの関係を表現するためのものを私たちに何も残さないからである。それはまた、私たちはパンのみで生きているのではないけれども、パンなしに共なる生活はありえないということを想起させる物（material）も残さないからである」。

第一章　ジョン・マクマレーの生涯と思想

46

制度教会に対する深い不満によって、マクマレーは少なくとも部分的に宗教における現実の探究に向かい、最終的にキリスト友会という信仰共同体に至った。ここで、「その探究は最初から、人の生活から戦争を排除するという実践的目的を持っていた」という点に留意しておくことは極めて重要である（SRR, p.76）。彼にとって戦争とは、権力の誤用と恐怖の活用に基づく国家による政治的行為である（SRR, p.78）。これは、「国家は社会の一般生活の維持を恐怖に基づいて行うが、教会は共同体の創出と維持を愛に基づいて行う」ということである（SRR, p.78, CC, p.27）。

キリスト教用語でこの共同体は、天の王国と呼ばれる。このように、教会の課題は地上でこの王国を実現することにある（SRR, pp.76, 78）。そのために、二つの具体的手順が教会に与えられている。一つは、主であるイエスがしたように、「教会は無防備で十字架の道に入らなければならない」ということであり（SRR, p.78）、もう一つは、イエスが「金持ちは天の王国に入ることはできない」と言ったように、教会は貧困を受け入れなければならないということである（SRR, pp.79f.）。無防備は権力や恐怖ではなく愛と自由の印であり、貧困は貧者と同等になるために貧者に献身することの印である。このようにして教会は、この世と同時代を生きることになる（SRR, p.80）。マクマレーは次のように結論づける。

　　「私たちの主な課題は、この世で〈現実的な〉共同体になることであり、これを達成するどのような努力も、最初から包括的、国際的、超教派的であることを目的としなければならない。その意図は、各人がすべての人々のためにすべての必要に応じて配慮する唯一の同胞意識において、世界中のキリスト者をすべて一致させるというものでなければならない。これは宗教的課題であり政治的課題ではない。利己主義や法的強制力にではなく自由の中で働く愛に基づいているのである」（SRR, pp.80f.）。

60　Cf. マタ 19:23.

61　カークパトリックもまとめているように、「マクマレーの共同体概念は、関係における『配慮（caring-for）』という道徳性を十分に発展させるための形

マクマレーは自らの生活と思想において、理想的であの世的なものではなく、現実的で地に足の付いたものを求め続いた。この姿勢は、哲学的背景に基づく政治、社会、宗教の研究に対する彼の方法論にも貫流している。以下の章で、これらについてさらに詳細に検討しよう。

而上学的基盤を提供しており、それは関係における個別性を高め、祝うものでもある」（Frank G. Kirkpatrick, 'The Logic of Mutual Heterocentrism,' p.356）。

第一章　ジョン・マクマレーの生涯と思想

第二章　共産主義と民主主義

　時代の趨勢を深く意識する学者としてマクマレーは、一九三〇年代に共産主義研究を、その後一九四〇年代には民主主義研究を精力的に行う。彼は自分自身のキリスト教哲学的視野からこれら二つの政治組織を評価し、批判もする。この第二章では、彼の探究した共産主義と民主主義の中心的性格を解説し、徐々に自由や平等という用語に焦点を当てよう。[62]

第一節　共産主義——ヘーゲルからマルクスへ

　無神論に基づく共産主義の主要な理論的概念は、「理論と実践の一致、社会の発展の弁証法的性質、階級闘争の重要性、社会の進展において経済学の果たす根本的役割」であるが（CS, p.91）、マクマレーは共産主義の哲学的起源の一つを十九世紀のマルクスの思想と、多くの点でこのマルクスに影響を与えたヘーゲルにまで逆上る。[63]

　ヘーゲルはキリスト教の有神論を自らの哲学に統合したが、ヘーゲル学

62　Cf. CS, p.142: 共産主義社会において、「財産はすべての人々の必要のために共通に保持される。また、……同胞意識、平等、自由は、社会組織の支配的原則である」。

63　マルクス主義哲学思想の他の源泉には、無政府主義思想を提唱するほど極端な方法で個人の自由を強調する十九世紀のシュティルナーの思想や、マルクスによる観念論の反駁において不可欠の役割を果たしたフォイエルバッハの哲学も含まれる（PC, pp.26f., cf. CH, pp.19f.）。したがって、この「第一節　共産主義——ヘーゲルからマルクスへ」の解説は、「カール・マルクスの著作の広大さと深遠さに対して不公平であるだろう」（NP, p.28）ということを留意しておかなければならない。この研究で共有されるべきこの告白は元々、マクマレーが一九三三年にマルクスの幾つかの著作に言及した時のものである。

派は彼の死後、一方で、ヘーゲル哲学とキリスト教有神論の一貫性を認める右派と、他方、それを認めずに宗教の人間論的解釈を追究し始めた左派に分裂した。マクマレーは、左派が「正しい」判断をしたという見解を持ち（CAC, p.508, cf. EDMT, p.218, RAS, p.50）[64]、マルクスはこの左派に属した[65]。広く知られているように、マルクスはヘーゲル的弁証法論理には賛成であるが、有神論と密接に関与しているヘーゲル的観念論哲学には反対した。マクマレーの言葉で言うと、マルクスは成長や発展の有機的過程はすべて弁証法的であるというヘーゲル的主張を受け入れるが、現実は理念であるというヘーゲルの原則には明確に反対する（PC, p.15）[66]。したがって、マルクスによって「定立（thesis）はそれ自身の反定立（antithesis）を生み出し、最終的にそれと共に新しい総合（synthesis）に至る」という弁証法的思考は（PC, p.33, cf. CS, p.100）、観念論的な領域ではなく地上の実際の人間社会に応用される（PC, p.19）[67]。

　観念論において、観念は物以上に価値があるとされ、思想は行為以上に

64　マクマレーがヘーゲル左派の判断は正しいと考える理由は、彼自身、「神を信じることと、神概念を信じることとの峻別」をし（CS, p.16）、ヘーゲルのキリスト教有神論が現実の神ではなく観念論的神概念に基づいていると理解する点にある。

65　マクマレーは、フォイエルバッハに関するマルクスのユーモアを紹介している。マルクスは、「火の小川（Fire-brook）の中で洗礼を受けなければ、誰一人として共産主義の立場に到達することはできない」と強調したという（CAC, p.509）。ここで、「火の小川（Fire-brook）」とは、「フォイエルバッハ（Feuerbach）」というドイツ人名の英語表記である。彼こそ、マルクスの思想の形成に不可欠の役割を果たしたのである。

66　マクマレーは、マルクス自身の自己過小評価に言及している。「自分は、ヘーゲル哲学がその頭を下にして逆立ちしているのを見つけて、ひっくり返して正しい部分を上にしただけだ」とマルクスは言ったという（NP, 30, cf. SA, p.97）。ここで「頭（head）」とは、社会生活の基盤的要因としての下部構造を前提とするマルクスの唯物論に対するヘーゲルの観念論を指している。

67　この総合は一つの定立として、さらに弁証法的過程を継続するので（PC, p.52, cf. EDMT, p.210）、弁証法的に発展する哲学はどのような静的な教義主義や頑固な根本主義とも対照的である（cf. PC, pp.61, 82）。

第二章　共産主義と民主主義

50

評価され、理論は実践よりも優れていると見なされる。この伝統的に支配的なヨーロッパ思想に反対してマルクスは、このそれぞれの前者が後者に従属するような形で両者を統一する（PC, pp.35f., cf. NP, pp.34ff.）[68]。例えば、実験科学におけるすべての理論が行為によって、観念ではなく事実に基づいて実験されるように（PC, p.44, cf. PC, p.36, NM, pp.48f.）、人の信仰は、その実際の行動によって試されるべきである（PC, p.39）[69]。科学的世界が原子や分子の相互関係から成り立っているように、人の社会は人間関係から成り立っており（PC, pp.46, 53）、マルクスにとって最も重要な人間関係は、資本家と労働者の関係である。つまり、「共産主義者が言うように、資本家とは現実的には財産を所有することによって生きている人々のことを意味し、労働者とは労働のために自分の力を売ることによって生きている人々のことを意味する。したがって、資本家と労働者との関係は現実的には、労働をしなくても餓死しない人々と労働をしなければ餓死する人々との関係を意味する」（PC, p.49）[70]。

マクマレーは引き続き、これら二階級の関係を生産手段という観点から説明する。

68　Cf. PC, p.38:「これらの間には必然的関係がある。……それらが一致しない所では、不一致の理由は実践的領域において見いだされるはずである。言い換えると、実践が理論を決定する」。プラグマティズムと弁証法的唯物論との密接な関係については、cf. NM, p.54:「プラグマティズムは弁証法的唯物論のように、知識を行為と関連づける努力をする。しかし、それは思想と行為の二元論の受容に依拠しており、それゆえその傾向において観念論的であり続ける」。

69　この見解は、「あなたは木をその実で判断することができる」というイエスの言葉に基づいているように思われる（COC, p.19, cf. COC, p.32, CS, pp.24f., マタ 7:17-20, 12:33）。

70　マクマレーは強調しつつ、こう言及する。労働者である「無産階級（the proletariat）は、……完全に自由と自己決定権のない人々の階級であり、自分たちの足かせ（chains）以外には何も失うものがない人々である」（EDMT, p.218）。

「生産手段の統制の究極的形態はその所有であるので、社会のどの段階においても人間関係の形態を決定する根本的要因は、生産手段の所有権である。したがって、社会の進展は、生産手段の所有権の変遷の物語である。……社会の歴史的進展のどの段階においても社会は二つの主要な階級、つまり、生産手段を所有する人々の階級と、それを所有しないために、それを所有する人々に自らの生計を依存している人々の階級に分けられる。これが歴史における弁証法的進展の階級理論の基礎である」（PC, pp.55f., cf. PC, p.78）。

　有産者（the haves）と無産者（the have-nots）とのこの関係はマルクスによって、生産手段の所有権を巡る闘争の歴史的、弁証法的過程として解釈されるが（PC, pp.57ff.）、すべての人間関係がこの型式の関係に限定されるわけではない。これに対してマクマレーは、社会における人間関係の三種類を解説する。[71]

第二節　共産主義——マルクスからマクマレーへ

　共産主義に対する自らの立場を明示するためにマクマレーは、「私は観

71　ラムは、マクマレーによるマルクスの論じ方が根本的ではなく断片的であり、マルクスが突然の暴力的社会変革を意図した革命家であるのに対して、マクマレーは漸進的、制度的な社会変革を意図した改革者であると主張する（Elizabeth Lam, 'Does Macmurray Understand Marx?' pp.61, 63, 65. Cf. David A. S. Fergusson, *John Macmurray in a Nutshell*, p.6）。しかし、マクマレーは単にマルクスの思想を活用し、自らの目的のために妥当な部分を適用しただけだと思われる。Cf. also Elizabeth Lam, 'Does Macmurray Understand Marx?' pp.60f. :「要するに、次の点が本質的にマルクス的概念である。（1）ヘーゲルとその肯定者たちによって強調される調和的、自発的要素に対して、社会構造の敵対的、強制的要素の強調、（2）階級闘争という観点からの歴史解釈、（3）知識の社会学的定着、（4）経済的搾取と階級闘争のない社会確立のために、資本主義体制を完全に転覆する必然性、（5）これは無産階級によって達成されうるという信仰」。

52

念論を拒絶し、私が解説したような意味での理論と実践の一致の原則を受け入れる」と述べるが（PC, p.62）、彼の主要な批判の一部は、「弁証法的唯物論、つまり、現実は有機的過程であり、したがって弁証法的にのみ理解されうるという原則」に向けられている（PC, p.64）[73]。このことを探究するためにマクマレーは、社会における人間関係の三つの異なる型式に言及する（PC, pp.65f.）。

（1）　機械的関係（Mechanical relation）においては、ある集団の人々が他の集団の人々を自分たち自身の目的のための手段として利用する。

（2）　有機的関係（Organic relation）においては、人々は共通の目的を達成するために協力する。

（3）　人間的関係（Personal relationship）においては、人々はお互いに友人であり、社会生活におけるどのような条件にもかかわらず、この関係の形態は本質的に同じである。

マクマレーによると、（1）機械的過程においては、同じような状況が

72　Cf. SRR, p.25. n.1：「霊的生活が物質的生活から切り離され、それ自体で価値があるものとされ、追求される所ならどこでも観念論がある。観念論の逆は理論と実践の統合であり、理論にではなく実践における統合である」。

73　コリアによると、「おそらくマクマレーは、マルクスの影響を受けるだけでなく、徹底的にマルクスを読んだ最初の主要なイギリス人哲学者である」が（Andrew Collier, 'Macmurray and Marx: The Philosophy of Practice and the Overcoming of Dualism,' David Fergusson and Nigel Dower [eds.], *John Macmurray*, p.69)、マクマレーのマルクス批判は、次の歴史的問題を含む。「マルクスが予見した革命は、彼自身が高度に産業化された社会で起こらなければならないと確信していたにもかかわらず、帝政ロシアのような大規模封建社会で生起したということは、マルクスの解釈原理に欠陥があったことを示している」（PC, p.83）。マクマレーが続けて歴史的文脈の中で指摘しているように、どのような弁証法的思想家にとっても、ロシアのボリシェヴィキ政策と、ボリシェヴィキ政策の自己否定によって発達したイタリアやドイツのファシズムは、社会主義の弁証法的発展の定立と反定立である（PC, pp.85ff.）。

繰り返し起こり、（2）有機的発展過程においては、同じ状況は同じ形態では決して二度と起こらない（PC, p.49）。彼が指摘しているように、「弁証法的唯物論は、これら両方の型式の関係を適切に解説できるが、それは機械的関係を有機的関係の中に取り込む有機的理論のためである」（PC, p.65, cf. DMP, p.47）。例えば、有産階級（the bourgeoisie）が無産階級（the proletariat）を自分たち自身の利益のために使い続ける時、この関係は機械的であると見なされるが、無産階級が日々の生活必需品の供給や（cf. PC, p.53）、さらには生産手段の所有権という共通目的のために協力し（cf. PC, p.59）、最終的に成功する時、これらは有機的過程の諸側面と言えるだろう。

しかし、マクマレーはお互いに友人としての人間の関係、つまり、（3）「人間的関係（personal relationship）」という第三の関係の型式を提案する（PC, p.66）。これは弁証法的過程を経ないが、それは社会生活のどのような条件にもかかわらず、その性質上、同じ形態を維持するからである。この超有機的関係においては、目的やそのための行為は意図的に選択され、したがって友人同志としての平等性と共に、個人と社会の自由の領域は安全に保護される（cf. PC, p.74）。

結婚した夫婦の関係は、この友人関係に分類されうる。マクマレーが一九三三年に主張しているように、「例えば、今日、異なる社会階級に属する人々が友人関係を持ったり、結婚もするということは、百年前よりもより一層、簡単である」（PC, pp.74f.）。友人関係であれ、結婚であれ、「経済的特権の破壊を通して、階級のない社会を創出することは、……私たちの社会的発展の直接的、合理的な目的である」（PC, p.94）。異なる階級や経済的危機の取り払われた社会は、自由と平等の社会であり、それは共産主義だけでなく民主主義も追求する目標である（cf. PC, p.90, CS, p.158.）。[74]

74　民主主義については、cf. EDMT, pp.224f. :「『一人一票』。これが自由と平等の象徴である」。マクマレーは、自由と平等の概念と同じく進歩の概念が、「キリスト教の産物」であると主張する（CAC, p.507, cf. CS, pp.122f.）。

第三節　共産主義と宗教

　共産主義とキリスト教哲学者マクマレーとの関係を検討することは、特に、共産主義とキリスト教それ自体の関係を探究することにつながるが、その前に、一般的に共産主義と宗教との関係をまとめておくことが有益である。

　宗教はこの世で真の人間的生活を実現しようとしない人々のための子ども染みた代替的幻想、空想的で超自然的な慰めであり、したがって、人々が成熟に達する時、そのような未成熟な宗教は自然に消滅するはずであるという共産主義的説明は広く知られている（CS, pp.30f., 57, 137）。しかし、宗教に対する現実主義的、自然的研究方法を用いるマクマレーにとって、これは宗教の真の性質についての誤った概念である[75]。彼が宗教を定義しているように、

　　「宗教は人間の行うものであり、自分たち自身の人間的性質を表現する
　　方法である。それは人間生活の特徴の中で、最も古く最も普遍的なもの
　　である。歴史的にそれは、政治、芸術、哲学、科学など、他のすべて
　　の形態の源泉であり、人間の性質のすべての特徴が結晶化されたのは、
　　この原初の母胎からである。……すべての宗教は、共同体の表現であ
　　る。原始宗教は部族的であり、その祝祭は部族の構成員の一致を表現す
　　る。宗教的祝祭は、それを構成する人々、つまり、生きている人々と死
　　んだ人々とまだ生まれていない人々との時間的一致も表現する。個々人

75　したがって、宗教に対する共産主義的批判は、実際は「その全究極的目的
　が、幻想信仰を通して私たちの恐怖を圧殺するために真理を抑圧することに
　ある宗教」とマクマレーが定義するものに向けられている（CS, p.48）。「同
　様にして観念における共同体を、共通の行為における共通の現実の共有から
　分離することによって、信仰共同体の現実なしにその幻想を生み出すことは
　可能である。どのような信仰復興集会（revivalist meeting）も、ナチスの大会
　（Nazi convention）も、この過程を全力で暴露している」（CS, pp.54f.）。

を分離する相違を超越し、生と死に打ち勝つ人々のそのような一致感覚
は、原始宗教が表現する信仰共同体の感覚である。すべての宗教はその
発展のどのような段階にあっても、これをその核心に抱いている」（CS,
p.32）。

ここで、宗教の二つの側面が明確に指摘されている。この引用の前半は、
宗教が文化的に多様化した活動領域をすべて創造する最初の人間的行為で
あることを意味している。後半は、宗教が原初の共同体の過去から、継続、
拡大する共同体の未来に至る人間の共同的行為であることを示している
（CS, pp.32f.）。したがって、唯一の神という教義を持つ普遍的宗教は、そ
れに応じて階級や国籍や人種に関係なく、種々の人々からなる唯一の共同
体を実現しようとする。二つの機能である預言と伝道が、この普遍化のた
めに必要とされる（CS, p.34）。

（1）　普遍的宗教は預言的性質を持ち、儀式と教理によって未来世代に
　　　もその共同体感覚を拡大するように努める。
（2）　伝道という課題は、共同体を特殊化させる傾向のある部族宗教、
　　　国家宗教の孕む排他性や敵意を瓦解させるために遂行される[76]。

したがって、普遍的宗教が預言と伝道を通して成長し、階級と人種と国
家の差異を超えた共同体を実現し始めるにつれて、その理想的属性は徐々
に減退するはずであるが、この非現実化という実態を考慮すると、実際に
は階級間、人種間、国家間の様々な衝突が、普遍化の進展を阻止してきた
に違いない。確かに、階級、人種、国籍は、人と人とを分離する障壁とな
りうるが、人の共同体の中の分離の根本的要因は死であり、死自体の前に

76　国家宗教の排他性や敵意は、戦争において最も顕著に露呈される。Cf. CS,
　　p.38:「この前の戦争（＝第一次世界大戦）では、あらゆる国家がその神に支
　　援と勝利を訴えた。人間的観点から見ると、それは国家共同体自身の感覚に
　　訴えたものである」。

第二章　共産主義と民主主義

人は死の恐怖を味わう。マクマレーは、人が死を認識する際に理性が中心的役割を果たしていると指摘する。

マクマレーにとって、「宗教とは、理性の最初の、最も完全な表現であり」(CS, p.36)、理性とは、「すべての人間的生活の中で特色のある形態を決定する能力である」(CS, p.36)。動物と区別される人間は理性を持ち、単に生きるだけではなく、自分たちが生きており、結果として死ぬことも知っているため、死の恐怖を引き起こす(CS, pp.36f.)。宗教の課題は、他の誰にも属さない自分自身の死に直面させることによって、人を人から、また人を自然から孤立させる死の恐怖を人に克服させることにある。

一方で、その恐怖は、人を共同体における家族、親戚、友人から孤立させる状況や、人をこの世における人間存在の源泉と支援としての自然から孤立させる状況を生み出すが(CS, p.37)[77]、他方、その恐怖は、人を戦争だけでなく労働においても命を脅かす敵対者から乖離させる状況や、人を深刻な危険要因の一つとしての自然から乖離させる状況も生み出す(CS, p.39)。そこで、資本家と労働者との関係の文脈で言えば、例えば、過酷な自然環境の下で働いていたり、健康被害をもたらす天然資源を取り扱っていたり、敵対的な資本家の下で働いている労働者の恐怖は、現実の社会の中で克服されなければならないということになるだろう。この社会的、政治的課題は、宗教的課題と多くの共通点を担っている。恐怖は労働者を資本家から孤立させるだけでなく、自然からも孤立させるからである。

---

[77] あらゆる個人は人間の一部であり、人間は自然の一部であるから(CS, p.41)、これらの孤立化の恐怖を宗教的に克服することは、「より高度な段階で人を人と、人類を自然と再統合する」ことである(CS, p.40)。この再統合は、宗教的には永遠の命という形で約束されている。マクマレーが述べているように、「宗教の歴史は種々の方法で、しばしばかなり奇妙で哀れな方法で、人が自然や仲間との共同生活を確保することによって自分の永遠の命を確信しようとしてきた歴史である」(CS, p.42)。

第四節　共産主義とイエス

　キリスト教の視点からマクマレーは、共産主義の研究から出て来た観念論や階級社会を巡る諸問題にも応答する。彼は共産主義とキリスト教との関係の問題が、一九三〇年代の最重要課題だと考えているからである（COC, p.14）。彼が定義しているように、「キリスト教とは、福音書に記録されているイエス自身の生涯と教えの権威のことである」（COC, p.23）。このように、彼は自分の立場を直接、聖書に基礎づけようとする。

　第一に、マクマレーはあの世的、観念論的キリスト教会に対して、やや皮肉を交えて、「キリストが自らの教会に与えた仕事は、天の王国を天に確立することではなく、天の王国を地上に確立することであった。〈これ〉がキリスト教会の課題である」と強調する（COC, p.15, cf. CS, pp.62f., CC, p.50）。[78] マクマレーが一九三四年にこの預言者的発言をした時、イギリスや他の西洋諸国の深刻な問題の一つは「失業」であり（COC, p.16, cf. COC, p.27）、[79] それは資本家と労働者との関係の外にまで周辺化されている状況と言えるだろう。

　この状況に対処するために必要なものは正義にほかならず、これはマクマレーがこの地上に天の王国を確立するという表現で意味していることである。彼にとって、「キリスト教は観念ではなく、人の生活と社会を変革するための生きた力ある働きである。……事実、それは依然としてこの世の贖いと教会のための神の力である」（COC, p.22）。地上における天の王

78　Cf. マタ 6:10, 16:19.

79　マクマレーは「一九三二年一月」に（FMW, p. xxxix）、「私たちは二重の問題、一方で過剰生産、他方でその結果としての深刻で慢性的な失業を抱えていると言われている。さて、それを分かり易い英語で言おう。私たちは、最低限の生活必需品を持つ私たちの人口の大部分に供給できないほど過剰な量の製品を生産してしまったのである」と報道している（FMW, p.5, cf. FMW, pp.15, 147f.）。一九四二年に彼は続けて、「私たちは大規模の失業に苦しんでいる」と述べている（CD, p.28, cf. CD, p.35）。

国の確立は共産主義において、「歴史の進展（the process of history）」と呼ばれるものに等しい（CS, p.23）。同様にして、この推進力は共産主義者たちを通して、「平等と自由に基づいて人類の現実的で普遍的な同胞意識」を創出する（CS, p.23）[80]。

　第二に、この地に足の付いた理解に従ってマクマレーは、共産主義とキリスト教との共通領域を次のように強調する。

　　「何らかの形で、共産主義革命の駆動力である主要な共産主義的概念はすべて、イエスの教えの中に見つけられる。私は三つの点を述べる。イエスは本質的に階級問題を意識しており、社会問題を巡る彼の解釈は共産主義者が意図しているのと全く同じ意味で経済的解釈であり、また、彼は共産主義が唯物論者であるという意味で唯物論者であった。これら三つは、私たちが通常、共産主義の中の非キリスト教的、反キリスト教的要素と呼ぶ三点である」（COC, p.23, cf. CS, p.149）[81]。

　確かに、イエスは階級問題を意識していると考えられる。彼は出会った上流階級の構成員、つまり律法学者、ファリサイ派、統治者をすべて拒否したからである[82]。さらに、彼は自分の弟子たちに、例えば、「金持ちが天の王国に入ることは、何と難しいことか」（COC, p.24, cf. CAC, p.515）[83]、ま

80　「共産主義は無神論を公言している」けれども（CS, p.22）、「『歴史の進展』は自らの目的を促進するために、それに反対する人々の悪辣ささえも利用する」という共産主義的確信は（CS, pp.23f.）、マクマレーが指摘しているように、制度化された教会が概して失った現実のキリスト教の神信仰と構造的に似ている（CS, p.24, cf. SRR, p.45）。

81　マクマレーは、キリスト教と共産主義とが多くを共有していると主張する。彼の定式が明示しているように、「私たちは、もし、適切な比較をしたいのなら、似たもの同士を比較しなければならない」（COC, p.19, cf. COC, p.25）。「共産主義革命」という表現によって（COC, p.23）、彼は例えば具体的には、一九一七年ロシアのボリシェヴィキ革命を意味しているようである。

82　Cf. マタ 19:16-22, 23:1-36.

83　Cf. マタ 19:23.

た、「金持ちが神の王国に入ることよりも、らくだが針の穴を通るほうが簡単である」と宣言した（COC, p.24, cf. CS, p.77）[84]。逆に、イエスは貧しい人々、病んでいる人々、弱い人々の味方になったが、ここで彼の行為と言葉は明らかに、社会構造の経済的解釈を施している。特に、自分の弟子たちに対してなされた「私と福音のために、家、兄弟、姉妹、父、母、妻、子ども、または土地を捨てて、今この世で迫害と共に、家、兄弟、姉妹、母、妻、子ども、そして土地を百倍受け取らない人はいないし、来るべき世で永遠の命を受けない人はいない」という彼の約束は（COC, p.24, cf. CS, pp.78f.）[85]、マクマレーによって少なくとも唯物論を含むと解釈される。

　この聖書引用が極めて興味深いのは、彼はこの後にガンディーに言及しているからである。ガンディーは、「インドである時、インド総督に次のような手紙を書いた。『あなた自身の給料を例に取りましょう。それは一ヶ月二万一〇〇〇ルピーです。あなたはインドの平均収入の五〇〇〇倍以上ももらっているのです。イギリスの首相はイギリスの平均収入の九〇倍をもらっています。私はあなたにひざまずいて、この状況を熟考してくださるように願います』」（COC, p.26）[86]。もし、「九十倍」というイギリスの首相の収入をイエスによって約束された「百倍」と結び付けて考えるなら、この経済構造の説明はイエスの言葉の重要性を解明するだろう。イエスの弟子たちは、自分たちが捨てたものの百倍を今この世で受け取り、迫害を通してではあるけれども、新たにこの世で首相のような統治者となり、また、来るべき世で永遠の命を享受することになるからである。下層階級による上流階級の転覆がこの世で起こることを、この枠組みは弁証法的に示

84　Cf. マタ 19:24.

85　Cf. マル 10:29-30.

86　Cf. FMW, p.92. マクマレーは付け加えて言う。「ロシア人たちは私たちを、より劣等か早期の段階の文明に属していると見なしている。この文明では、正義という理念は到来していない。したがって、彼らは搾取がないという基本に基づいて組織化を進めており、私たち自身の一対一万という収入比率に対して、実際にロシアではすでにそれに対応する収入比率は一対十である」（COC, p.26）。

第二章　共産主義と民主主義

咳している。これこそマクマレーが自信を持って、「私たちはキリスト教
共産主義を必要とする。また、私たちの経験しているマルクス的共産主義
は倒れる。というのは、それがキリスト教の中の一般原則に含まれていな
いからではなく、小さ過ぎるからである。それはキリスト教の一部であり、
思考と行為において限定的であり、その真の状況の中から生起しないから
である」と述べる部分的な理由である（COC, p.22, cf. CAC, pp.506, 511）[87]。
この世での豊かさの約束と共に来るべき世での永遠の命という祝福の約束
を考慮してみても、確かにマルクス的共産主義は、キリスト教の一部分に
とどまると言えるだろう。

　このような解釈は、本章「第二節　共産主義——マルクスからマクマレ
ーへ」で示したように、社会における人間関係の三つの異なる型式の説明
と一致している（PC, pp.65f.）。つまり、マルクス的共産主義がキリスト
教の一部に過ぎないように、弁証法的唯物論によってのみ説明される機械
的関係と有機的関係は、人間的関係を含むすべての種類の人間関係の一部
に過ぎない。この人間的関係において、人々は政治的または経済的理由に
基づかずに親睦を達成し、目的それ自体である人間共同体を創出しようと
いう衝動を感じる。マクマレーが、マルクス的用語である上部構造に言及
しつつ、マルクス的共産主義との対比でキリスト教によって維持される人
間的関係を強調しているように、

　　「経済的関係ではなく、この人間的関係が人の生活の本質であり、現実
　　であるとキリスト教は主張するが、共産主義的理論はこの関係を無視す
　　るか、または、社会生活の『上部構造』の一部として、経済的協力関係

87　マクマレーは、「いかに共産主義的理論の最終段階がマルクス自身によっ
　　て構築されたかということに同情的理解を示しているが」、「共産主義者では
　　ない」ということをここで留意しておくことが重要である（EDMT, p.209）。
　　キリスト教とファシズムとの関係については、cf. CAC, p.508:「ファシズムの
　　主要な構造的原則は、キリスト教のそれと全く両立しない。共産主義の主要
　　な構造的原則は、キリスト教のそれと一致するか、そこに含まれている」。

に由来させるか、従属させる」（CAC, p.522）。

　人間的関係は、人間がお互いに近接的、内面的に引かれ合うという点で直接的であるが、経済的関係は、専ら人々が自分たち自身にとって外的なもの、例えば必要に基づいて機能的に、有機的に交換する商品によって仲が取り持たれているので間接的である。これら二種類の関係は、次のように人の行為を決定する二型式の動機によってさらに解明されうる（CAC, p.524, cf. CS, pp.113ff., FPN, p.186）。

（1）　愛情型式（love-type）の動機が決定する人の行為において、人は自己中心性を超越し、自分の仲間としての他者に自分自身を外的にささげ、共同体を創出する。
（2）　渇望型式（hunger-type）の動機が決定する人の行為において、個々人は自分自身の目的のために他の物や人を必要とし、使用する。

　したがって、愛情型式の動機は、利他的、創造的活動の本質であり、渇望型式の動機は、利己的、経済的活動の本質である。しかし、ここで「人間社会は、これら両型式の組み合わせを通してのみ可能となり、それらはお互いを前提としている」と付言しておくことが決定的に重要である（CAC, p.524）。渇望動機から分断された愛情動機は、物質的商品に恵まれず（no access）、愛情動機から分断された渇望動機は、目的それ自体である人の共同体に恵まれない（no access）からである。もし、愛情と渇望が二元論的に互いから分断されるなら、「渇望は存在のための普遍的闘争としての経済生活を決定し、愛情は空想と感情の事柄として感傷的、観念的になる」（CAC, p.525, cf. CS, pp.120, 152）。何世紀もの間、この二元論がヨーロッパ社会を支配し、そこで発展したキリスト教に影響を与え、さらに観念論と唯物論との分割として現れた。[88] もし、ヨーロッパのキリス

88　Cf. CAC, p.526:「共産主義者は、観念論的宗教の消滅を要求する点で正しい。

ト教が感傷的、観念論的な愛情動機の影響を受けてきたのなら、共産主義は経済的、唯物論的な渇望動機に支配されてきたと言えるだろう。マクマレーが明言しているように、「共産主義は人の生活の時間的側面のみに排他的に集中しているからこそ、人生は経済的要因に完全に決定されており、共同体の実現は必然的に経済的利益という観点から、諸集団間の闘争によって成し遂げられるという見解につながる。共産主義的解釈はすべて、愛情動機を排除した渇望動機に安住している」（CS, p.117, cf. CS, pp.145, 161）。

第五節　民主主義とイエス

マクマレーは、イエスと共産主義の諸側面との部分的関係を検討したように、続けてイエスと民主主義の基盤との密接な関係も指摘する。まず、イエスが普通の人として普通の人々を通して天の王国を確立し始めた方法をマクマレーが聖書に基づいて解明している点に着目しよう。

イエスはユダヤ人であり、「悔い改めなさい。天の王国が近づいたから」と説いて、自分自身の伝道を開始した（CS, p.62）。彼がユダヤ教を普遍化する時、現実主義や具体性を喪失していない。彼が天の王国によって意味しているのは、「人の生活の通常の日常的要素から構成される地上の王国」だからである（CS, p63）。例えば、彼は天の王国を確立するために物理的力に訴えていない（cf. CS, pp.147, 165）。それは荒野における誘惑の出来事で示されているとおりである。マクマレーはこうまとめている。

彼（＝マルクス）は、人の生活の中に超自然主義のための場所はもはやないと主張する点で正しい。しかし、宗教は必然的に観念論的であるとか、その言及先は必然的に、超人的に経験する『あの世』であると考える点で誤っている。それは単に二元論による宗教の倒錯である。宗教の真の言及先は、直接的な人間関係の領域である……」（cf. IR, p.7）。

89　Cf. マタ 4:17.

90　Cf. マタ 4:1-11.

（1）「彼（＝イエス）は、自分自身の肉体が必要とするものを供給する
　　ために奇跡的力を使用することを拒否する」。

（2）「彼は、人々の想像力に印象を与えるような華々しい目的のために
　　神の力を使用することを拒否する」。

（3）「最後に彼は、誘惑者の究極的主権を認めるという条件でこの世
　　の王国の権力と栄光を受け入れることを拒否する」（CS, p.64, cf. CS,
　　p.102）。

　ここでイエスは、あの世の力も持つ誘惑者に対峙するために神の子とし
ての神的権威を行使せずに、地上の普通の人として、むしろ旧約聖書から
信仰深く適切に引用をする全く普通の宗教人として行動する[91]。イエスに
おける普通の（common）人という模範は、すべての人を包括しようとす
る宗教の普遍化に対する刺激として有用であり、このことは、その模範が
共通の（common）人間性に基づく普遍的共同体の形成に道を開くという
ことを意味する。

　マクマレーは、イエスのこの革命的な衝撃を良きサマリア人の譬え話の
中に見いだす（CS, p.65）[92]。この譬え話は、国も宗教も異なる共同体に属
するにもかかわらず、自分の持ち物を強盗に奪われたあるユダヤ人に献身
的に接した一人のサマリア人の話である。実はこのサマリア人が登場する
前に、そのユダヤ人の同胞である祭司やレビ人は、彼を見捨てていたので
ある。イエスはこの譬え話を通して、このサマリア人はその惨めなユダヤ
人の隣人になったと明言し、イエスの意図する共同体はどのような制限も
排除し、あらゆる人種、国籍、性別、信条に対しても開かれていることを
示唆している（CS, p.67, cf. CF, p.68）。言い換えると、この共同体は、「単
に、全く、共通の人間性という基盤に基づく人々の間」の共同体であり

91　Cf. マタ 4:4（申命 8:3）, 7（申命 6:16）, 10（申命 6:13）.

92　Cf. ルカ 10:29-37.

（CS, p.66）、実践的なつながりが自然の血縁関係以上に重要である。イエスが強調しているように、「誰でも、天におられる私の父の思いを行う人が、私の兄弟、姉妹、母である」（CS, p.66）[93]。したがって、天の王国とは、天にいる父であり王である方の思いを地上で行う人々の共同体を意味する。

　天の王国は地上で確立されなければならないが、イエスが言うように（CS, p.69）[94]、「天の王国はあなたたちの中にある」という点も同時に指摘しておくことが極めて重要である。マクマレーが触れているように、

　　「人間の経験におけるこれら二つの反定立的（antithetical）側面を合わせることによってのみ、人間の生活の宗教的性質が実現されうる。そうすることの結果として、私たちは地上に天の王国を確立するために必要な活動に集中するや否や、人間の発展は弁証法的であると認識する」（CS, p.69）。

　この弁証法的発展は、政府機関を持つローマ帝国というすでに存在する政治的統一性という背景に対して、普遍的共同体である天の王国を創出するためにイエスが自分の弟子たちを選ぶ時にも明確に実現されている。つまり、

　　「彼（＝イエス）は、天の王国の創出を手伝うことになる一群の弟子たちを、自分自身が属する普通の人々から選び、金持ちや支配者階級には

93　Cf. マタ 12:50.

94　Cf. ルカ 17:21. Cf. also ルカ 6:20, 11:20. マルクスにとって、真の十分な人間性は共産主義の確立と共に実現されうるので、天の王国のようなものは歴史的進展の最終的目的地としていまだ到来していない（CS, p.92）。マクマレーによると、「共産主義者が言えなくても、イエスは『天の王国はあなたたちの中にある』と言える。地上で天の王国が創出されるための人間社会の時間的進展は、単に時間的なのではなく永遠の重要性を与える永遠の現実の中に組み込まれている。そのような永遠の現実がなければ、時間的進展はそれ自体、非現実的で何の重要性も持たないだろう」（CS, p.93）。

明確に背を向けなければならないと結論する。彼は最初から、天の王国への道は既存の秩序の破壊を通して整えられると理解していた。この普通の人々を発見することこそ、社会の歴史に対するイエスの偉大な貢献である。それが民主主義の基盤である」（CS, p.70, cf. CS, pp.80, 84, 105）。

マクマレーは、支配者階級ではない普通の人々によって果たされた活発な役割に由来する民主主義の基盤を浮き彫りにする（cf. CS, pp.155, 167f., CC, p.45）。上流階級の転覆と下層階級によるその後の代替は、金持ちとラザロという名前の貧者の譬え話における有名な主題である[95]。この話でイエスは、「貧富に対する人間の評価は、霊的現実においては完全に逆転する。王国を受け継いだのはラザロであり、金持ちは外の暗闇に投げ出される」という事実の意味を伝えている（CS, p.71）。同様にして、社会から追放されていた徴税人や娼婦が先に天の王国に入るのである[96]。この弁証法的性格は、イエス自身の「私が来たのは、正しい人ではなく罪人を悔い改めさせるためである」という言葉に逆上ることができる（CS, p.71）[97]。マクマレーが強調しているように、「確かに、弁証法的発展の根本的原則は、『最後のものは最初に、最初のものは最後になる』というイエスの言葉に中に最も簡潔な表現を見いだすことができる」（CS, pp.71f.）[98]。

マクマレーが、「『今、飢えている人々は幸いである。あなたたちは満た

95　Cf. ルカ 16:19-31.

96　Cf. マタ 21:31. また、マクマレーは天の王国の譬え話の中にも弁証法的性格を見いだす。一方で、天の王国は大きな木になる小さなからし種や、小麦粉全体を膨らませるとても小さなパン種に譬えられるが、他方、この世の偉大な人々、金持ちらはいずれ深刻な裁きに直面する（CS, pp.74f., cf. マタ 13:31-33, 18:23-35, 19:23-24）。

97　Cf. マタ 9:13. したがって、すべての人々が罪人であることを考慮すると、すべての人々は地上に確立される天の王国に招かれる資格があるが、その人々は柔和でなければならない。「その人々（＝柔和な人々）が地を受け継ぐからである」（CS, p.72, cf. マタ 5:5）。

98　Cf. マタ 19:30, 20:16. Cf. also CS, p.72（コリー 1:27-28）.

されるだろうから。今、泣いている人々は幸いである。あなたたちは笑う
だろうから』。『しかし、富んでいるあなたたちは不幸である。あなたたち
は慰めを受けているから。満たされているあなたたちは不幸である。あ
なたたちは飢えるだろうから。今、笑っているあなたたちは不幸である。
あなたたちは悲しみ、泣くだろうから』」というイエスの言葉に言及して、
社会的次元と同様に個人的次元における弁証法的逆転を強調しているこ
とも極めて興味深い（CS, p.73）[99]。この逆転は、まさしくラザロと金持ちに
おいてそれぞれ生起したことである[100]。マクマレーが、「あなたたちの中で
最も偉大な人が、あなたたちの奉仕者となりなさい」というイエスの有名
な逆説的表現に言及する時[101]、彼はそれを次のように解釈する。

　　「この理由は、社会の制度的連関の中である人の立場に与えられた優勢
　　な力の存在は、劣等な機能によって補われなければならないという点に
　　ある。それは、十分に人間意識の通常の均衡を維持し、人としての人の
　　重要性を強調するためである。これがイエスの平等概念の核心である。
　　それは、必ずしも富の平等のことではなく、人の生活に重要性を与える
　　ものは、個人の人間そのものの中にあり、すべての人々の中に平等に存
　　在するという意味である」（CS, p.106）。

　この解釈もまた、個々人の平等の弁証法的理解を示しており、このよう
な平等性はイエスの弟子たちを相互に動的で常に新鮮な人間関係に導く。
　最後に、マクマレーが、下記のイエスの言葉における弁証法的事例の中
に見いだされる民主主義の究極的基盤を検討しよう。

　　「『一粒の麦は地に落ちて死ななければ、そのままであるが、もし、そ
　　れが死ねば、多くの実を結ぶ。自分の命を愛する人はそれを失い、こ

99　　Cf. ルカ 6:21, 24-25.

100　　Cf. ルカ 16:19-31.

101　　Cf. マタ 23:11.

の世で自分の命を憎む人はそれを保ち、永遠の命に至るだろう』」（CS, pp.73f.）[102]。

マクマレーによると、「彼（＝イエス）がしたことは、命は死を通して救われ、命を得るための方法はその命を与えることにあるという弁証法的法則を主張したということである」（CS, p.74）[103]。言うまでもなく、階級、国籍、人種、性別に関係なく、死はすべての人を平等にする（death levels all men）。死自体がすべての人に平等に到来するというこの単純な事実が、平等という民主主義の原則と分かち難く結び付いている。しかし同時に、どのようにして人は地に落ちて死ぬのか、また、どのようにして人は自分の命を憎むのかは、本質的にどのようにその人が生きてきたかにかかっていると言えるだろう。ここに、もう一つの民主主義の原則、人の生活における自由の問題がある。

第六節　民主主義と宗教

一九四一年にマクマレーは、「私たちは民主主義のためにこの戦争を戦っているという一般的合意」を認めているが（CC, p.8）、政治組織の様々な形態としばしば関連づけられる民主主義の意味についての合意があるかどうかは疑わしく思っている[104]。彼にとって、

---

102 Cf. ヨハ 12:24-25.

103 このことはまた、イエス自身を通してイエス自身において起こった。マクマレーが述べているように、「彼自身の滅びが、彼が知っていたように、彼の使命の達成の主な条件であった。命が確保されるのは死を通してであり、勝利が到来するのは必ず敗北を通してであった」（CS, p.87）。

104 マクマレーの熱心な共産主義研究の背後に、民主主義に対する幻滅があったのかもしれない。彼が回顧しているように、「一九三二年一月」（FMW, p. xxxix）、「あの大戦の前、私たちは本当に民主主義を信じていた。私が言っているのは、政治家の代わりに自分たち自身で大切なことを決定するように国民にゆだねることが良いことだと信じていたということである」（FMW, p.9）。

第二章　共産主義と民主主義

「民主主義は、あらゆる人のために自由——責任ある男性と女性の自由——を達成することに関心がある。それは自由の組織的な増大のために——あらゆる人のために、したがってあらゆる所に責任ある自由を均分するために——計画を立てる。自由と平等は民主主義の基調である。それらは特権と社会的差異に反対する。なぜなら、このようなものは、ある人々、またはある階級の人々が、他の人々を犠牲にして自分たち自身のために自由と責任を独占することを意味するからである。民主主義は、色々な権利を市民権や国籍、性別や人種のような限定的基盤の上にではなく、共通の人間性の上に基礎づける」（CC, p.9）。

　民主主義は本質的に自由と平等からなり、自由は人々が恣意的、利己的にではなく、他者との均衡の中で責任を伴って発揮すべき権利のうちにある。したがって、自由はあらゆる人にあらゆる所で平等に普及されなければならない点で、平等と密接に結び付いている。これら二つの基調は、政治的権威によるどのような不当な干渉にも抵抗するために、人々の民主的な生活に必須である。つまり、民主主義において「政治的権威は限定的である」が、全体主義において「政治的権威は非限定的である」（CC, pp.9f., cf. CD, p.11）。そこでマクマレーは、現代ヨーロッパの宗教とは区別される現実的な宗教が、政治的権威を限定する際に主要な掛け替えのない役割を果たすことによって民主主義に貢献すると主張する（CC, p.15）。

　歴史的に言えば、一六四二年にイギリスで勃発した内戦の終了後、つまり、クロムウェルに導かれた議会軍が王のチャールズ一世に勝利した後に

Cf. CF, p.34: 一九一九年に制定された平和的なワイマール（＝ヴァイマル）憲法と一九三〇年代のナチズムの台頭を背景に持つドイツに言及して彼は、「私たちの時代はドイツにおいてもその他においても、自由を倒壊させるために、民主的司法機関が首尾よく利用されることを目撃してきた。私たちは、専制政治を確立し、維持するために、司法文書が利用されるのを見てきた」と強調する（cf. CF, pp.40f.）。

議会制民主主義が確立され、政治的統制のない宗教の自由と産業の自由が確保された（CC, p.11, cf. CD, p.9）[105]。しかしながら今や、「経済的階級制度の創出は、……私たちの時代に完成に向かい」、政治的権威がそれに対して何らかの対策を講じる必要が生じてきたが（CC, pp.11f.）、宗教改革を通して損害を受けた宗教的階級制度の力は、産業化を特徴とするここ数世紀に減衰し続けた（CC, pp.11, 16）[106]。それにもかかわらず、マクマレーが主張するように、人の生活はお互いに依存し合う共通の生活であり、「こ

---

[105]　この民主主義はリベラルな伝統における「消極的民主主義（negative democracy）」と呼ばれ、マクマレーが主張するように、「私たちの伝統的政府は〈消極的〉民主主義である。……消極的性格は、政治的権威の範囲から経済的領域を除外することに由来する。おそらく政府の権威から文化的領域を除外することも、私たちの民主主義の消去的要素であったと考えられるだろう。しかし、政治的活動の〈このような〉限定が、ある国を民主的にする点に留意しておくことは重要である。それを取り除けば、私たちは民主主義をやめ、全体主義国家になる」（CD, pp.16f., cf. CD, pp.14f., 24f.）。特に、宗教の自由は「宗教的寛容（religious tolerance）」の問題でもあり、この寛容は、「原則的に国家の統制からすべての文化的活動が自由であることを示唆している。それは良心の自由、思想の自由、学問、芸術、文学の自由―― 一言で言うと、心の自由に関与するすべて――を示唆している。宗教的寛容の示唆するものは、私たちのすべての民主的自由――言論の自由、思想の自由、出版、文化的結社、公的批判、宣伝の自由――に貫かれている」（CD, pp.11f.）。

[106]　Cf. CD, pp.17f.：「もし、政府が市民の物質的生活の積極的統制を行使するなら、もし、それが国の物質的資源をどのように使用するかを決定し、何を生産し、それぞれどれほど生産するかを決定し、生産と分配の産業組織や財源に関する規則や配分を直接的に決定するなら、そのような政府は積極的な物質的権力を行使するので、積極的政府（positive government）と明記されることになる」。このような政府の採用する措置の一つは経済組織の社会主義化であり、マクマレーが示しているように、「何らかの形の社会主義が、今や避けられない」のであり（CC, p.32, cf. CD, pp.33ff.）、社会主義政策は政府による「計画経済」である（CC, p.53）。この見解は特にヨーロッパの再建を視野に入れた戦時中、一九四一年に提示された点に留意する必要がある（CC, p.54）。しかし、一九四二年にマクマレーは、「消極的政府から積極的政府へのそのような移行によって民主主義を失う危険性」も論述している（CD, p.30）。

第二章　共産主義と民主主義

の事実は宗教の根底にある。……宗教は人間の性質の中でも社会的性格の主要な表明であり、個人ではなく社会に関心を持っている」（CC, p.17）。彼にとって宗教の社会的性質は、部族的宗教であっても普遍的宗教であっても疑いえないものである。例えば、マクマレーは「私たち自身の宗教」（CC, p.19）、つまり、神の普遍的な父性を肯定し、それゆえにその唯一の神の庇護の下で家族的一致を創出しようとするキリスト教を取り上げる（CC, p.21）。

マクマレーはこのような宗教的一致を、社会とは区別される共同体と定義する（CC, pp.23ff., 34f.）。

（1） 共同体は相互の親睦を楽しみ祝うために、自発的に本質的に一つにされた人々からなる。宗教は共同体に関するものである。
（2） 社会は相互の親睦というよりも、何か他の必要を満たすために、強制的に非本質的に関係づけられた人々からなる。政治と経済は社会に関するものである。

人々は通常、共同体と社会の両方に、それゆえ宗教と政治の両方に属するが、その活動のほとんどは、実際には共同体に由来する自然な愛情や政府による法律の人為的執行に気づかないまま、習慣や伝統に基づいている（CC, pp.25ff.）。しかしながら、マクマレーが全体主義国家の登場という当時の危機的状況に言及しているように、「もし、ある共同体の宗教が愛情という内的絆を維持できないなら、社会の一致は外から強制力によって維持されなければならず、国家の力は成長するだろう。私たち自身の時代における暴君国家の興隆と民主主義国家の崩壊は、この過程の結果である」（CC, pp.28f., cf. CC, pp.30f.）[107]。

107 　したがって、マクマレーは「ヒトラー」という独裁者をドイツ・ナチズムの原因ではなく、ドイツ・前ナチズム（the German pre-Nazism）の結果であると指摘する（CC, p.29）。彼の概略的分析によると、この前ナチズム状況は国家権力の増大だけでなく、プロテスタント宗教改革による統一的中世キリ

したがって、全体主義を抑制して民主主義を強化するために、宗教は社会の中の共同体維持において重要な役割を果たさなければならない。マクマレーはこの議論をもう一歩進め、二つの型式の宗教、保守的宗教と創造的宗教に言及する（CC, pp.35f.）。

（1）　保守的宗教は、主として血縁関係に基づく既存の古い共同体の排他的伝統や習慣を維持することに関心がある。

（2）　創造的宗教は、他者を含む共同体を刷新して創出することに関心がある。

言い換えると、保守的宗教は過去に目を向け、創造的宗教は過去に基づく未来に目を向け（CC, pp.39, 42）、さらに具体的に言うと、「新約聖書に記録され、考察されているユダヤ教からキリスト教への宗教的移行は、保守的宗教から創造的宗教への移行の完璧な事例である」（CC, p.39）。ユダヤ教は確かにアブラハムに逆上り、その子孫がその主要な実体を構成しているが、ユダヤ教から発生したにもかかわらずキリスト教は、自然の血族関係に依存せずに成長し、選民だけでなく異邦人たちにも開かれた創造的宗教になった。マクマレーは、世界共同体を創出するためのキリスト教の普遍的な伝道の根拠となる次の聖書箇所を示す（CC, p.41）。

（1）　「イエスは、彼の母と兄弟たちが彼を探していると言う人々に対して、『誰でも、天におられる私の父の思いを行う人が、私の母、姉妹、兄弟である』と答えた」[108]。

（2）　「彼は、自分たちがアブラハムの子孫であると自慢していたファリサイ派の人々に対して、『神なら野原のそこら辺の石からアブラハムの子どもたちを立て上げられる』と宣言した」[109]。

スト教世界の崩壊とその後の各地域の文化的無秩序に由来する（CC, p.30）。

108　Cf. CS, p.66, マタ 12:50.

109　Cf. マタ 3:9.

（3） 「彼はニコデモに対して『肉による』ものではない新しい誕生について語ったが、それは新しい共同体の構成員となる条件である。彼は、『人は新たに生まれなければ、天の王国に入ることはできない』と言った[110]」。

（4） 「彼は良きサマリア人の譬え話において、すべての真の人間社会の基盤は文化的伝統や人種ではなく、実践的な親切心に明示される共通の人間性であると宣言した[111]」。

　これらの点を合わせると、キリスト教は自由で平等な共同体の創出に方向づけられていることが明確になる。キリスト者は同じ唯一の父なる神の下で兄弟姉妹として平等であり（CC, p.43）、新たに生まれ変わって信仰生活を送るすべての人々は、そのいかなる背景にもかかわらず、この共同体に入る資格がある。このように、キリスト教は進歩的状況の中では、閉鎖的過去に固執することでそのような進歩に「反動的な（reactionary）」保守的宗教に対して、開放的未来を志向する「革命的な（revolutionary）」宗教である（CC, p.42）[112]。キリスト者が単にその共同体だけではなく自分自身の社会にも属していることを考慮すると、キリスト者は、人々がその経済状況によって不平等な形で様々な自由の形態を享受している社会の中で、経済的階級制度を政治的に解体するために働くことが期待されていると言えるだろう。マクマレーが明示しているように、

　　「民主主義は、専ら共同体の精神が協力的社会の中に浸透する程度に応じて、また、力のある個人や力のある集団の利己主義を共通の生活内の奉仕やその共通の必要性に従属させるほどの強烈さと共に達成される。

110　Cf. ヨハ 3:3.

111　Cf. CS, p.65, ルカ 10:29-37.

112　Cf. CC, p.42:「パウロは、『キリスト・イエスにおいて、ギリシャ人もユダヤ人もなく、未開人もスキタイ人も奴隷も自由人もない』と言う」（cf. コロ 3:11）。

それは、協力的社会が共同体と共存する所でのみ、現実的な民主主義が存在しうるということである」（CC, pp.43f.）。

それゆえ、この現実的な民主主義はマクマレーが「経済的民主主義」と呼ぶものを含み（CC, p.45）、キリスト教は普遍的宗教として、人々が「文化的生活」を送る「霊的領域」とも呼ばれる宗教的領域と共に（CD, p.17, 21f.）、「社会的協力の領域——経済的、政治的領域——における社会の民主的秩序」も要求する（CC, p.46, cf. CC, pp.57f.）。マクマレーは、この文化的生活が経済的生活と密接に結び付いていることを強調して、「物質的資源がなければ、私たちは生きていけない。適切な物質的資源がなければ、人間的生活は未成長、未発達のまま停滞しなければならない。共同体の経済的活動は文化的生活に必須の基盤である」と指摘している（CD, p.21）。

したがって、政治的統制を免れた経済的自由が「経済的独裁制」に変貌すると（CD, p.28）、富という観点から人口の両極化を導き、恵まれない人々の文化的自由、つまり民主主義が確保しようとしているもう一つの自由を危険にさらしてしまう（CD, p.22）[113]。経済的自由の危険な側面は単に個人の生活だけでなく、社会生活にも該当する。国家からの補助金であろうと、民間からの基金であろうと、「教会、大学、学校のような文化的機関は、財政的支援に依存しているからである」（CD, p.31）。

最後に、民主主義は使用されるべき技術的道具ではなく、人々の中で内

---

[113] これはマクマレーが「積極的政府への移行」を支持する主な理由であるが（CD, p.22）、同時に、民主主義を放棄する積極的政府の誤りは、「共産主義革命にもファシズム革命にも——ソビエト・ロシアにもナチス・ドイツにも」見いだされうるものであり、「積極的政府への移行は、人々の経済的生活と同様に文化的生活を統制する権利を国家が掌握することを伴ってきた」点にも留意すべきである（CD, p.19, cf. CD, pp.20, 27）。この誤りを阻止すべきであるということを認識した上で、マクマレーは自分自身の積極的民主主義の構想を「建設的民主主義（constructive democracy）」と呼び、地方自治政府に大きな役割を与えることを提案する（CD, p.36, cf. CD, pp.40f., Walter G. Jeffko, *Contemporary Ethical Issues*, pp.250ff. ; Esther McIntosh, '11. John Macmurray as a Scottish Philosopher,' p.286）。

第二章　共産主義と民主主義

面化されるべき動的な推進力であることを表現しているマクマレーの言葉を引用しておこう。

　　「すべてのことは、民主主義の生きた精神を共同体のあらゆる部分を通して全力で維持する能力にかかっている。民主主義は主として政治組織の問題ではないからである。それは人間的生活の特質の問題である」（CD, p.38）。

第七節　自由と現実

　本章「第六節　民主主義と宗教」では、自由が平等と密接に結び付いていることを見てきたが、マクマレーが述べているように、「社会全体において可能な最大の自由が達成されるのは、自由がその社会の全構成員の間で平等に分配される時である」（CS, p.159）。言い換えると、

　　「現実の自由は、社会の中でいつもその構成員の間の平等に比例している。自分のための自由は、他者のための自由が達成されることによってのみ達成されるからであり、自由を信じることは、他者が自由であることを信じることである。……したがって、民主主義への信仰の主要な部分である自由への信仰の検証は、自由を享受していない人々のために自由を提供する私たちの努力の程度と精力に対してなされるものである」（CS, p.158）[114]。

　この引用の中で示されている「現実の（real）」ものという用語は、自由とその関連表現で意味するものを明示する際に、マクマレーにとって重要な役割を果たすものである。したがって、自由と平等との関係を親睦と言

---

[114]　Cf. FMW, p. xiv:「自由とは、私たちがお互いに与えては受け取る賜物である」（Harry A. Carson, 'Introduction　Something More Than Modern: A Personal Approach to Freedom'）。

う観点からより詳細に探究する前に、まずマクマレーの使用方法における「現実（reality）」の意味を検討する必要がある。

マクマレーが現実の自由の問題を取り扱う必要を感じる理由は、「一九三二年一月」に述べているように（FMW, p. xxxix）、第一次世界大戦後のファシズムの勃興に直面して、「私たちが今日、私たちのヨーロッパ史の第二の危機、人間の自由のための闘争における第二の大きな危機の上に立っている点にある」（FMW, p.27, cf. FMW, pp.45, 56f., 59, 146, 148）。彼にとって生きた現実の哲学とは、哲学者が哲学者のために記した難解、疎遠、瀕死の学術的哲学に対抗し、現実の人間生活の核心から直接的に誕生、成長しているものであり（FMW, pp.44f., 67, cf. TT, p.4）、それに応じて彼の哲学は、そのような危機的背景から生じる。この哲学は、次の主要な二分野に分類される（FMW, pp.71ff.）。

(1)　人生を与えられた事実と見なして、それを理解しようとする理論的哲学は、一般的に「何が現実的（real）か」という問いに関心を持つ。

(2)　人生を開かれた可能性と見なして、いかにそれを生きようかと探究する実践的哲学は、一般的に「いかに私たちは自由（free）になりうるか」という問いに関心を持つ。

彼によると、「現実（reality）」とは、人が自らの経験の中で重要であり意義があると見なすものであり、人に人生の意味を与えるものである（FMW, p.72）。「自由（freedom）」とは、人が強制や束縛の感情なしに、自らの自発的な活動の中で見いだすものである（FMW, p.73）。これら二つの定義は相互に密接に結び付いている。それは、「自由が現実に依拠しているからであり、人の生活における強制の感覚は、いつも人の生活の非現実の結果である。私たちが自由なのは、私たちが現実的である時のみである。そして、現代の生活には多くの非現実の混沌があるからこそ、その生活は自由の感覚を欠いており、重要性を失っている（FMW, p.74）。

第二章　共産主義と民主主義

マクマレーは、さらに「現実」の意味を限定する。現実は常に存在（existence）と同じとは限らない点に留意しておくべきである。小説の想像上の登場人物や他者の想像上の意図などの非存在が、人に現実的でありうるからである。もし、現実が人に否定的に働くなら、それは欺瞞と不満を創出するだろうが、もし、現実が人に肯定的に働くなら、それは駆動力や生命力となるだろう（FMW, pp.69, 80）。マクマレーが「非現実（unreality）」と呼ぶものは、「この欺瞞と不満を私たちの経験の中に引き起こすもの」である（FMW, pp.60, 79）。人は自分自身の過去の経験や他者の同様の実例を通して、そのような非現実を見いだして学び（FMW, pp.83f.）、それゆえそのような実践的学習に基づいて、「現実的な自分自身になることによって」、何が現実的で何が非現実的なのかを見いだすことができる（FMW, p.84）。言い換えると、非現実の源泉は自分自身の中にある。人は、あるものについて実際はそうではないと考えるからである（FMW, p.87）。

　人間の意識には相互関連する二側面、思考と感情がある。思考は知ることであり、物事が何であるかを理解しようとすることである（FMW, p.90）。さらに、思考には現実的思考と非現実的思考がある。マクマレーにとって、「現実的思考は、何が現実的かという問いから始まり、それは経験の圧力によって人に押し付けられ、さらに経験と共に進み、事実について学ぶ」（FMW, p.92）[115]。例えば、「ガンディー氏の立場の正しい点と誤っている点や、インドの無抵抗運動に関する問いは、とても現実的な問いである」が、「何人の天使が針先の上で踊れるか」という問いは、中世の非現実的な問いである（FMW, pp.91f.）。現実的な問いは、単にそれ相応の回答を導くだけでなく、引き続きその正しい行動に影響を与える。逆に言うと、もし、ある問いが結果的に正しい行為を導かないのなら、その問

115　言い換えると、現実的思考は常に直接的に真理に至るとは限らない。マクマレーが述べているように、「現実的思考の特徴は、経験の増加と共に不正確さが明示されるにつれて考えを変える敏速さである。……真理は、現実的思考の究極的な副産物である」（FMW, p.95）。

いは非現実的と見なされる（FMW, p.92）。マクマレーによるこのような思考はユーモアに満ちている。その中世の非現実的問いの後に、一体、何人の人が針先の上で実際に踊ろうとするだろうか。しかし、多くの人々がガンディーに導かれた運動に実際に参加したのである。

　人の行為を動機づけ、その前にその価値を把握する要因は、「愛や憎しみ、怒りや恐怖、好奇心や喜び」のような感情であり、感情を理性に従属させるヨーロッパの伝統的見解にもかかわらず、その意味で「感情は思考より重要である」（FMW, p.98）[116]。したがって、ある意味で非現実的感情、つまり感傷的感情は、非現実的思考より深刻である。この感情は、思考と同様に非現実的になるからである。

　　「感情が非現実的になるのは、人が外の世界との接触を断たれる時である。……人の現実的性質は、外の物事を把握することにある。現実的思考は、その人自身でないもの——物や人という外的世界——の性質を把握する。それで、現実的感情はその人自身でないものの価値を把握し、それを楽しんだり、拒否したりする」（FMW, p.101, cf. FMW, p.103）。

　これは、人が現実的な仕方で感じる時、自らの感情それ自体ではなく、感じている物や人を正しく評価するということである（FMW, p.103）。マクマレーは、恋に恋するという良く知られた例を挙げる。

　　「恋（love）は、……人の感情の中で最も完全で、最も重要である。……ある人に現実的に恋をするとは、〈その人に〉恋をするということであり、その場合、恋はその人の現実的な真価の正しい評価である。現実的な恋はその対象の真価や価値を把握し、相手を相手のために愛する。非現実的または感傷的な恋はそうではない。それは相手が引き起こしたり、

116　マクマレーは自分自身の見解を支持するために、「私はキリスト教の創設者の教えを味方に付けている。彼（＝イエス）が愛——理念ではなく感情——を良い生活の基盤にすることを望んだからである」と論じる（FMW, p.98）。

第二章　共産主義と民主主義

刺激する感情を楽しみ、恋の対象の現実的な真価、現実的な良さに関心
がない。しばしば恋に恋する（being in love with love）人について語ら
れるが、これはまさしく、私が非現実的または感傷的な恋で意味してい
るものである」（FMW, p.102）。

　人々は通常、現実的な性質と非現実的な性質の両方を兼ね備えているけ
れども、このような非現実的な思考や非現実的な感情に支配されている
人々は、非現実的な人々と呼ばれる（FMW, p.104）。
　第一に、マクマレーは非現実的な人々を「自己中心的（egocentric）」と
特徴づけている。「そのような人々は、出会った物や人、自分自身以外の
ものや自分自身でないものにではなく、自分自身の感情や思考を敏感に意
識する」（FMW, p.107）。第二に、非現実的な人々は思考と感情の不一致
を抱え込む傾向があり、これは一方で、自分の中に緊張を引き起こし、そ
の感情が感傷的になる。他方、そのような人々の思考は抽象的、形式的、
機械的になる（FMW, pp.109f.）。これらの非現実的な人々は、閉鎖的人間
性の中の緊張のゆえに自由でいることができないが、これとは対照的に、
思考と感情の一致を保って外の世界に開かれている現実的な人々のみが
自由でいることができ、自発的に自然に行動できる（FMW, p.112）[117]。特に、
人々は他者の中に自分自身でないものを見いだして学ぶ傾向があるという
事実を考慮すると、これは現実と自由が人間関係の中で豊かに見いだされ
うるということを意味する（FMW, p.117）。
　マクマレーは、三つの一般的な型式の性質である物体の性質、生物の
性質、人間の性質と、それに対応する自由を提示する（FMW, p.119, cf.

---

[117]　「誰一人、単に現実的または単に非現実的であることはない。人間の現実
　は程度の問題である。私たちは誕生と共に現実を授かってはいないからであ
　る。私たちは継続的努力奮闘によって自分自身の現実を創出しなければなら
　ない。私たちはすべて、多かれ少なかれ非現実的である」と留意しておくこ
　とが重要である（FMW, p.143）。

FMW, p.63)。これらの型式は、必ずしも互いに分離しているわけではない。というのは、「人間は動物でもあり、物体でもある」からである（FMW, p.119)[119]。これら三型式の性質とそれらの自由は次のように分析される（FMW, pp.119ff.)。

（1）　物体は同一条件下では、一様に自然法則に従うことによって機械的に動く。それは自由落下のように、法則に従うことにおいて自由である。これは物体的自由と呼ばれる。

（2）　動物と植物を含む生物は、同一条件下でも様々な形で動く。それは自らの発展的な生命過程に従って、環境と調和しつつ自由に成長する。これは有機的自由と呼ばれる。

（3）　人間は物体と生物を含むが、これらと同じようにではなく、もし、人間が現実的（real）であれば、マクマレーが「自発的客観性

---

[118]　ここで、「性質（nature）」という用語でマクマレーが意味しているのは、物体であろうと、生物であろうと、人間であろうと、「それらの自由な活動において表される性格」である（FMW, p.119)。

[119]　Cf. SA, p.117:「『人間（person）』という概念は、『有機体（organism）』という概念を含み、『有機体（organism）』という概念は、『物体（material body)』という概念を含む」。マクマレーがしばしば言及する三部構成の世界観、つまり、第一に人間、第二に動植物などの有機的生物、第三に無機的物質という区分は多少の修正はあるものの、概してマルクスに由来しているようである。例えば、マルクスが『経済学・哲学草稿（第一草稿）』などで述べているように、「動物にとっても同様に人間にとって類的生活（species-life）は、動物のように人間が非有機的自然に依存して生きているという事実の中にその身体的基盤を持っている。そして、人間は動物よりも一層普遍的であるので、生きるために依存している非有機的自然の範囲は一層普遍的である。植物、動物、鉱物、空気、光などは理論的側面から見れば、自然科学と芸術の対象として人間の意識の一部を構成している。つまり、これは人間の精神的な非有機的自然であり、生活の知的手段であり、人間が何よりもまず享受し、永続させるために備えなければならないものである」（Karl Marx, 'Economic and Philosophical Manuscripts [First Manuscript],' *Early Writings*, p.126, cf. Karl Marx, 'The German Ideology,' *Early Political Writings*, pp.123f.)。

（spontaneous objectivity）」と呼ぶものによって動く（FMW, p.123）。人間は、この本質的性質を表現する形で行動することによって自由である[120]。これは人間的自由と呼ばれる。

「客観性（objectivity）」という用語によって彼は、「自分の外にある世界を理解し、楽しむこと、自分から独立した世界との親交の中で生きることが人間の性質であり、人間には他の物や他の人を知り、それらを楽しむ能力がある」ということを意味している（FMW, p.123）。人は、自分の外にある現実的なものを感じて考えることによって現実的に自分自身になり、客観的に行動する時に自分の意識が自分自身を超越し、自分ではないものに到達することにおいて自由になる（cf. FMW, p.65）。これは、人間の自己実現（self-realization）が自己超越（self-transcendence）に至るということである（FMW, pp.90, 150, cf. CF, p.54, RAS, pp.17f.）[121]。

　もし、人間的自由というこの知識に基づくなら、現実の人間的自由に反する道徳性（morality）、つまり一まとまりの道徳観念は悪い道徳性となる。自由が、人間の振る舞いを判断するための規範だからである（FMW, p.126）。この場合、人間的自由は自然法則に従う物体的自由や、環境や生命過程の中での有機的自由とも本質的に異なるという点に留意することが極めて重要である。もし、人が誤って物体的自由を人間的行動に適用するなら、人間的自由は必然的に法律に従うことになるだろう（FMW, p.127）。しかし、これはまさにイエスが、「人が安息日のためにではなく、安息日が人のために作られたのである」と主張した時に否定していたことである（FMW, p.50, cf. TT, p.10）[122]。「機械的道徳性（mechanical morality）」と呼ば

120　この「形（way）」は「誠実さ（sincerity）」と呼ばれる（FMW, p.65）。

121　Cf. FMW, p. xxvi：「自由や自己実現の鍵は自己超越である」（Harry A. Carson, 'Introduction　Something More Than Modern: A Personal Approach to Freedom'）。興味深いことにマクマレーは一九三〇年に、「今、自己実現という表現は時の流行語となる危険性を孕んでいる」と述べている（TT, p.27）。

122　Cf. マル 2:27.

れるこの誤りは（FMW, p.125）、特に人間の自発性を破壊し、人間を外的権威の統制下にあるロボットや機械にしてしまうため、極めて深刻である。

　同様にして、有機的自由を人間的行動に適用しようとする「社会的道徳性（social morality）」（FMW, p.131）、または、「生物学的道徳性（biological morality）」もまた（FMW, p.132）、人間を単に有機体と見なす点で深刻な誤りである。すべての生き物は自らをその環境に適合させ、その中で種として世代から世代への進化に貢献している（FMW, p.134）。もし、人がこのように生きるなら、人は単にその世代と社会的進歩に貢献しているだけであり、極端な場合、その国家に自己犠牲を払っているに等しい（FMW, pp.136f.）。そこで、マクマレーは、「それは奉仕の道徳性であり、誤った道徳性である。それが誤っているのは、あたかも人間ではなく動物のように人の生活を生物学的観点から見るからである」と強調する（FMW, p.134）[123]。ここで、「奉仕（service）」が「兵役（military service）」をも意味するということを考慮すると、マクマレーの強調点は彼の戦争経験を色濃く示唆していると言えるだろう。誤った道徳性は、「人間的現実の否定であるが、それはあらゆる人を目的のための手段として扱うからである」（FMW, p.135）[124]。

　最後に、真の道徳性は「人間的道徳性」、つまり「友情の道徳性」である（FMW, p.138）。それは人間的現実に由来する人間的自由の中で成立する。マクマレーが人間的自由について最初の主要な点を強調して述べてい

---

[123]　したがって、マクマレーは、「私たちが社会的奉仕として知っているもの、つまりとても多くの人々が困窮者や貧者に対して示している無私の献身的行為をすべて攻撃している」のではない（FMW, p.146）。

[124]　マクマレーによると、奴隷制も同じ誤った社会的道徳性に由来する（FMW, p.135）。彼はまた、「現代世界の労働道徳（[t]he working morality）は社会的奉仕の道徳性である」と警告する（FMW, p.136）。Cf. John Macmurray 'Persons and Functions,' Esther McIntosh (ed. and intro.), *John Macmurray*, p.147:「すべての権威と権力を伴う国家は、大臣らによって統括されている一まとまりのサービス——文官業務（civil services）であれ兵役（military services）であれ——に過ぎない」（元々は一九四一年出版）。

第二章　共産主義と民主主義

るように、

「人はただ自分自身のために考え、感じ、また自分自身の思考や感情に
基づいて行動することで思考と感情を調和させる限り、自由である。言
い換えると、人は人間的に現実的であることに比例して、人間的に自由
である。しかし、この点から切り離してはならない第二の主要な点があ
る。人ただ自分自身でないものという観点から考え、感じ、行動する限
り、自由である」（FMW, p.140）。

　したがって、現実的な自分自身と自分自身でないものの両方のための
思考と感情が、人間的自由には必須であり、利己的、自己中心的な人々は
自由ではなく、自由に行動できない。これは、自由な人々が友情と呼ば
れる他者との現実的関係の中で生きているということを意味する（FMW,
p.141）。

第八節　自由と友情

　マクマレーはさらに人間的自由の諸側面の研究を展開し、「絶対的自由
（absolute freedom）」という用語を導入し、それが人間を他のすべての被
造物から区別する特徴であるとする（CF, p.2）。「この絶対的自由は、単に
人の行為能力である。それは振る舞いや反応ではなく、意図を形成して
それを実現しようとすることである。行為するとは自由であることであ
る」（CF, p.2）[125]。しかし、人間的自由は逆説的に相対的側面も持つ。一方で、

125　「絶対的自由」と伝統的な概念である「自由意志」との相違については、
cf. CF, p. ix:「絶対的自由とは単に自己の動作主体性（self's agency）であり、
行為を遂行して意図を実現する能力である。そのようなものとして、それは
まさしく行為〈において〉自由な選択をする能力である。……マクマレーに
とって意志（will）とは、自己の考える能力であり、知性の能力である。それ
で自由意志とは、行為〈の前に〉思考において自由な選択をする能力である」
（Walter G. Jeffko, 'Introduction,' cf. FPN, pp.176f., SA, p.134）。

人は行為によって決定され、実現された過去を変更することはできず、他方、自分の目標としての未来を性質上、自由に決定できるからである。ただし、目標は時として様々な要因によって阻止され、人はその結末に責任を取らなければならない（CF, pp.3f.）。

　人が自由を得る方法は二通りである。それは、「自分の目標を維持したまま、実行力を高めることと、自分の目的を活用可能な手段に限定すること」である（CF, p.6）。マクマレーは前者の限定を「技術的（technological）」相対性、後者の限定を「道徳的（moral）」相対性と呼ぶ（CF, p.6）。すると、現代西洋文明は技術的進路を取ってきたのであり、道徳的道程は聖人的生活を送る人々に典型的である。ただし、自由な人の取る手段は、その目的に比例した適切さを備えている（CF, p.6）。問題は前者にあり、権力増大は結果的に当該の人々や国家の間で自己破滅的闘争を招くという点にある（CF, p.7）。マクマレーが警告しているように、

　　「人は自分のバランス感覚を回復するまでは、自分の被造性と依存性を
　　認識するまでは、達成できないことを欲したり、自分自身を破壊する
　　ために自分の資源を使うことで自分の自由を台無しにし続けるだろう。
　　……人の自由は、関係の中にいる個々人の自由としてのみ実現されうる。
　　また、それぞれの人の自由は、他者の自由と相対的である。人は世界に
　　依存しているが、それは自らが世界の一部だからである。しかし、あら
　　ゆる人は人間社会を構成している人々の相互関係の中で、より一層、仲
　　間たちに依存している」（CF, pp.8f.）。

───────────────

126　一九四九年にマクマレーはこう述べている。「現代世界は、自由の理念
　　をその目標として抱いてきたが、実践上はその努力を権力増大に傾注してき
　　た。それで、私たちの文明を担う現代は蓄積の時代となり、その支配的原則は、
　　得られたものはさらに得るために利用されるという蓄積の法則である。これ
　　によって経済の分野では資本主義の時代が可能になったのであり、富は消費
　　されずに投資され、より多くの富を得るために利用される」（CF, p.20）。
127　より具体的な文脈で言うと、「自由な人は、神と仲間たちの前で自分自身
　　の生活の責任を取る人である」（CF, p.4）。

第二章　共産主義と民主主義

したがって、個人の絶対的自由は、それが他者の自由と道徳的、比例的に関係する時に十分に実現される[128]。しかし、この関係を阻止する要因がある。それは、この関係の予測不能な将来的結果に対する自己防衛的態度に由来する恐怖である（CF, pp.11f.）[129]。マクマレーによると、この自己防衛の仕組みには否定的と肯定的という二型式がある（CF, pp.12f.）。

（1）　否定的仕組みにおいて人は、独立という幻想の中に退却し、他者と間接的、自動的関係を保つが、それは自由のない非人間的、非現実的関係に終わる。

（2）　肯定的仕組みにおいて人は、権力や特権に訴え、家族や職場や国家で見られるような様々な段階の横暴さ（tyranny）に至るが、それは非生産的、さらに自己破壊的関係に終わる[130]。

これら二つの仕組みは、上記の手段と目的の議論と密接に結び付いている。マクマレーにとって、社会との関係において目的を調節することは、可能な限り広義に宗教の領域を定義する。宗教は否定的な関係にある人々の間で目的としての親睦を創出する形で、恐怖を除去する役割を果たすからである。しかし、社会との関係において手段を調節することは、同様にして可能な限り広義で政治の領域を定義する。政治は恐怖を抱く人々をそのまま受け入れたり、可能ならその恐怖を外的に緩和しつつ、共通の目的

128　後にマクマレーは、この比例を「意図の両立可能性（a compossibility of intentions）」と言い換える（CF, p.32）。

129　マクマレーによると、「キリスト教はその長い歴史において、その創設の際の特徴的な意図の維持に失敗してきた。恐怖が優位に立ち、自己否定に陥っている」（CF, p.67）。

130　マクマレーは続けて付言する。「私たちは、それが私たちの時代においてはヒトラーのドイツでの話として語られるのを何度も聞かなければならなかった」（CF, p.13）。彼の見解では、部分的に「ヒトラーを権力の座に据えたのは、ウォール街の崩壊である」（CF, p.28）。

のために公平で協力的な関係を創出することで、法律の適正な過程を経て正義を確立する役割を果たすからである（CF, pp.15f., cf. CF, p.24）。それゆえ否定的仕組みも肯定的仕組みも、必ずしも分離されないこれら二つの方法で自由へ向けて修復される。これは、これら二つの宗教的、政治的修復のうちの一つだけでは、自由を実現し享受するには十分ではないということである。例えば、独裁制は常に自由に対する明白な脅威であるが（CF, p.17）、民主主義それのみで常に自由が保証されるとも限らないのである（CF, p.18）。特に、紛争や戦争の可能性を含む現代国際情勢を考慮すると、これは現実である。[131]

　したがって、自由の質を高めるために、外的要因としての政治が必要とされるが、内的要因としての宗教は、平等な人々からなる親睦の共同体を創出するために、より一層、必要とされる。一方で、政治的領域の社会は、「共通の目的を探究するために協力する人々の集団」であり（CF, p.35）、他方、宗教的領域の共同体は「共通の目的によって構成されず」（CF, p.36）、「共通の生活を共有するために構成される」（CF, p.37, cf. FPN, p.187）。ただし、これら二領域は相互に重なり合う。

　最後に、マクマレーは共同体に見られる親睦の性格をまとめる際に、その語を友情と言い換えて次のように述べる。[132]

(1)　第一は〈平等性〉である。友情は本質的に同等者の間の関係である。……人間の平等性は、個人の自然な区別も能力の機能的な相違も無視しない。それはこれらの相違を乗り越える。それは、どのような二人の人もその個人的相違にもかかわらず、お互いを同等な者として

131　例えば、マクマレーの意見は、ロシアの憲法は形式的には民主的であるが、その精神は実際の生活の中で十分に実現されていないというものである（CF, p.21）。

132　友情（friendship）と親睦（fellowship）の意味の厳密な相違については、cf. CF, p.61:「友情は、……人の親睦関係の十分な実現、熟した果実であり、それはおそらく私たちが普通に考える以上に極めてまれなものである」。

認めて接し、友人になれるということを意味する（CF, p.51）。

（2）　友情の第二の構成原理は〈自由〉である。これはまず、二人の友人の一致は強制されえないということを意味する。それは力によって確立、維持されえない。それは専ら全過程を通じて、関与者たちの自由な活動に依存している。これは次に、それが相互的で強制されない完全な自己表現と自己啓示を認めるということを意味する（CF, pp.51f.）。

平等と自由は、マクマレーが「友情の構成原理」と呼ぶものであり、同時にこれらの原理は、友人同士が意図的に達成しようとし続けるものである[133]。この意味で、人がある人と友人になる時、人は単に自分自身であるだけでなく、自分自身を超えたものにもなる。彼が簡潔に言っているように、「人は自分自身であり、自分自身ではない」（CF, p.52）。自己を超越するこの現実において、平等と自由は常に相互に対して条件となっている（CF, pp.52, 54）。もし、人がお互いに対して平等でないなら、不平等、不公平、不均衡な関係が生み出され、それゆえこの関係において自由が矮小化されるからである（CF, pp.52f.）。そしてもし、人がお互いに対する行為において自由でなく、お互いに対する行動に恐怖を抱いているのなら、その人々は自己防衛の仕組みとしてお互いに従属しようとするか、自分自身の中に退却するからである（CF, p.53, cf. CF, pp.11ff., FPN, p.193）[134]。

133　マクマレーによると、人は物体が引力で引き合うように親睦関係に入るが、人の性質は単に事実に関するものではなく、意図に関するものである（CF, p.54）。ここから、本章「第七章　自由と現実」で言及されたマクマレーの「物体的自由」、「有機的自由」、「人間的自由」に基づいて、特に男女の関係はこう言い換えることができるだろう。男女は物体的自由において引力によって引き合い、有機的自由において本能的に引き合い、人間的自由において人格的に引き合う（cf. RE, p.80）。

134　したがって、マクマレーはここで、「民主的な標語——自由、平等、博愛——は、人間の親睦の諸原理を具体的に形作っている。自由と平等を達成することは、友情を創出し、人々の間の共同体を構成することである」と付言

友情を創出するために非生産的に働く恐怖に対して、愛情は「自己超越の能力、他者に配慮する能力として」生産的に友情を創出し、深化させようとする（CF, p.57）。「愛情は〈他者のためのもの〉であり、恐怖は〈自己のためのもの〉である」（CF, p.57）。肯定的根本動機と否定的根本動機は、異なる人々において別々に働くのではなく、一つの動機がもう一つの動機よりも支配的に働く形で、通常は同時に一人の人の中で機能している（CF, p.57）。したがって、良い友情を維持するために人々は、お互いに対する愛情をお互いに対する恐怖よりも優先させることが期待される。マクマレーが述べているように、「親睦を〈実現させる〉ための本質的条件は、互恵性（reciprocity）である。相手もそうしない限り、個人では親睦における自由を達成することができないのである」（CF, p.60）。

親睦の共同体はこの世の共同体に限られない。「宗教の核心はその当初から、『信仰共同体の祝宴』——親睦意識の表現と賞賛である」（CF, p.62）。宗教において親睦は拡大され、生きている人々だけでなく、死んだ人々やまだ生まれていない世代の人々も含む。このように、宗教は共同体の永続意識の創出と、死と死の恐怖の克服において本質的役割を果たしている（CF, p.63）。[135] マクマレーによるこれらの研究はすべて、マルクスによる宗教の過小評価とは対照的に、宗教が人間の生活に不可欠であることを明確に示している。[136]

する（CF, p.53）。この友情は、「年齢、性別、人種、国籍、社会的条件、生来の能力、その他のすべての相違」を乗り越える（CF, p.61）。マクマレーは個人の自由の理念とすべての個人の平等の理念を、歴史的にそれぞれ宗教改革とフランス革命にまで逆上らせている（INT, p.44）。

[135] 恐怖を克服しようとする共同体に対して、「社会それ自体は、もし、恐怖によって維持されないとするなら、かなり早急に崩壊するだろう。それで、その政治的機能は最も重要なものになり、法律と罰則の脅威によって協力関係を維持する」（CF, p.65）。

[136] マクマレーが後、「一九五四年」に率直に述べているように（PR, p. ix）、「マルクスによる宗教批判は、彼自身が強調しているように、すべての社会批判の開始であり、ほとんど異様なほど非科学的であり、〈先天的（a priori）〉でもある。宗教はより良い世界でのより良い生活を約束して、現在の悲惨さ

第三章　社会と共同体

　マクマレーは、それぞれ一九五三年と一九五四年に実施された「行為者としての自己」と「関係における人間」からなる「人間性の形態」という題のギッフォード講演で著名であるが[137]、人間性に対する彼の関心は実際、彼の最初期の研究の一つとして一九三三年に出版された『宇宙を解釈する（*Interpreting the Universe*）』という著作にも認められる。したがって、この第三章では彼の解説する世界観を紹介し、行為性の重要性を指摘してから、非人間的社会と人間的共同体の主要な特徴を解明しよう。

第一節　世界観──機械論と有機体と人間性

　マクマレーは、人の経験を直接的経験（immediate experience）と考察的経験（reflective experience）に分類する。直接的経験は、あることの最中にあって、それについてまだ考察されていない経験として定義され、そのようなものとして、それは人の思考の前提である。人はそれをより良く知ることに関心を抱いた時に、経験したことについて考え始めるからである（IU, pp.4, 6, 9）。この直接的、未考察的経験は、初歩的、原始的、未熟な経験ではなく、人が単に未分離状態で没入している経験である（IU, pp.8f.）。それは、行為や感情と具体的に完全に一体化されている。

　を人々の心から取り去るための装置であると彼は考える」（PR, p.153）。

137　ギッフォード講演は、「『最も広い意味における自然神学、つまり、神に関する知識と倫理学の基盤に関する知識の研究を推進、促進、教育、普及させるために』、アダム・ギッフォード卿（Adam Gifford, Lord Gifford [1820-87]）によって」スコットランドの大学において設立され、「初回は一八八八年に実施された」（'Gifford Lectures,' F. L. Cross & E. A. Livingstone [eds.], *The Oxford Dictionary of the Christian Church*, pp.674f.）。

例えば、人がテニスをうまくプレイしている時、直接的経験における自己は、プレイそのものやテニスにおける喜びから分離できない（IU, p.10, cf. RAS, pp.31f.）。しかし、人は自分の行っていることを考察し始める時、行っていることをやめ、真っ最中の経験から自分自身の中に退却し、専ら思考活動に集中する。人が通常、「今は何もしていない。ただ考えているだけだ」と言うとおりである（IU, p.10 , cf. IU, p.11）。言い換えると、「人は〈立ち止まって（stop）〉考える」（IU, p.18）[138]。直接的経験とは対照的に、考察的経験は抽象的であり不完全である。それは、具体的で統一された直接的経験から分離されており、生活全体の中の部分的活動にしかならないからである（IU, p.10）[139]。

　哲学は考察的、抽象的、部分的活動であるけれども、「失われた経験の全体性」の再現を目的とする学問分野である（IU, p.12, cf. IU, p.17）。それは、直接的経験における全体性、つまり究極的には時間的空間的に連続している宇宙、否定的に言えば「無限性（the infinite）」、肯定的に言えば「現実性（the real）」を表現しようとする（IU, p.16）。この現実を他者に表現して伝達する際に、言語が主要な役割を果たす。言葉は縮小された記号として有益な公共的象徴だからである（IU, p.24）。マクマレーは、この過程

138　思考の「当初の原因は、具体的活動における何らかの失敗の認識である」（IU, p.18, cf. IU, pp.35, 42）。「考察（reflection）」の語源であるラテン語の reflectio という用語が示唆しているように（'reflectio,' P. G. W. Glare [ed.], *Oxford Latin Dictionary*, p.1596）、文字どおり考察はこの場合、自分自身に戻ること（turning back on oneself）を意味する（cf. Thomas Ewen, 'Vocation of the Artist,' p.330）。

139　Cf. IU, p.20:「思考活動は、……具体的世界において行為を行わないため、非現実的活動と適切に記述される。それはそれが存在しないという意味ではなく、具体的行為という特徴ある固有性——物事の変化を決定する能力——が欠如しているからである。それは、現実世界における因果関係的効果を持っていない」。

140　「主知主義（intellectualism）」については、cf. IU, p.11:「主知主義とは、思考を無限に紡ぎ出すことによって、行為の必然性から逃避しようとする願望に由来する神経症のことである」。

第三章　社会と共同体

の開始を地図の作成に譬える。

> 「そこでの私たちの目的は、国の一定区域を縮尺された大きさで図式的に表すことである。地図に含まれるもの、そこで象徴されるものは、地図が作られる目的によって決定される。いずれにせよ、実際には膨大な量の詳細な部分は完全に削除されるが、それは、地図で表されるものが、実際に私たちの目的に必要とされる国の一部分を表示するに過ぎないからである。このように、地図の性質は部分的には私たちによって、部分的には国の性質によって決定される」（IU, p.28）。

　象徴的な線、印、時として色を使う地図のこのような作成は、実際、考察的思考活動、つまり記述活動の一要素を表している。マクマレーにとって「思考」は、「判断と類推を通して疑問を解決し、知的知識に到達することに関心を持つ考察活動」のための用語であり（IU, p.27）、「その広義において、それは物事が理念に置き換えられ、言葉で表現される過程を包括する。これらは記述の過程であり、より狭義にはそれは記述の過程を排除し、そのようにして獲得された理念を発展させ、まとめる想像的活動に限定される」（IU, p.27）。

　もし、記述の内容が他者に正確に有意義に伝達される必要があるなら、言葉であろうと記号であろうと、記述のために使用される象徴は、ある意味で内容全体を反映しているはずであるから、ここでマクマレーは「統一型（unity-pattern）」という用語を導入する。それは、「一つの全体が構成されるように、異なった象徴が統合されうる方法に関する形式的概念」である（IU, p.32, cf. IU, p.23）[141]。想像によって構成されるこの統一型は、一貫した思考、つまり「思考過程の連続的諸段階の関係における矛盾の不

141　「私たちはカントが言ったように、それを統合の形式（a form of synthesis）、または統一の枠組み（a schema of unity）と呼ぶことができるかもしれない。……そのような基本的型は、時として範疇の体系 (systems of categories) と呼ばれる」（IU, pp.32f., cf. IU, p.47）。

在、一貫性の維持、厳密な含蓄の確保」を伴った思考に不可欠である（IU, p.32）。マクマレーはまた、思考過程における潜在的誤謬に対する次の主要な警告を明記している。

（1）　象徴の意味は、関与している人々やその環境に応じて異なる（IU, p.38）。
（2）　象徴は有限の道具として、経験の限定的領域を表すために適切であるが、全体として無限の宇宙に対しては適切ではない（IU, p.39）。[142]

　このような理由で、すべての仮説的結論の確証のために人は常に抽象的、理論的思考から具体的、実践的行為に回帰する必要がある（IU, p.41）。さらに、これらの結論の不完全性と不確実性を念頭に置いて人は継続的に回帰し、思考と行為の間の合理的関連を発展させなければならない（IU, p.43）。特に哲学の場合、その確証はしばしば無意識的にではあるけれども、個人や社会や国家の歴史的進展の中で行われる（IU, p.45）。[143]しかし、考察的思考活動において、三つの主要な統一型、つまり数学的思考、生物学的思考、心理学的思考が別々の象徴を組み合わせる機能を持ち、それによ

142　Cf. IU, p.38:「数学的思考はそれ自身に限界がある。それは単に有限を取り扱うためにのみ……適切である」。

143　Cf. IU, p.43:「例えば、フランス革命の猛威、ヒュームやヴォルテールの懐疑主義、『ガリヴァー旅行記』の皮肉によって例示されるように、十八世紀のヨーロッパ的生活の解体はそれ自体ヨーロッパが宗教改革以来、依拠してきた哲学の実践的失敗の発見である。そして、私たち自身の時代の崩壊は、哲学における実験のもう一つの失敗例である。しかし、そのような実験は意図的ではなかった」。マクマレーは続けて、共産主義ロシアにおける意図的実験に言及する。それは、「新しい型式の社会生活を意図的に創出しようとする広大な実験である。この実験は、ある哲学理論に意識的、明確に基礎づけられており、その発展の諸段階は、それが基づいている哲学理論によって意図的に導かれている。したがって、私たちにはここに一つの哲学的結論の意図的確証を大規模な形で実施した最初の試行を経験するのである」（IU, pp.45f.）。これはマクマレーによる一九三〇年代の見解である。

第三章　社会と共同体

92

って、それを必要とする人々に現実の地図を構築する（IU, p.47）。

　第一に、最も一般的、抽象的統一型は、ある目的のために使用される手段としての物理的物体を操作するために役立つ数学的思考の機械的統一型である（IU, p.48）。この世界観において現実は物体的であり、使用されるこの物体は使用価値、経済的価値がある。そのような物体は、その順番に基づいて手段と目的、原因と結果との関係において現れ、それらのうちの一つは、同じ一般的属性を持つ他の物体によって取り換えられる。

　この型式の考察はその視野において限定的であり、現実の有機的、人間的側面を考慮に入れていないが、この現実世界のあらゆるものが少なくとも物体であり、そのようなものとして因果関係の中で潜在的に使用可能であると見なされうる点で普遍的である（IU, p.49, cf. IU, p.57）。この枠組みにおいては、物であっても要素であっても、どのような変化も相対的な位置における変化として表示される（IU, p.53）。また、物も要素もそれ自体が性質上同一である事実を考慮すると、マクマレーが説明しているように、

　　「変化の原因は、変化を受けた物に対して外的でなければならない。数学的思考の象徴作用は、すべての変化がある外的原因によって決定され、したがって、すべての行為は機械的行為であると人が表現する形で働く。このことはさらに、何がこの機械論の概念に本質的なものかということを気づかせてくれる。機械的行為のすべての変化において変化とは、変化を受けるものに対して外的な原因の結果であり、物体の変化とそれゆえすべてのその活動はそれ自身の性質ではなく、それに外側から働く力によって決定される。その物体は、本質的に受動的であると見なされる。そのため、それはそれ自身の変化を発生させることはできないのである」（IU, p.54）[144]。

144　Cf. IU, p.56:「原因であるものは必然的行為者であり、物体はその受動体である。行為者は行為を与えるものであり、物体は行為を受けるものである」。

これは、数学的思考の機械的統一型が内的限界を抱えていることを意味する。それは、もし、何らかの変化がこの枠組みにおいて発生するとするなら、それ自身を超えた外部にあるものの存在を仮定しなければならないからである[145]。

　第二に、生物学的思考の有機的統一型は、人があるものをこの世の直接的知識に基づいて生きていると認識することから生じる[146]。この有機的統一型は、物体の場合における変化とは異なる生命やその成長過程を表示するのに役立つ（IU, pp.58ff.）。マクマレーが指摘しているように、

> 「生命は本質的にそれが物質である限り、新陳代謝の過程である。それは身体を構成している物質を除外し、正確にではなく幾らかの変異と共に新しい物質によって継続的にそれを取り換えることにある。生きている身体の物体は保存されない。それは解体と代替の継続的過程の中にある」（IU, p.61）。

　物と要素における同一物の一体は、部分の集合体として表示されるが、生命における差異の一体は、均衡や調和という美的観点から表示されうる。そこにおいて、それぞれの異なる要素は単に個体の発展のためだけではなく、種の発展のためにもその機能を担う（IU, pp.61ff., cf. IU, pp.51f.）[147]。この発展は、その成熟した最終状態を予期する一つの要因であり、それゆえ有機的統一における表示は、より大きな重要性がその目的に置かれると

145　Cf. IU, p.55:「この統一型はカント以前の近代哲学全体を、バークリやスピノザのような哲学者たちの哲学さえも含むだろう」（cf. also IU, p.69）。

146　Cf. IU, pp.59f. :「生命に関する私たちの直接的知識は、物に関する私たちの直接的知識以前のものである。子どもは物体が生きているという想定を最初に抱き、それらがそうではないと学ぶように思われる」。それは人が生きている母胎から、物体を多く含むこの世界に生まれて来るからである。

147　マクマレーによると、この有機的統一型の弁証法的発展を最もうまく説明したのはヘーゲルの『論理学』である（IU, p.65）。

第三章　社会と共同体

いう意味で目的論的であるが、機械的統一型において物は、基本的にある目的のための手段と見なされる（IU, p.63, cf. IU, p.48）。しかし、生物学的思考の有機的統一型もまた、本質的限界を抱えている。種の最終状態は、発展や進化の無限の過程において特定されえないからであり、常により上位の状態が引き続き存在するからである。

　マクマレーは、特に宇宙を解明しようとする時にも、この統一型は不適切であると考える。それは、有限な機械論がそれを超えた外的なものを必要とするように、有限な有機体も同様にしてそれを取り囲む外的なもの、つまり環境を必要とするということである。この環境なしに有機体は生き残ることができず、この点においても生物学的思考の有機的統一型は深刻な限界を示している（IU, p.68）。

　第三に、人間には有機体以上のものと把握される直接的経験があり、この経験は心理学的思考の人間的統一型を要求する（IU, p.69）。ある意味で、これは当然のことと見なされうる。その理由は、「人の思考は必然的に擬人的であり、その世界意識は同じく自分自身の一つの意識である」点にある（IU, p.59）。しかしながら、マクマレーによると、機械的統一型や有機的統一型とは対照的にこの人間的統一型は哲学史においていまだ構築されておらず、それゆえ彼自身がその創出を試行する。

　人は物体や有機体が人間以下であると知っており、人の目的に応じてそれらを利用したり享受したりするが、「人が人を知るのは、事実、お互いに平等な者として人間関係に入ることによってのみである」（IU, p.71）。人が相手を自分自身以下として取り扱うなら、相手を非人間化しているのであり、人間的関係は創出できない。この関係は、自己の意識と非自己の意識、似たものと似たものとの間で維持され、このように平等と共にもう一つの要因である相互性（mutuality）が、ここで必須の役割を果たす（IU, p.72）。この視点からマクマレーは、人間の理性を単に考える

148　「成長過程の目的論的記述は、成長が起こる理由の説明としてではなく、単に事実を記述して提示されている。いかなる意味でも、有機的目的論は目的や目的可能性さえも示唆していない」ことに留意すべきである（IU, p.64）。

能力としてだけではなく、むしろ、「客観性のための能力（the capacity for objectivity)」、「自分自身でないと認識されるものとの意識的関係に入る能力」と定義する（IU, p.72)[149]。したがって、人の合理性は主観的な自分自身の意識的経験を客観的な経験だと受け取る時に誤る（IU, p.75)[150]。マクマレーは、この客観的な意識を実現する具体的事例として友情を紹介する。

> 「完全な客観性は、人が考察と同様に行為において、この世界において自分の意識の全能力を一斉に活用できるものに客観的に関係していることに存立している。それは単に、これをなしうる世界の人間的側面であり、それゆえ人の合理性を十分に表現し、その本質的性格を啓示する他者との意識的関係の客観性である。そこで、人間性と理性の性質の鍵は、人間間の（inter-personal）意識の性質、平明な用語で言うと、友情の性質の中にある。友情とは、人が十分に人間的な人間の間のそのような関係に対して与えている名前であり、それは、一人の人間がその人間性という観点からもう一人の人間に意識的に関係するということである（IU, p.76)[151]。

　二人の人が友人ではないものの、ただ意識的な関係にあって、ある共通目的の達成のために協力する時、二人はお互いに補完的な役割として機能

---

[149]　ちなみに、「心理学者の観点からすると、思考はしばしばかなり非合理的である」（IU, p.72)。

[150]　この誤りは覚醒時の経験と同様に、夢の意識の中で起こる（IU, p.73)。

[151]　Cf. A. R. C. Duncan, 'Introduction,' in IU. p. viii:「マクマレーがほとんど独占的に使用する用語である〈人間（*persons*)〉は、一般的にはおよそ十五世紀以降、人々（human beings）を指して使われるようになった。ここで警告の言葉が必要である。『宇宙を解釈する』を含む初期の著書において、マクマレーはしばしば〈人間性（*personality*)〉という抽象名詞を使用するが、それによって彼が意味したのは、ある存在を人間にする特質のことである。しかし、この語がかなり異なる意味を獲得してきたことを認識して、後に彼はこれを完全に捨てた」。

第三章　社会と共同体

し、そのようなものとして心理学的思考の人間的統一型ではなく、生物学的思考の有機的統一型の観点から表示されうる。もし、ある関係が主人と手段としての奉仕者または奴隷、搾取する者と道具としての搾取される者なら、これは数学的思考の機械的統一型という観点から記述されうるだろう。しかし、人間的枠組みにおいては、平等の関係が極めて本質的なので、自己がその関係を支配する形で、関係に優先することはありえない。逆に、関係が自己に優先することもありえない。言い換えると、「〈私〉は、〈あなたと私〉の中の一員としてのみ存在する（'I' exist only as one member of the 'you and I'）。自己は自己同士の親交の中でのみ存在する（'The self only exists in the communion of selves）」（IU, p.78）。

　さらに、マクマレーは続けて、人間は意識的生き物であり、知識は人間関係の主要な活動要因であると強調する。彼が主張しているように、

　　「人間として自分自身の存在は、他の人間に関する自分の〈知識〉によって構成されるが、それはその人々を人間として客観的に意識することによってであり、単にその人々との関係に関する事実によるのではない。表示されなければならない主要な事実は、あなたがいるから私はいるということではなく、私はあなたを知っているから私は私であるということであり、あなたは私を知っているからあなたはあなたであるということである。私の意識が合理的で客観的なのは、それが私との人間的関係の中にいて、それゆえ私を知っており、私が私であることを知っている人を意識しているからである。私は、自分自身の存在をそのような相互自己認識の中に持っている」（IU, p.78, cf. RAS, p.56）。

　この文脈において、お互いに知り合っている神と人間は、人間的関係（personal relationship）を持つと言うことができ、神は人間的絶対者、無限者（personal absolute and infinite）と表示されうる（IU, p.78）。マクマレーにとって、「『神』とは、人間的と把握される無限を象徴する用語であり、無限のものを有限な人間において直接的に経験することに由来し、また確

かにそうでなければならない。何らかの形ですべての直接的宗教において現れる受肉（incarnation）という概念は、単に人間的無限の意識が人に到来し、無限の人間性の意識において、その意識を通してのみ到来しうるという事実を表現している」（IU, p.70）[152]。人間と人間的である神との直接的関係は、聖書において、「その方（＝神）の中で私たちは生き、動き、自分の存在を持っている」と表現されている（IU, p.78）[153]。

この人間的枠組みにおいて、人間は独立した自己であると同時に関係的自己である。もし、そうなら、この枠組みは機械的枠組みと有機的枠組みとの関係においても説明されうる。機械的枠組みにおいて、個別の物体は別の個別の物体に外的に関係し、有機的枠組みにおいて、ある要素は補完的機能として有機的全体の中で別の要素に内的に関係している。マクマレーはこうまとめている。「数学的関係は、関係する事柄に対して外的であり、有機的関係は、その事柄に対して内的である。しかし、人間的関係は、同時に内的であり外的である。それは、単に個々人の間の一致だけでなく、一致した個々人の区別も創出する」（IU, p.80）。

マクマレーは、人間の思考のこれら三つの枠組みが人間の生活と密接に結び付いていることを指摘している。これは、人間が物質的世界を支配して利用する必要が出て来るにつれて、科学が発達したということである（IU, p.83）。有機的枠組みの出現は、環境を支配しようとする人間の野心、協力関係における補完的、機能的人間関係の発展と一致しており、社会もまた産業の諸目的を達成する発展的組織として描かれた（IU, p.85）。しかしながら、労働者の意欲、むしろ人間の意志は、本質的に社会が深刻な機能不全に陥らないために必要とされていたのである（IU, p.87）。この点に

152　Cf. John E. Costello, 'Introduction,' in RE. p. x:「初期の恩師の一人であるリチャード・ロバーツ牧師（Rev. Richard Roberts）とのやり取りの中で残存している幾つかの手紙で、マクマレーは自分の哲学の発端の痕跡を残している。逆上ること一九二五年七月二二日、マクマレーはすでに、『〈もし〉、世界が理解されうるとするなら、それは人間的な観点からであるに違いない』という結論に達している」。

153　Cf. 使徒 17:28.

第三章　社会と共同体

おいても、人間的枠組みは不可欠の重要性を示している。マクマレーは、この人間的枠組みが決定的、最終的であると見なしてはいないようである。彼が述べているように、「人生は論理よりも広く、論理は生活の観点から判断されなければならない」からである（IU, p.82）。このように、この世界における現実の生活に対する人間の理解が変化し続ける限り、新しい枠組みが創出され続けなければならないだろう。しかし、新しい枠組みは必然的にその社会的背景から出現するはずである。生活と思考の密接な関係を強調して、彼は次のような点まで主張する。

「すべての思考は心理学的に条件づけられている。思考は心理学的に条件づけられていると言うことは、それが社会的に条件づけられていると言うことである。人間の性質は本質的に社会的だからである。したがって、思考は決して人工的に隔離された個人の活動ではない。思考する個人は、必然的に歴史の発展の中の特定の一地点における特定の共同体の構成員である。その思考は歴史的に条件づけられている。なぜなら、それは社会的に条件づけられているからである。すべての思考は、極めて現実的な意味で共同の思考（communal thought）である。個人の思考は、人間としての活動の一側面なのである（IU, p.89）[154]。

思考が社会的に条件づけられているという事実は、思考する人が時代の波に翻弄されるがままであることを意味しない。逆に、思考する人はマクマレーによると、現実の世界の中で活発な行為者とならなければならない。

154　Cf. A. R. C. Duncan, 'Introduction,' in IU. p. xi:「〈心理学的〉という形容詞は、二つの意味で使用されているようである。『心理学という学問に関係する』という意味、または、『人間の魂や自己に関係する』という意味である。マクマレーはそれを、専らではないものの主として第二の意味で使用している」。

第二節　行為者と主体

　近代哲学は十七世紀のデカルトによる「我思う、ゆえに我あり（Cogito ergo sum）」という定式と共に開始されることは良く知られているが、マクマレーはこの定式の歴史的重要性に留意する。それは、デカルトが自分自身の理性以外のどのような権威に対しても疑問を呈していたということである。その権威には、いわゆる異端を断罪、抑圧することによって自らを正当化していた教会の権威を含む。マクマレーが主張しているように、「歴史的に『我思う（Cogito）』は、権威に対する異議申立てと独立宣言を表示している」（SA, p.75）。「一九五三年」に（SA, p.17）、マクマレーはかつての物理学と生物学の登場にそれぞれ対応する近代哲学の次の二段階を概説する（SA, pp.33ff.）。[155]

（1）　デカルトから十八世紀のヒュームまでの近代哲学の第一段階は、物質的形態に焦点を当て、そこでは実体的対象物の物質的世界が数学的に解釈されるが、この形態を知識の全領域、特に人間的領域に適用する試行において自己破綻する。

（2）　十八世紀のカント以降の近代哲学の第二段階[156]は、有機的形態を中心に据え、生きている世界は、種々の差異の自発的で調和的な自己均衡としての成長の進化的過程において弁証法的に解釈される。この有

155　Cf. Harry A. Carson, 'Introduction　Something More Than Modern: A Personal Approach to Freedom,' in FMW, pp. xixf. Cf. also John E. Costello, *John Macmurray*, pp.129f. ; A. R. C. Duncan, *On the Nature of Persons*, pp.12, 37; David G. Creamer, *Guides for the Journey*, pp.24-31; Gregory Brett, *The Theological Notion of the Human Person*, pp.129-134.

156　Cf. SA, p.32:「この第二段階の開始をルソーと、レッシングからヘーゲルに至るドイツ観念論運動におけるその継続の中に見る方がより正確だろう。これら両方の間に曖昧に立ち、両方に手を伸ばしているカントと共に」（cf. HP, p.17）。

第三章　社会と共同体

機的哲学を批判するために経験重視の実在論（realism）が発達し、有
機的哲学の方法論は有機的過程の経験的分析のためには不適切である
と指摘する。

マクマレーは、近代哲学のこれら二つの機械的、有機的型式が、実体
や有機体ではない人間としての自己を取り扱う際に不適切であると見な
し、人間の心や意識ではなく行動の科学としての科学的心理学の登場と
共に、人間的形態の欠落した近代哲学の代わりに人間的哲学を提案する
（SA, pp.37f.）。言うまでもなく、キリスト教もこの人間的哲学の構築に中
心的な役割を果たしている。この哲学は人間性を唱導して擁護するのだが、
「私たちの歴史において組織化されたキリスト教が、人間的生活を育成し
て維持し、象徴と教理によって人間的価値の究極性を継続的に証しする機
能を担ってきた」からである（SA, p.30）。

しかしながら、彼が自らの哲学的見解から観察しているように、デカル
ト以降、信仰よりも理性を比較的重視してきた近代哲学の歴史的発展は、
自己中心主義と無神論の方向へ向かっていった（SA, p.18, cf. SA, p.221）。
言い換えると、

「近代哲学は性質上、〈自己中心的（*egocentric*）〉である。私が意味して
いることは、次の点に過ぎない。第一に、それは神や世界や共同体では
なく自己を出発点に置き、第二に、自己とは孤立した個人であり、自我
（ego）や『私（I）』は決して『汝（thou）』ではない」（SA, p.31, cf. SA,
p.38）。

これは一方で、「神性（deity）という概念は、人の経験するすべてのも
のの人間的基盤となる概念であるから」（SA, p.17）、人間性危機の時代の
到来が告知されたことを意味する。そして、単に神性だけでなく人間の概
念における人間性の形態は、それゆえ重要性を失っていったのである。マ
クマレーは他方、もし、人が可能な限り広義で宗教を「原初のもの、人間

の考察能力の一つの普遍的な表現であり、言語能力と同じくらい原始的で一般的なもの」と定義するなら、無神論者たちはその数が社会的解体の時期には通常、押し上げられたが、常に少数派に属してきたのであるという事実を指摘する（SA, p.20）[157]。

そこでマクマレーは、人間性の形態を「現代哲学の緊急課題」として取り上げ（SA, p.17, cf. SA, pp.21, 26, 29）[158]、この状況の二側面、「国家の神格化傾向と宗教の衰退」に言及する（SA, p.29）。これら二側面は、人々を宗教から政治的権威に誘引する非人間化という同一コインの両面である。例えば、この傾向はファシズムと共産主義の両方の主要な社会革命において現れ[159]、マクマレーによると、「この両方に対する致死的抵抗の正当化を民主主義制度が示す」時にも現れる（SA, p.29）。さらに、彼にとって「我思う（Cogito）」の伝統に基づく近代哲学は、単に非人間化にだけではなく非存在にも至るのである。存在することは世界の他の部分との因果関係を持つが、思考はそれ自体では因果関係を持たない（SA, p.80）。彼は、「私は私の存在を行為と、私の思考を非存在と同定しなければならない。私は『我思う、ゆえに我あり（Cogito ergo sum）』ではなく、『我思う、ゆえに我なし（Cogito ergo non-sum）』と言わなければならない」と強調する（SA, p.81）。

したがって、「我思う（Cogito）」のこうした機能不全を考慮してマクマ

157　この定義によると、「宗教は、人間文化の様々な側面が由来する源泉である」（SA, p.12）。

158　マクマレーがこの問題に取り組む時、デカルトに逆上る現象学的分析は有益であるが不適切な方法として捨象し、論理経験主義は人間の経験の性質に根差す諸問題を対象とすることができないとして放棄し、実存主義は伝統的哲学の形式的構造を解体するに至るだけであるとして拒否する（SA, pp.27-29）。

159　「一九五三年」のこの段階で（SA, p.11）、マクマレーは共産主義を厳格に批判している。その「実践は、……その意図に反して国家の神格化と市民の組織的、効果的搾取に至る。共産主義の実践において人間性は機能性に従属させられ、人間性の保護がそれ自体で犯罪行為になってしまっている」（SA, p.30）。

第三章　社会と共同体

レーは、次に「我行う（I do）を自らの哲学の開始点として」提案し、実践性の優位という立場から自らの思考を展開する（SA, pp.84f.）。デカルトの発案した「我思う、ゆえに我あり（Cogito ergo sum）」に対して、この実践性の優位を「我行う、ゆえに我あり（Ago ergo sum）」と定式化することができるだろう（cf. CH, p.184）[160]。ここから、思考主体としての自己や、今やマルクス主義における労働者としての自己に対峙して、行為者としての自己というマクマレーの強調点が生まれてくる（SA, pp.90, 97）。もし、この実践的立場が確立されるなら、彼が次の対比を解説しているように、理論と実践、心と体という二元論は克服される[161]。

　「思考においては心（mind）のみが活発である。行為においては確かに体（body）が活発であるが、心もそうである。行為は無知ではない。人は考察から行為に移る時、意識から無意識に移らない。人が行為する時、感覚と知覚と判断は肉体的運動と共に継続的に活動している。人が考える時、人は少なくとも明白な肉体的運動を排除する。……それで、行為とは自己の具体的活動すべてであり、そこでは人の能力がすべて活用されるが、思考は人の諸力の幾つかを排除することと、具体性と完全性の欠如した活動へと退却することによって構成されている」（SA, p.86）。

160　英語の「行う（do）」の代表的ラテン語には、ago や facio があるが（'ago,' 'facio,' P. G. W. Glare [ed.], *Oxford Latin Dictionary*, pp.87ff., 668ff.）、ここでは英語の「行為者（agent）」の語源である ago を使用する。事実、「一九七一年にカナダで創設されたジョン・マクマレー学会の標語は、『我行う、ゆえに我あり（Ago ergo sum）』である」（David A. S. Fergusson, *John Macmurray in a Nutshell*, p.26. n.49）。Cf. Culbert G. Rutenber, 'Macmurray's Metaphysics of Action: An Alternative to Process Thinking,' p.405; A. R. C. Duncan, *On the Nature of Persons*, p.46.

161　マクマレーの機械論と有機体と人間性という三つ組は、デカルト的二元論と全く対照的である（cf. Esther McIntosh, *John Macmurray's Religious Philosophy*, p.115）。

言い換えると、行為はより包括的であり肯定的であるが、思考は排他的であり否定的である（SA, pp.88ff.）。ここで、明示のために二つの点が付記されている。一つは、人がしばしば言う「考えずにする、思考なしの行為（acting without thinking）」とは単に経験上の事例への言及である。マクマレーが主張しているように、「それは、特定の状況において妥当な論点を考察せずに行為したこと、つまり、〈適切な〉思考をせずに行為したことを意味している」（SA, pp.87f.）[162]。もう一つは、彼のここでの関心は、擬人的隠喩で表現される動物の行動や化学反応ではないという点である（SA, pp.88f.）。したがって、彼は行為と思考をより具体的に人間的活動という観点から定義する。「行為（action）とは、『正しい（right）』と『間違い（wrong）』との区別の観点に基づく活動（activity）であり、思考（thought）とは、『真（true）』と『偽（false）』との区別の観点に基づく活動（activity）である（SA, p.89）。判断基準としては、『正しい（right）』と『誤り（wrong）』との区別がより重要であるが、それはこの区別がより包括的で肯定的行為だからである。

　この議論の流れは、もし、律法とイエスによるその適用という文脈で考察されるなら、極めて重要である。例えば、律法には、「安息日を覚えて、それを聖別しなさい」と記されており[163]、イエスはかつて、仕事がすべて禁止されている安息日であったにもかかわらず、急迫した状況では弟子たちが麦の穂を摘むことを許し、それを非難したファリサイ派の人々に、「人が安息日のためにではなく、安息日が人のために作られたのである」と言った（FMW, p.50, cf. TT, p.10）[164]。安息日の律法は、確かに神の「真」

162　言い換えると、「もし、行為している時、自分が行為していることを知らなかったのなら、その人は行為して〈いなかった〉のだろう。もし、何らかの出来事が自分自身の行為であるとするなら、その人は自分がそれを実行していることを知っていなければならない」（SA, p.90）。マクマレーはこの知識を「行為における知識（knowledge in action）」と呼ぶ（SA, p.91）。

163　Cf. 出エ 20:8.

164　Cf. マル 2:27.

第三章　社会と共同体

の言葉であるが、イエスはここで、その状況への律法の直接的適用を「誤り」だと見なしたのであり、彼の行為は「正しい」ものであったのである。この出来事は、神の言葉が律法として、たとえ「真」であったとしても、異なる事例と人々に対して同様に機械的に適用できないことを示している。

このイエス自身の言葉の記録がさらに明確に指摘しているように、この第二節の冒頭でまとめた物質的でそれゆえ機械的な型式の世界観は、体と心、肉と霊を持った人間には有効でなく、最高の人格化がイエスであると解釈されうる行為者としての自己には一層、有効でない。機械的な型式と同様に有機的または生物的な型式の世界観も、肯定的かつ否定的存在としての自己に有効でない。例えば、思考のみの主体として否定的な自己は非存在であり、さらに他者との関係において成長も進化もしないからである。したがって、人間的型式の世界観が、他者、特に他者との関係における行為者としての自己を正当に評価するために必要とされる。

第三節　行為者と他者

もし、自己が主体ではなく行為者であるなら、行為者としての自己と関係しているのは他者（the Other）であるが、それは主体（the Subject）の相関語句としての他者ではなく、他の物、他の有機体、他の人間を含む他者である（SA, p.106）。他者に気づくようになる際に、触覚が不可欠の役割を果たしている。マクマレーが主張しているように、

> 「根本的な相違は、触覚という知覚は感覚器官と知覚される対象物との物理的接触を含むが、視覚はこのようには行かないという点である。視覚はある距離を置いてのみ働き、触覚は接触においてのみ働く。……人はある物に何かをすることによってのみ、触覚でそれに気づくことができる。触覚という知覚は、〈必然的に〉行為における知覚である。何かに触れることは、それに少しであっても圧力を加えることであり、したがって、少しであってもそれを変化させることである。視覚という感覚

は逆に、その対象物への働きを排除するため、受動性における知覚である（SA, p.107）。

　これは、触覚を能動的に働かせる人は、視覚のみの受動的な人よりも他者に近づき易いということを意味する（SA, p.111）。もし、「我思う、ゆえに我あり（Cogito ergo sum）」という伝統に基づいて、他者は私が思う時の「我思う（I think）」ありとあらゆるものであるとするなら（SA, p.106）、ここで同様にして、他者とは私が触れる時の「我触れる（I touch）」ありとあらゆるものであるとも言えるだろう。したがって、同様にしてもう一つの新しい定式、「我触れる、ゆえに我あり（Tango ergo sum）」を創出することができるだろう。ここで、他者を見ることと他者に触れることは相互に無関係ではない。視覚は接触を予期するからである（SA, pp.111ff.）[165]。

　さらに接触は、人は自分がしていることを継続できないという意味で、他者からの抵抗の経験である（SA, pp.108ff.）。この抵抗の最も明白な事例の一つは、その猛威にもかかわらず、自然法則（law of Nature）に従属する自然界の諸要素であると言えるだろう。マクマレーが指摘しているように、

　　「自然法則は、……継続の型であり、そのような『法則』の発見は、他者を経験する際のそのような型の発見である。……自然は一般的に法則に従う、または、すべての現象は法則に合わせて起こると言うことは、自然が時間的存在において継続体 (the Continuant)、つまり非行為者（the non-agent）だと主張することである」（SA, p.157）。

165　「理論（theory）」という用語の語源を検討することは興味深い。それはギリシャ語の「見る、観察する、知覚する、瞑想する、推論する（theoreo）」に由来する（Henry George Liddell & Robert Scott [comp.], *A Greek-English Lexicon With a Revised Supplement*, p.796. Cf. Alister E. McGrath, *The Science of God*, pp.173f.）。

第三章　社会と共同体

106

　自然に特徴的な継続体とは、「変化なしに続くもの」であり（SA, p.154）、それゆえ有機的領域の特徴ではない。有機的領域では、種の進化が変化の型を示しているからである。ただし、生命過程は世代から世代へと繰り返される（SA, pp.160f.）。また、継続体は人間的領域の特徴でもない。人間的領域では、人間は率先的に意図的行為をなしうるからである。ただし、習慣的な活動は繰り返される（SA, pp.161f., 167）。

　人間は行為する時、行為していることを知っている。つまり、「もし、行為している時、自分が行為していることを知らなかったのなら、その人は行為して〈いなかった〉のだろう」（SA, p.90）[166]。この行為は二側面から成り立っている。行為している時に行為していることを知るということは、単にすでにしたことだけではなく依然としてしなければならないことも知るということである。ここに、過去の事実に対する現在の関心の知識として記憶と、未来に対する現在の意図の知識として予期がある（SA, pp.165f., 169, 171f.）。過去と未来は現在、行為者によって相互に密接に結び付けられている。マクマレーの言葉で言うと、「行為者は、未来を決定する時に過去を創出する（[t]he Agent, in determining the future creates a past）」（SA, p.169）[167]。上述した点とこの格言から、次のことが示唆される。一方で、この過去に対する現在の知識である記憶も、自己と他者の区別を不可逆の事実として保持している（SA, p.170）。他方、未来に対する意図は、理論的意図と実践的意図を開放的に含んでいる。マクマレーは次のように説明している。

　　「実践的活動は他者の変化を意図するものであり、理論的意図は他者の
　　表示における変化を意図するものである。いずれにせよ、その意図の実
　　現のための〈手段〉は、他者の変化を含むかもしれない。科学者が実験

166　Cf. SA, p.165:「知識なしに活動（activity）はあるかもしれないが、行為（action）はない」。

167　Cf. SA, pp.134f.:「行為するとは未来を決定することであり、過去はすでに既決である」。

室で行う実験は、器具の考案、設置、操作を含むが、それは理論的活動の諸要素である。考え抜くこと——計算と計画——は、建設者が工場を建設し始める前に企てることであり、実践的活動の諸要素である」（SA, pp.178f.）。

言い換えると、理論的意図は概念（idea）で終わるが、実践的意図は目的に対する手段としてそれ自体を超える（SA, p.179）[168]。そして、マクマレーは引き続き警告する。社会において権力や富という手段の蓄積が目的そのものになり、手段が他者のために善用されない一方で、その所有者が最悪の場合、他者を手段として実体のある対象として搾取するような事例が多くある（SA, p.182, cf. RAS, p.23）。しかしながら、このような混乱とは対照的に、目的と手段の本質的な区別が、特に行為を決定する価値判断においては極めて重要である。

(1)　行為における目的は、それ自体で価値あるものとされ、それゆえその意図は文字どおりそこで終わる。行為者はその時、満足を感じるようになる（SA, p.192）。

(2)　行為における手段は、それ自体で価値あるものとされず、行為において選ばれる。したがって、その意図はそれを超えて目的に向かい、行為者はその価値を目的から派生させて考える（SA, pp.192f.）。

他者が「行為の一まとまりの可能性」として、具体的に「行為の可能性の一組織」とも呼ばれるように（SA, p.191）、世界に関する人間の知識は、手段と目的のこのような区別に基づいて二重、つまり知的知識（intellectual knowledge）と感情的知識（emotional knowledge）になる。知的知識は事実事項の知識（knowledge of matter of fact）とか、目的のための手段とし

168　マクマレーはまた、「考察的意図（reflective intention）」、つまり、「知識の改善を意図する活動（activities which intend the improvement of knowledge）」にも言及する（SA, p.184）。

ての世界の知識（knowledge of the World-as-means to an end）とも呼ばれ、感情的知識は目的自体としての世界の知識（knowledge of the World-as-end itself）と呼ばれる。手段はその目的のために使用されるものであり、目的はそれ自体のために享受されるものだからである（SA, pp.194, 199）[169]。

　もし、行為者によって手段として使用され、目的として享受される世界が、時間的継続の視点から検討されるなら、それは歴史として記述される。マクマレーが解明しているように、

> 「歴史は単なる慢性（chronic）ではない。それは理解である。その定められた言及点は現在であり、その努力は現在と共に過去の継続を、また過去を継続する現在を示すことにある。しかし、この過去は人間の過去であり、その要素は行為者たちの行為である。結果として、現在とのその継続性は行為の継続性のみでしかありえず、その行為は意図によって構成されている。したがって、歴史的理解は人間の意図の継続性の把握であり、それが継承される限り、多数の個々人の行為を意図の集合体（community）の力によって単一の行為を構成するものとして示すのである（SA, pp.212f.）。

　世界は行為者たちによる行為の歴史的連続性であり、この意味で「単一の行為（a single action）」でもある（SA, p.217, cf. SA, p.204）。マクマレーの形而上学的主張にもあるように、「自己を行為者として考えることは、行為の一体性としての世界の一体性を考えることである」（SA, p.217, cf. SA, p.221）。したがって、この世界観は世界を、統一体の中の一要素としての行為が排除されて、その結果あらゆるものが何の意図もなくただ生起するというような統一的過程と見なすのではない（SA, pp.219f.）。そうではなく、この世界観は実践的示唆に至る。この世界観に基づけば、「人

169　Cf. SA, p.199:「満足を感じられるものはすべて、それ自体のために享受されている。この享受の活動は、瞑想（contemplation）である」。

は、自分自身の行為が世界史となるある一つの包括的行為に対する貢献で
あるかのように、行為するだろう。……世界を実践的観点から考えること
は、究極的に世界の統一性を一つの行為、したがって、一つに向かう意図
によって知らされる行為と考えることである」（SA, p.221）。これらの貢
献は、人間的関係においてより実践的に豊かにされる。

第四節　人間的関係と非人間的関係

　もし、行為者としての自己が他者と動的な関係にあるなら、その関係は
人間的関係を含む。マクマレーは引き続き、このことの説明に努力を傾注
する（PR, pp.17, 24）。彼はまず、理論的、利己主義的思考に向かう近代哲
学の伝統的傾向が、単に心や意志という用語だけでなく（PR, p.23）、正確
に定義しにくい人間性（personality）という用語にも見られる点を指摘す
る。

　　「私は『人間性（personality）』という言葉を利用することがより自然に
　思えたかもしれない所で、『人間性（the personal）』という用語を使って
　きた。それは部分的に、『人間性（personality）』という語において適切
　に要求されうる以上に、包括的で広範囲の意味を持つ言葉を必要とする
　からである。しかし、より重要なことは、この『人間性（personality）』
　という語は、その本来の意味から逸脱してしまっているという事実であ
　る。人は、その語が人間を人間にする特質や一まとまりの特徴、つまり、
　すべての人間が共有しており、人間を人間でないすべての存在から区別
　する特性に言及することを期待するはずである。しかし、それは実際に
　は一人の人間をもう一人の人間から区別する特質や一まとまりのものを
　意味するように特化されてきた。これはより適切には、「人間的個別性
　（personal individuality）」と呼ばれるだろう。今や、この特化された意味
　を示唆して、それゆえ人間の共有しているものの代わりに、人間の相違
　を強調することなく、『人間性（personality）』という用語を使用するこ

第三章　社会と共同体

110

とはほとんど不可能である。したがって、この用語の使用を可能な限り
避けることが望ましいだろう（PR, p.25, cf. WP, p.51）。

　このように、人間性（personality）の意味は人間の共通特性から個別性
へと移行してきたので、マクマレーはその代わりに人間性（the personal）
という用語を使用し、その人間関係において人間は「『あなたと私』とい
う共同体」においてお互いに関係し合うと説明する（PR, p.27）。このよう
な人間は、冷静な観察者としてではなく、この共同体に参加している人間
として現実的にお互いに知り合う（PR, p.28）。この人間的関係の逆は、主
人と奴隷との関係のような非人間的関係である。ここで奴隷は、主人の目
的のための手段とされている（PR, p.34）。このような関係において、主人
は常に、今日では確かに正当化されえない支配的役割のみを担っているが、
マクマレーは非人間的関係が正当化されうる事例を紹介する。

　例えば、もし、心理学の教師が生徒とその学習進度について本人との
（personal）会話をしていて、たまたまその生徒の心に明白に異常な症状
を認めるなら、その教師は心理学者として彼の症状がどの精神疾患事例
に分類されうるかを特定するために、ある意味で彼を客観的に非人間的
に（impersonally）患者として観察し始める（PR, p.29, cf. PR, p.35）。ここ[170]
で起こっていることは、本人との会話に由来する人間的知識は未来に対し
て自由に開放的であるが、客観的に獲得された非人間的知識は、しばしば

170　しかし、エメットはこう考える。「これは誤った二分法である。一貫し
　　て教師は、自分の生徒との人間的関係と、生徒との関係における特殊な仕事
　　を行う際に必要とされる振る舞いとを組み合わせるという困難な仕事を学び
　　続ける必要がある。クラスを担当する教師の場合、タルコット・パーソンズ
　　（Talcott Parsons）が『感情的中立性（affective neutrality）』と呼ぶものを一定
　　量、獲得する必要があるかもしれない。人間的関係と役割上の道徳とのこの
　　ような〈融合（fusing）〉は、道徳教師たちが払ってきた以上の多くの注意を
　　必要とする」（Dorothy Emmet, ‘*Persons in Relation*. By John Macmurray,’ pp.234f.
　　Cf. Dorothy Emmet, ‘Politics and Philosophy in the 1930s: John Macmurray and
　　Reinhold Niebuhr,’ p.54）。Cf. also PR, p.38.

過去に定められた範疇という閉鎖的な決定論に定位されており、それゆえ
「客観的（objective）」という用語は、「真とか、正しいという意味を常に
持つわけではない」ということである（PR, p.31）。元々は生徒の異常な非
人間的状態によって引き起こされたその教師の客観的非人間性は、生徒を
通常の健康状態に回復させるという目的のためにのみ正当化されうる（PR,
p.36）。

　マクマレーがまとめているように、ここには「二つの型式の知識がある。
……一つは、人間を人間として知る知識、もう一つは、人間を目的として
知る知識である。最初のものは他者に対する人間的態度に依存し、それを
表現するが、第二のものは非人間的態度である」（PR, p.37）。しかし逆説
的に、教師の非人間的態度は、その意図において人間的でもある。言い換
えると、「非人間的態度が人間的であるのは、『私』に言及される時であり、
非人間的であるのは、『あなた』に言及される時である」（PR, p.40）。

　これらの型式の知識は必ずしも相互に分離されるものではなく、この
場合の教師において人間的知識は非人間的知識を含む（PR, p.38）。「否定
的なものは、肯定的なもののためにある（[t]he negative is for the sake of the
positive）」からである（PR, p.34）[171]。この意味で、肯定的な人間的自由と否
定的な科学的決定論は必ずしも矛盾しない（PR, p.41）。人間は必然的に自
らの母の母胎で生物学的生命を開始しなければならないことを考慮すると、
決定論は確かに人間性の一部であると言えるだろう。しかし、人間は誕生
して発育すると共に徐々に自由を獲得していく。ちなみに、母胎という暗
闇の中では触覚が視覚より優先するように決定されている[172]。

　マクマレーは次に、「直接的関係（direct relations）」と呼ぶものを紹介す

171　マクマレーは、人間的知識を哲学的知識、非人間的知識を科学的知識とも呼ぶ（PR, p.40, cf. PR, pp.27f., 37）。

172　Esther McIntosh, *John Macmurray's Religious Philosophy*, p.83 によると、「音声認識の研究は第一の知覚が聴覚であることを示しているが、マクマレーの中心的主張は触覚が視覚より先であるというものであり、この点でこの主張は正確である」。

第三章　社会と共同体

る（PR, p.43）。彼によると、人間の直接的関係と間接的関係の区別の方法は、人間的関係と非人間的関係の区別の方法とは異なる。彼が定義しているように、直接的関係は関係しうる人々の間の知り合い程度の関係を含み、自分の意志で非人間的側面を含めることができるものであるが、間接的関係はお互いに人間的に知り合っていない人々の間のものであり、それゆえ必然的に非人間的なものである（PR, p.43）。上記の教師とその生徒との教育上の関係は、直接的関係である。そして、最も直接的な関係の一つは母と子の家族関係である。

　人間的関係の最初の段階は、母と幼児との関係から始まる。人間の幼児は成長過程において人間的に、合理的になる動物的有機体であるというアリストテレスの生物学的見解は伝統的なものであり、それゆえ影響力があり、さらに十九世紀以降は有機的哲学や進化論科学によって支持されてきた（PR, pp.44f.）。この枠組みにおいて、人間は有機体、人間社会は有機的構造、社会の歴史は進化の過程と見なされる（PR, p.45）。しかし、マクマレーはこれらの想定を根本的な誤りであると見なす。[173] これらは人間の自由と行為の可能性を見落とし、そうして容易に全体主義に至るからである（PR, p.46）。彼は強調して言う。

「人は有機体ではなく人間である。人間社会において人を一つにする関係の結び目は、有機的ではなく人間的である。人間の行動は、もし、環境への適応として表示されるなら、理解されうることなく、ただ戯画化されうるだけである。つまり、社会的進化のような過程は存在せず、代わりに不安定な発展と、進歩と退歩の両方の可能性を明示する一つの歴史が存在するだけである（PR, p.46）。

　人間的性質は幼児に始まるが、それは無力で依存的な赤ん坊が、自らの

173　ここで彼は、イアン・サティ博士（Dr. Ian Suttie）『愛と憎しみの起源（*The Origin of Love and Hate*）』に依拠している（PR, p.45）。

生存と成長の鍵となる人間的愛情関係の中に生まれて来るからである（PR,
p.48）。早期の段階においても幼児は、その母と共にいること自体に満足
の笑みを示し、それがないと自らの生理的状況とは関係なしに泣く。ただ
し、ここで母という用語は必ずしも生物学上の母ではなく、世話をする人
も含まれる（PR, pp.49f., 75）。[174]幼児の反応は、生物学的関係ではなく人間
的関係を示しており、それゆえ人間は人生の初期を他者の思考と行為に依
存しているという意味で、人生の最初から本質的に人間的関係の中にいて、
またそうでなければならないのである（PR, pp.50f., cf. RAS, p.51）。幼児
の合理性もまた、他者との意思疎通の萌芽的形態の中に存在している（PR,
p.51）。

　人間的性質と合理性は共に、子どもが感覚器官を使って技量を身に付け
ることと、その後にはその技量を活用する習慣を形成することを可能にす
る（PR, pp.53f.）。[175]例えば、子どもの遊び（play）は、それ自体のための
活動として、「本質的に技量——その獲得、その向上、その表現——に関
心がある」（PR, p.55）。他方、仕事（work）は他のある目標のために意図
された活動として、主として技量を単に示すためだけではなく、目的のた
めの手段として使われることに関心がある（cf. RAS, pp.31f.）。この遊び
と仕事の相違という視点から見ると、母親による世話（mothering）への

174　マクマレーは続けて、母親役は「女性である必要さえない。男性が、必
　　要な母親役のすべてを行うこともできる」と論じる（PR, p.50）。パーソンズ
　　によると、一九五三年にこれらのことを言うのは、確かに勇気があり率直で
　　ある。それは、それらのことがそれまでに語られなかったからというより
　　も、むしろ、それらのことを言うのが特に注意を要する時代であったからで
　　ある。またこのことは、マクマレーが母親の仕事には性質上、特定の形式の
　　理性の働かせ方（reasoning）が必然的に含まれるという洞察を示したフェミ
　　ニストの先駆けであったことを示唆している（Susan Parsons, 'The Relevance
　　of Macmurray for a Feminist Theology of Action,' David Fergusson and Nigel Dower
　　[eds.], *John Macmurray*, p.147）。
175　「習慣（habit）」と「本能（instinct）」の相違については、cf. PR, p.54:「習
　　慣は意識的に獲得される。それは刺激に対して学習された反応である。しか
　　し、本能は刺激に対して学習される必要のない反応である」（PR, p.54）。

第三章　社会と共同体

言及は特に興味深いものとなるだろう。ある意味で母親による世話は、仕事と遊びの両方の性質を帯びているからである。

母親による世話に仕事の側面があるのは、その目標として母は自らの子を比較的独立するまで育てなければないからである。また、母親はその世話の過程そのものにおいて喜びと慰めを味わいつつ世話の技量を獲得して改善し、また最終的にはその子が成長して赤ん坊を持った時に、その技量を表現して教えることができるはずであるという意味で、その世話は遊びの側面も持っている（cf. PR, p.63）。この世代を超えた技量は高度に人間的な伝統にほかならず、このようにして母と子との関係の「あなたと私」は、直接的に継続されていく（cf. PR, pp.59, 61, RAS, p.52）。

幼児が子ども（child）になる時、言語能力が意思疎通の最も重要な技量の一つとなる（cf. PR, p.76）。「幼児（infant）」という用語は、語源的には「言語能力を持っていないこと」を意味するラテン語の infans に由来する。[176]次のように、マクマレーにとって言語能力は人間を動物から区別する以上のものである。

> 「言語能力は、時として自分自身を表現する能力として定義されているが、これは本質的な点を見逃している。言語能力は、他の人々に物事を言う能力であるのと同様に、自分に言われたことを理解する能力だからである。そこで、適切な意味において話す能力とは、他者との互恵的な意思疎通に従事する能力である。お互いに経験を共有し、そうして共通の経験を構成して参加することは、人間の能力である。第二に、言語能力は特殊な技量であり、すべての技量と同じく目的を前提とし、その目的に対して手段となる（PR, p.60, cf. RAS, p.51）。

人間の赤ん坊は母と子との関係の中に生まれ、その後、成長し、主として二人の経験を共有するという目的に対して、言語能力という手段に

176　Cf. 'infans,' P. G. W. Glare (ed.), *Oxford Latin Dictionary*, p.894.

よって相互の意思疎通に従事する。しかし、「言語能力は、どれほど重要であっても意思疎通の一つの技術に過ぎず、最初期のものでもない」（PR, p.67）。したがって、マクマレーは愛と恐怖という対称性を持つ根本的な人間的動機づけに留意する。それが根本的であるのは、愛と恐怖の萌芽的形態が幼児の動機づけの肯定的極と否定的極であり、さらに行為が動機づけを前提とする意図によって定義されるからである（PR, pp.62, 64, 66）。ここで、愛と恐怖の特徴と、これらとの関係における憎しみの特徴をまとめておこう。

(1)　愛（Love）と恐怖（fear）は人間的動機として、それぞれ有機的衝動としての性的衝動や衝動的恐怖とは異なる（PR, p.69）。

(2)　自己の外側に向けて肯定的に動機づけられた行為は、「利他主義的（heterocentric）」であるが、自己の内側に向けて否定的に動機づけられた行為は、「利己主義的（egocentric）」である（PR, p.71）[177]。ただし、これら二つは、子に対するは母の世話と同じく、必ずしも分離されるとは限らない。この世話において子に対する母の愛は、子の安全を守るために危険な状況で感じる母の恐怖と共存しうるからである（PR, pp.71f.）。

(3)　愛や恐怖のほかに、憎しみ（hatred）は相互の人間的関係の中で、愛が恐怖によって挫折することに由来する（PR, p.73）[178]。

マクマレーによると、憎しみは神学において原罪（original sin）に属するものであり[179]、肯定的な人間関係へと回復するためには忍耐と許しを必

177　これらはそれぞれ心理学的に「外向的（extravert）」、「内向的（introvert）」と呼ばれ（PR, p.104）、後者の態度は「自己愛（self-love）」とも言われる（PR, p.94）。前者の態度は「利他主義（altruism）」とも言われうるだろう。

178　「愛」、「恐怖」、「憎しみ」はそれぞれ「世話（caring）」、「不安（anxiety）」、「恨み（resentment）」とも言い換えられる（PR, p.73）。

179　Cf. 創世 3:1-6, 4:3-5.

要とする（PR, pp.74f.）。この伝統的な神学概念に対して、マクマレーは動機づけに関するさらに二つの極に逆上っている点を指摘しておくことが重要だろう。つまり、彼は愛と恐怖から、さらに他者に対する幼児の動機づけにおける肯定的極と否定的極にまで逆上っている。つまり、幼児にとって最初の知識は、「人間的な他者の知識である——その他者は自分と意思疎通をし、自分の泣き声に応答し、自分の世話をする。これがすべての知識の出発点であり、その後の発展のあらゆる段階で前提とされる」（PR, p.76, cf. PR, p.77）。これは、幼児に対する肯定的な応答が、肯定的で人間的な発展のために必須であることを意味している[180]。幼児は全面的に他者に依存し、他者は「人間または行為者」であり、「その中で私たちは生き、動き、自分の存在を持っている」からである（PR, p.77）[181]。

　この他者は実際には共同体に等しく、この中で幼児を含めて人々は相互に関係している。これは、道徳的に正しい行為とは、肯定的に人間的共同体を維持する行為であるということを示している（PR, p.119）[182]。マクマレーは、道徳性に関する次の三つの典型的な様態を解説する。

（1）　共同的様態は、行為者の正しい行為が常に自分自身ではなく、人間的他者を中心としている点で性格上は利他主義である。この行為は、すべての行為者の中で肯定的人間関係を維持することを目的としているため、この様態において恐怖やそれに由来する敵意は、「あなたは、あなたの隣人をあなた自身のように愛しなさい」、「あなたは、あなたの敵を愛しなさい」という戒めに基づいて（PR, pp.122ff.）、愛へと[183]

180　Cf. PR, p.88:「もし、幼児の泣き声に対する応答が余りにも長く遅れるなら、または、もし、幼児の困惑を軽減する母の努力が挫折してしまうなら、幼児の否定的動機が肯定的、確信的期待に従属することはもはやない」。

181　Cf. 使徒 17:28.

182　「カントはこの定式化を『常に目的の王国の立法構成員として行動しなさい（Act always as a legislating member of a kingdom of ends）』と述べて、すでに道徳様態の一つとして行っている」（PR, p.119, cf. PR, p.127）。

183　Cf. マタ 5:44, 19:19, 22:39.

変革されることになる。この様態の道徳性はヘブライ文化に由来し、[184]これはヨーロッパを中心としてキリスト教によって統合され、広められた。

（2） 否定的、自己中心的様態の一つは、瞑想的様態の道徳性である。この様態の人々にとって現実の生活は霊的生活である。この人々は見物人として、物質的世界から考察の中へと退却することによって自分の問題を解決しようとし、実践的生活が瞑想という自分自身の内的生活を実現することに自動的に役立つようにする。「この様態の道徳性の古典的な解説は、プラトンの『国家（Republic）』であり、これは古典ギリシャの道徳教師にとって通常の様態の道徳性である」（PR, p.125）。

（3） もう一つの否定的、自己中心的様態は、瞑想的様態の反定立であるプラグマティクな様態の道徳性である。この様態の人々は、行為を伴う物質的生活によって霊的生活を排除する。そして、この様態は権力が他者を支配し、自分自身の目的を達成するための基軸となる。この社会において法律は、調和的な協力を維持するための手法として不可欠であり、それゆえプラグマティクな様態の道徳性は、義務を含む法律への従順という形態を取る。この法律は、各人の意志や意図を共同体の福祉に順応させるものである。「この様態の道徳性は、……西欧に関する限り、ストア哲学とローマ法にその起源を持つ」（PR, pp.125f.）。[185]

　共同体と社会は、利他主義的な人々と利己主義的な人々の領域であり、何らかの形で両者は相互関係を持ち、相互作用を及ぼすことになる。したがって、共同体と社会の特徴を比較しつつ探究する必要があるだろう。

184　Cf. レビ 19:18, 34.

185　マクマレーは続けて、「近代世界におけるその最も秀逸な唱導者は、インマヌエル・カントである」と述べている（PR, p.126）。

第五節　人間的共同体と非人間的社会

　どのような人間社会も、物質現象としての機械的な統一体ではなく、自然現象としての有機的な統一体でもなく、人間的関係を維持するための道徳的基盤を持つ人々の意図的な統一体である（PR, pp.127f.）。しかしながら、マクマレーによると、近代哲学は社会を政治組織、特に国家という観点から分析する傾向があり、この組織は通常、軍事力を含む権力と結び付いている（PR, p.133）。人間は性質上、互いに攻撃的であり、恐怖を抱き、それゆえ防御的になるからである（PR, p.134）。この傾向は基本的に社会を、市民法であれ道徳法であれ、社会安定化の手法としての法律の執行力に基づくものと見なし、それゆえ極めてプラグマティクな様態の分析を示している（PR, p.137）。この様態は社会を機械的に描くが、社会はそのようなものとして本質的に孤立して無関係な個々人から成り立っており、依然として外的な強制力によって合理的に統一されなければならないとする。

　このプラグマティックな様態の反定立は、社会の観念論的理論に見られる。この理論において人間の性質（nature）は本質的に善であるが、理性は人工のものを造ることによって、人間の性質を抑圧する。言い換えると、人間の性質は社会の統一に貢献するが、理性は敵意や衝突に貢献するのである。この理論に特徴的なのは、理性は次に自然の（natural）衝動のため

186　「近代政治理論の父、トマス・ホッブズは、このプラグマティックな様態における社会の分析のほとんど完全な事例を提供している。……その分析は、社会を構成している人々は性質上、孤立した単位であり、互いに恐れて継続的に防御状態にあるということを解明している」（PR, p.134）。Cf. PR, p.140:「人間の性質に関するホッブズの評価は、楽観的でリベラルな反対者たちの伝統よりも、ヘブライ・キリスト教の伝統により一層、近い。それは、『人の心は何よりも不正直で、ひどく悪い』という聖書箇所の説教のようである」（cf. エレ 17:9）。

187　この理論は、「ルソーとロマン主義運動に由来するリベラルな人文主義」に属する（PR, p.140）。

に自由な表現領域を維持するようになるという点である（PR, p.140）。したがって、この枠組みにおいて社会はその有機的成熟に向けて弁証法的発展をするため、有機的である。社会の観念論的理論が「観念論的（idealist）」と呼ばれるのは、現実の人間社会の十分な表現が、その過程の最終段階において見いだされ、そのようなものとして社会は観念的で瞑想的だからである（PR, p.141）。この瞑想的な社会はプラグマティックな社会とは異なり、権力によってではなく社会の一般的な善に対するその構成員の自発的な合意によって統一される（PR, p.143, cf. PR, p.150）。ここで国家は、この一般的な意志に貢献する点において社会の一機能を果たしているだけである（PR, p.144）。[188]

　社会に関するプラグマティックな型式と瞑想的な型式は、ある点で反定立的であるが、両方共に否定的な動機づけに基づいており、個々人は非人間的に統一されている（PR, p.145）。この点でマクマレーは、社会と共同体という用語を比較しつつ議論するために、次のように定義する。

　　「『社会（society）』という用語を使うのは、形態上、統一の絆が否定的、非人間的である人々の結社（association）を指すためであり、これとは対照的に、肯定的な人間的関係を持つ形態の結社のために『共同体（community）』という用語を取っておく」（PR, p.147 cf. PR, p.146, RAS, p.67）。

　一方で、社会は個人の私的利益を保護するために存在し、他者に対する恐怖を前提にするが、他方、共同体は個々の人間の自由な友情のために存在し、他者に対する愛を前提にする。原初の人間的共同体は家族であり、それは強制力や義務感ではなく、利己主義という否定的な動機を克服

188　「この有機的モデルは、ルソーの『一般的な意志』において例示されている。これは有機的な意志、無知な意志であり、（それ自体の生存以外に外的な目的を持たない）有機体を扶養し続ける有機的衝動に対する名前である」（Frank G. Kirkpatrick, *John Macmurray*, p.12）。

するその構成員の肯定的動機や自然な愛情によって維持されている（PR,
p.156）。事実、家族だけでなく、すべての後続する共同体が社会とは対照
的に、次のような特徴を帯びている（PR, pp.157f., 160f.）[189]。

(1)　共同体において人々は、共通の生活を進んで意識的に分かち合う
　　　が、社会は共通の目的によって構成されている。

(2)　共同体の各構成員は親睦関係を持つが、社会の各構成員は組織に
　　　おける機能である。

(3)　共同体の統一は相互の愛情によって維持されるが、社会の統一は
　　　人を恐怖から保護するために必要である。

(4)　共同体の各人はその関心と価値の中心が他者にある点で、相互に
　　　利他主義的であるが、これは社会の利己主義的傾向と明確な対比を
　　　している。

(5)　一方で、共同体において人々は、能力、権利、機能において相違
　　　があるが、相互性を基盤として意図的に対等な人間として関係を維持
　　　している。他方、社会において人は、目的と手段との関係のように、
　　　他者に対して不平等な関係を維持している（cf. FPN, p.187）。

(6)　共同体において対等な人々は、そのようなものとしてその人間的
　　　関係において自由を享受するが、社会において不公平に扱われる人々
　　　は、その協力関係において制約を感じる[190]。

これらの論点は、共同体において人間はお互いに密接に関係していると

189　次の六つの論点で見るように、マクマレーは共同体における相互関係
　　を強調するが、ブーバーは共同体の中で活発に生きている求心力としての
　　創始者にも留意する（Martin Buber, *I and Thou*, p.94, cf. Frank G. Kirkpatrick,
　　Community, p.142）。しかし、言うまでもなくマクマレーにとっての共同体の
　　求心力はイエス・キリストである（cf. 本書「第四章　宗教と信仰共同体」の
　　「第三節　宗教と信仰共同体」）。

190　Cf. PR, p.158:「『自由、平等、博愛』という民主的標語は、共同体の──
　　関係における人間の自己実現の──適切な定義である」。

いうことを示しているが（Cf. PR, pp.61, 69, 91）、これは多くの自己が一つに融合されるということを意味してはいない。マクマレーが強調しているように、「それは人々の統一体であり、各人は区別される個人である。他者は現実的に他者のままである。各人は他者において、他者を通して自己を実現する」（PR, p.158）[191]。

上記の特徴との関係で、宗教は共同体における重要な要因である。マクマレーは宗教を「人間的経験の一様態」と見なし（PR, p.151）、宗教に関する次の幾つかの一般的事実を解説する（PR, pp.156f.）。

(1)　宗教は原始的であろうと文明的であろうと、人間社会において普遍的である。

(2)　動物生命の最高種においてさえ、宗教の類似物を見つけることはできず、宗教はそのようなものとして、人を人間的にする一要因である。

(3)　宗教は歴史的に、科学や芸術などのすべての形態の文化を生み出してきた源泉である。

(4)　宗教は部族的なものであっても普遍的なものであっても、その実践において特殊な才能を必要とする科学や芸術と異なり、社会の構成員をすべてその中に統合することを意図し、その人々が宗教的実践に活発に参加することを期待する。

宗教は、儀式活動を通して象徴的に共同体の意識を表現したり、喜びと賛美によって親交や親睦を祝う役割を果たすことで、その共同体と深い関係を保っている（PR, p.162）。敵意や不和を含む否定的な出来事が、共同体の構成員の間で生起した時でさえ、宗教は否定的なものを肯定的なものに、遠心的なものを求心的なものに、恐怖の支配を信仰の浸透に従属させ

191　Cf. PC, p.96:「個人主義と共産主義は正反対のもの（opposites）であり調停できないが、個別性と共同体は相関関係にあるもの（correlatives）である」。

るために働く（PR, p.163）。

　この点で、もし、共同体がその成長と拡大において無制限に普遍的であるなら、普遍的で人間的な他者という宗教的概念が、共同体の意図的統一を維持して表示するために必須である。共同体において各人は、他者を通して自己を実現するが（PR, p.158）、共同体の人々はすべて、普遍的で人間的な他者を通して自分たち自身を実現する。マクマレーが指摘しているように、「普遍的で人間的な他者という概念は、その十分な発展において神の概念である」（PR, p.164）。神が自然界の創造者であり、礼拝者を生み出す祖先としての人間の創造者であるという信仰を考慮すると（PR, pp.174f.）、自然崇拝と祖先崇拝は、神礼拝の二つの側面であると見なされうる。ただし、他者の怒りの一側面としての自然界からの恐怖は、宗教的に自然との親睦に変革されなければならない（PR, p.165）。

　したがって、もし、他者への信仰が他者への恐怖を凌駕するなら、それは現実的な宗教である。しかしながら、もし、そうでないなら、それは利他主義的で開放的な現実的宗教とは対照的に、利己主義的で防御的な幻想的宗教である（PR, pp.170f.）[192]。マクマレーによると、無神論はこの幻想的、非現実的宗教に対する反動であり、人間社会の中の現実的に宗教的な側面を認識し損ねている（PR, p.171）。例えば、社会学的分析に基づいて十九世紀のマルクスは、宗教を子どもに属するものと見なし、それゆえ適当な時間の経過と共に脱ぎ捨てなければならないと考える。後のフロイトも、宗教は子ども染みた幻想か空想の産物であり、抑圧された願望が成熟した生活の責任や不満から宗教に人々を導くと解釈する（PR, p.152）。

　もし、儀式が上述したように宗教の実践的側面であり、信仰共同体を祝う表現であるなら、教理は宗教の理論的側面であり、正統宗教と異端宗教

192　Cf. PR, p.171:「幻想的宗教の格言はこうである。『恐れるな。神を信じなさい。そうすれば、あなたが恐れていることがあなたに起こらないように神はしてくれるだろう』。逆に、現実的宗教の格言はこうである。『恐れるな。あなたが恐れていることはかなりあなたに起こりそうである。しかし、それは恐れるべきことではない』」（cf. FMW, p.35）。

の区別だけでなく、現実的宗教と幻想的宗教を区別する基準になりうるとも言えるだろう。マクマレーの言葉で言うと、

> 「宗教は、……儀式と教理という二つの側面を持つ。形態において、第一のものは美的であり、第二のものは科学的である。二つの側面のうち、美的なものは肯定的で、優先的である。それは価値に関するものであり、行為の意図に関係するからである。科学的なものは二次的であり、否定的である。それは手段としてその目的を前提とするからである。これらの側面は勿論、科学と芸術ではない。この区別は、専らそれらの形態に関するものである。宗教の諸側面としてそれらは一つに保たれ、相互に補完し合う——行為における統合を見据えて」（PR, p.174）。

　彼は、宗教の儀式的側面と教理的側面をそれぞれ芸術と科学に直接的に同定することを否定するが、これは前者の宗教的側面と後者の考察的活動との間に関係がないということを意味しない。事実、三位一体像やキリスト像を含む聖画像はギリシャ正教会の礼拝で主要な役割を果たし、カトリック教会の礼拝は、十字架の形に造られた大聖堂を初めとして数々のキリスト教建築、彫刻、肖像で取り囲まれている。また、幾つかのキリスト教教理は数学的考察を帯びている。

　例えば、三位一体論において、御父、御子、聖霊という三者の位格（persons）は一つの実体（substance）、本質（essence）であり、唯一の神である（cf. RE, p.104）。キリスト論において、神性（divinity）と人性（humanity）という二つの性質が、一人の人間イエス・キリストの中にある。このようなキリスト教の儀式や教理は、キリスト教が後代の美的、科学的文化の起源の一つであるということを例証している。また、美的文化は芸術に接近しており、科学的文化は科学に接近しているとも指摘できるだろ

第三章　社会と共同体

124

う。マクマレーによると、確かに宗教は芸術と科学の起源である[193][194]。

「芸術と科学は、関心（attention）の限定によって宗教に由来するもので

193　最も卓越した現代神学者の一人、マクグラス（Alister E. McGrath）によって著された『神の科学　科学的神学入門』は、神学と科学との学問的統合を意図した優れた一例である。マクマレーは『関係における人間』の最後のページで、「かつては哲学が神学の侍女であったが、今や哲学は科学の扉を叩き、大掃除をさせていただきますから雇用（employment）してほしいと申し出ている。しかし、科学は現実的にそのような手助けを必要とはしていない。科学は自分で整理をする方が好きなのである」と述べている（PR, p.224）。実に、マクグラスは神学の大掃除をするために科学を雇用する（employ）ことのできる数少ない学者の一人である。

194　マクマレーは宗教と芸術と科学を「三つの主要な様態の考察的活動」と見なす（SA, p.188, RAS, p.7）。この見解は、マクマレーがカントの三大批判書である『純粋理性批判』（1781 年）、『実践理性批判』（1788 年）、『判断力批判』（1790 年）を、それぞれ一般的に科学、道徳、芸術に分類していることに由来しているようである（SA, p.46, cf. SA, pp.51, 54, 58, 62）。ここで、宗教ではなく道徳に言及されているのは、カントが「宗教は決して道徳の基盤と見なされてはならないからであり、宗教的信仰の基盤を提供するのは道徳的経験である」と考えるためである（SA, p.70, cf. SA, p.63, BK, p.23）。また、マクマレーは、ヘブライ文化、ギリシャ文化、ローマ文化をそれぞれ宗教的、美的、科学的であると特徴づけようとする。彼が主張しているように、「近代世界は三つの文化の上に建てられており――ヘブライ、ギリシャ、ローマ――、これらは宗教的、美的、科学的文化である」（RE, pp.100f., cf. FMW, p45）。さらに、「ギリシャ芸術の再発見は、中世精神をルネサンスの芸術的自発性に向けて呼び覚まし、これは代わりに、宗教改革におけるイエスの宗教的自発性の再発見に至った。……宗教改革の一つの創造的達成は、科学と科学的精神である。したがって、科学は偉大な宗教運動の正当な落し子であり、その系譜はイエスにまで逆上る」（RE, p.103）。ちなみに、三つの考察的活動の哲学的起源の一つは、古典ギリシャ哲学における真善美の追究であると言えるだろう。マクマレーが述べているように、「心を満足させるものは美であるが、善は好き嫌いにかかわらず、私たちがするべきことである。真はどれほど私たちの気質に反していても、私たちが信じるべきものである」（SA, pp.45f.）。この意味で、真善美は一般的に言ってそれぞれ科学と宗教と芸術に対応している。

ある。……前者は感情的考察の活動であり、後者は知的考察の活動である。……芸術と科学は各々それ自体を意図し、相互に排除している。芸術は実際的なものではなく、可能なものの決定を意図している。その問題は満足か不満足かという観点にあるため、価値判断の活動である。科学は可能なものではなく、実際的なものの決定を意図している。その問題は真理か虚偽かという観点にあり、事実問題に関心がある」(PR, p.176)。

　これら二つの考察的活動は、科学者と芸術家の仕事に直接的に反映されている。「知的考察を行う科学者は、観察、比較、一般化、記録を行う。芸術家は、瞑想、隔離、特化、評価を感情的考察の活動において行う（PR, p.176)。ただし、知的要素も感情的要素も、動機と意図を持った人間によって追究される両方の活動において、ある程度は重なり合う（PR, p.177)。さらに、その特徴は言語学的に解釈される時、言語の人称構造に間接的に反映されている。言い換えると、宗教と芸術と科学は、第一人称、第二人称、第三人称という観点から解釈されうる。次のように、人間性と言語との関係は、人間性の最少基本単位の構造から生起する。

　「人間性の形態は人々の関係にあり、人は行為者である。ある人が行為者であることは、その人にとっての他者と活発な関係にあることであり、その行為者自身も誰かの他者である。したがって、人間性の単位は共同体の中で共通の他者と関係している二人の人であり、その二人は他者でもある。その共同体の基本的な条件は意思疎通であり、言語がその意思疎通の通常の手段である。言語はそれゆえ、この関係の構造を反映していなければならない。言語がそうするのは、三人の人を区別して象徴化することによってである。この三人とは、文法学者が第一人称、第二人称、第三人称と呼ぶものである。第一人称は話者である『私（I)』に象徴され、第二人称は語りかけられる人である『あなた（You)』であり、第三人称は話題となる人や物である。この最後の要素も人称（person)

第三章　社会と共同体

と呼ばれる事実は、他者（the Other）は主として人間的であり、非人間性はその中の区分——否定的側面——であるという結論を想起させる。こうして、文法学者の言う第三人称は、『彼、彼女、または、それ（he, she or it）』と呼ばれるのである」（PR, pp.178f., cf. RE, pp.86f.）。

　宗教的考察において、「あなた」や「私」が語っている共通の「他者」は神になり、三つの人称がすべてここに含まれているが、美的考察において、第二人称は関心の限定によって意図的に除外される。芸術家（第一人称）の活動は、他の人々（第二人称）なしの孤独な作業を必要とし、対象という他者（第三人称）のみとの関係に入るからである（PR, pp.179f., cf. RE, pp.91f.）。これは、その作業が共同作業でなく、主に不特定の鑑賞者（第三人称）のための展示と関係する場合である。ただし、第二人称となる人が鑑賞者の一人になる場合もあるだろう。この枠組みにおいて芸術家が第一人称のままであるのは、その作品の独創性と真正性が芸術家本人の内に由来するという意味においてである。マクマレーが説明しているように、「芸術的考察の産物は、あらゆる芸術家にとって必然的に異なる。もし、二人の画家が同じ風景を全く同じに描写するなら、どちらかの芸術家か両方の芸術家の作品の真正性が疑われるだろう」（PR, p.181）。ここでは、剽窃の強い疑いが不可避となるだろう。

　しかしながら、科学的考察において第二人称と同様に第一人称も除外される。科学者は、第一人称としての自己を意図的に除外する。例えば、自分の発見は、他の後続の観察者、実験者、研究者にとっても当然、同一でなければならないからである（PR, p.180）。この意味で、科学者は言わば、取り換え可能である。ただし、確かにその科学者は名誉ある第一発見者であり、その発見は公共の文化的遺産に属するようになる。現代科学の急速な発展を念頭において、マクマレーは注意深くこう述べる。「対象物とそれを観察する人間との関係が、客観的知識に対して本質的な相違をもたらすかどうか、私たちは確実なことは言えないし、確実さを求める必要もない。科学的合理性にとって必要なことは、観察されることが、観察

可能なすべての人にとって同一であるはずだということだけである」（PR, pp.180f.）。

このような肯定的考察活動に関する議論は、経済社会の構成員が人間としてではなく労働者として相互に関係する労働生活という人間性の否定的側面に応用できるだろう（PR, p.186, cf. SA, p.97）。これは、労働生活は人間的生活のために必要な手段であるけれども、労働者はその意図的、協力的労働における機能であることを意味する。その機能は効率性を目的とし、それゆえ労働者は、「生産機構（mechanism）の中で最大限の効率性を伴って使用される活力と技量の潜在的な源泉である」（PR, p.187）。例えば、大量生産の場合、労働者は通常、非人間的な機械を通して最高の量と質の同一製品を生産することが期待されており、それゆえ各労働者の考えの独創性や「あなたと私」という関係の人間的領域は、第三人称である消費者の利益のために除外される。労働者は本来、取り換え不可能な第一人称であるにもかかわらず、最悪の場合、そのようなものとして取り換え可能とされる。マクマレーの言葉で言うと、「経済的領域は労働者すべてにとって、自由ではなく必然性の領域である。労働は労働者の特定の意図や動機とは関係なく、続行されなければならないからである」（PR, p.187）。

ここで強調すべき点は、労働生活においてだけでなく、一般の非人間的社会においても正義が維持されなければならないということである。この正義は、必然性が自由のためにあり、経済的なものが人間的なもののために存在するように機能させるものである（PR, p.188）。「それは、他者との人間的関係における互恵性や利益の最小限を示すものである——この最小限を提供しない人にも、それを提供するように強要することは正当でありうる」（PR, p.188）。そして、個々人が正義と平和を維持できるように、その人々の間接的関係を調節する機構が、国家の法律である（PR, p.194）。しかし、マクマレーが指摘しているように、問題は次の点にある。

「法律は、そして、法律が要求する国家の構造も、様々な装置からなる一組織である。国家は社会の法的組織体として本質的にプラグマティッ

第三章　社会と共同体

クであり、社会の技術的側面である。結果として、その唯一の価値はその効率性にある。それは目的ではなく手段であり、それ自体に本質的価値はない。……国家は公的有用性であり、そのようなものとして取り扱われ、利用されるべきである」（PR, p.197）。

このように、国家の役割は部分的、限定的であるので、国家を人格化して崇拝することは、深刻な不条理であるだけでなく、放縦的偶像礼拝でもある（PR, pp.197f., cf. SA, pp.29f.）[195]。もし、そうなら、共同体と、特にそれと密接な関係にある宗教の役割は、非人間的社会の機能回復と再活性化のために不可欠である。したがって、宗教の重要性について探究することが必須の課題となるだろう。

---

[195]　Cf. PR, p.198:「この誤りの根源はロマン主義運動の幻想に見いだされるはずであり、それは国家に宗教的機能を割り当て、人々の中に共同体を創出するために政治的組織体に頼る点にある。『自由、平等、博愛』は、私たちが認識しているように共同体を構成している。まさしくこのような理由で、それらは組織体によっては達成されえない。しかしながら、民主的革命はそれらを政治の目標として宣言したのである。共同体を創出することは友情を人間的関係の形態にすることであり、これは宗教的課題として人の行動の動機の変革を通してのみ実行されうる」。

第四章　宗教と信仰共同体

　マクマレーにとって宗教は、人間生活の最も本質的な側面であり、人間
の理性が創出する信仰共同体と不可分に結び付いている。したがって、本
章は宗教と信仰共同体との密接な関係を検討し、最終的にヘブライ人の信
仰共同体とキリスト者の信仰共同体の特徴を探究しつつ、マクマレー自身
の宗教的立場を解明することを目的とする。

第一節　理性と感情

　マクマレーによると十九世紀は、理性の知的発展が思考の機能不全の原
因とされた人間生活の感情的側面を抑圧した冠たる時代であったが、科学、
特に近代心理学の発展が今や、「すべての人間的活動の感情的源泉」に肉
薄している（RE, p.13）。ここから彼は、あらゆる活動が人の社会と歴史
の網状組織の中で感情的に動機づけられており、それゆえどのような自己
中心的、利己主義的動機も、この社会的、歴史的に形成された関係性の中
では誤りであると主張する（RE, pp.3f., 10, 24）。この見解において感情は
理性と無関係ではないが、人間生活におけるこれら二側面は西洋の伝統で
は区別され、対立するものと見なされてきた。例えば、「理性はただ考え
ることであり、感情はただ感じることである。……人の感情は手におえず
肉欲的であり、悪と惨事の源泉であるが、理性は考える知性の神的本質に
属し、人を獣の段階から永遠なものとの親交へと引き上げる」と考えられ
てきた（RE, p.5）。一九三〇年代中葉、「変化と革命というこれらの時代
の当惑の中で」（RE, p.4）、例えば、「何が私たちに起こっているのか」と
いう冷静な観察者的質問は、「感情的不合理（emotional unreason）」から生
起しているが、「私たちは『神の中に』のみ、私たちの意味と存在を持っ

ている」という信仰に基づく「神は自らの世界で私たちを通して何を行っているのか」という宗教的、参加者的質問は、「感情的理性（emotional reason）」によって形成されている（RE, p.4）。

最初に、理性が一般的に意味しているものを検討しよう。マクマレーが説明しているように、

> 「まず第一に、それは人を有機的生活の世界から区別するものであり、……人間的生活の特徴である。……最も顕著な点の一つは言語能力であり、もう一つは道具を発明して使用する能力である。さらに、それは社会的生活を組織する力である。これらすべての背後に、目的を選択し、自分で選んだ目的を実現する手段を発見して適用する能力がある（RE, p.6）。

　例えば、科学と芸術と宗教は、人間の合理的性質の三つの主要な文化的表現であり、科学が人間生活の知的側面に関係するのに対して、芸術と宗教は主として感情的側面に属する（RE, p.7）。科学は数世紀も前に自然の現実の知的探究を成熟した形で表現するに至ったという理解に基づいて（RE, p.30, cf. RE, p.143）[196]、マクマレーは美への感情的探究としての芸術と、神への感情的探究としての宗教に留意する（RE, pp.29, 31）。芸術と宗教は人間の感情的理性の二側面であるが（RE, pp.26f.）、芸術は意図的な共同作業でなければ、本質的に瞑想的、個人的であるが、宗教は共同的、実践的である。彼はこう続ける。

196　マクマレーは他の箇所でこう述べている。「科学はルネサンスにおいてその現実的性質を見いだし、科学の成熟化はプロテスタント宗教改革と密接に結び付いている。しかしながら、科学的衝動は人間と共に古い。それは理解を通して自然を統御しようとする衝動である。……実験しようとする意志と共に科学は成熟に至り、その変化は古く思弁的で子ども染みた科学を一掃して完全に新しいものを創出した」（RE, pp.149f.）。

「宗教は、自分自身ではない人々の現実という観点から生きようとする圧力（pressure）であり、自分以外の世界の中で理性を持って認識し、一致しようとする理性の切望であり、他の人々と十分な相互関係を開始しようとする催促である。それは、人間として自分自身のものではない人間性の現実を知り、また、自分自身の人間的現実の中で人々に知られる能力の表現である。それは、その知識の中で生き、信仰共同体の相互性の中で生きる必要性の表現である。したがって、宗教は人間の共同体を創出する――つまり、すべての人間的生活の統一を認識して達成する――人間的性質における理性である。それは生活において友情、社会、共同体、協力関係を創出する力である（RE, pp.33f.）。

　マクマレーにとって、友情、つまり信仰共同体は根本的な現実であり、その相互関係の中で人々は自由、平等であり、お互いを相互に知っている。これは、「『私はその時、私が知られているように、知ることになるだろう』というパウロの言葉においても完全に示されている約束である」（RE, p.35）[197]。この将来的知識は、もう一つの超自然的世界ではなく、この自然世界で生起するものである。「人の子ども染みた頭がもう一つの世界と見なすもの、超自然的世界は、その人自身の感覚の不完全さによって隠されているこの世界の現実に過ぎない」からである（RE, p.36）。

　理性のもう一つの定義は、客観性という観点からより正確になされている。

「理性は、自分自身ではないものという観点から行動する能力である。人は、理性が対象の性質という観点から行動する、つまり、客観的に行動する能力であると言えば、このことを短く表現することができる。理性はこのように、客観性のための能力である（RE, p.7, cf. IU, p.72）。

197　Cf. コリー 13:12.

そして、主観的な行動とは対照的な客観的な行動に関する日常的事例が、次のように明示されている。

「小さい少年が混んだ通りを渡り始める。彼の母は歩道から彼を見て、彼が自動車の前を走るという急迫な危険の中にいることを知る。彼女の自然な衝動は、恐怖で彼に向かって叫ぶことである。もし、彼女がそうすれば、彼女はその環境からの刺激に応答して、自分自身の自然の体質という観点から主観的に行動していることになるだろう。しかし、彼女はそうはしない。彼女は、その少年に叫ぶことで彼の注意をそらしてしまい、その危険度を上げるだけであると認識している。それで、彼女は自分の衝動を抑える。彼女の行動は合理的である。なぜなら、それは自分の主観的衝動によってではなく、自分の外側にある状況の性質を認識することによって決定されたからである。彼女は対象の性質という観点から行動したのである」（RE, p.8）。

この事例は、彼女の客観的で正しい行為が、自分の主観的衝動ではなく、むしろ自分の子どもを安全に救いたいという願望に満ちた客観的、合理的感情によって動機づけられているということを示している。したがって、マクマレーは、「感情は思考と全く同様に、その現実への関与の仕方における正、不正を通して、合理的にも不合理的にもなりうる」と主張している（RE, p.11）。彼はこう続ける。「理性は主として感情の事柄であり、……思考の合理性は、派生的、二次的なものである。つまり、もし、理性が対象の性質という観点から〈行為する〉能力であるなら、その内容と方向性を決定する活動の直接の背後にあるのは感情であるが、思考は間接的に感情を通して行為と関係しており、その形態のみを、しかも、ただ部分的にのみ決定する」（RE, p.11）。これを指示するために、「感情的理

198　感情と思考の間のこのような対比はマクマレーによると、プラトンの『国家（Republic）』や『ピレボス（Philebus）』に見られる（RE, p.11）。

性（emotional reason)」という用語を使用することが適切であり（RE, p.4)、「感情的理性の発展の現実的問題は、自己から外の世界へ感情の中心を移動させることにある」（RE, p.14)。本節文頭の一九三〇年代中葉の状況を事例にすると、感情的理性は感情の中心を「私たち」から「私たち」でないものに、つまり「神」に移動させたと言い換えることができるだろう（RE, p.4)。

　客観的に行動することのもう一つの事例は、愛に関するものである。

　　「愛は人間に特徴的な基本的、肯定的感情であり、主観的、不合理的にも、客観的、合理的にもなりうる。人は相手に愛を感じる時、相手が自分の中で刺激してくれる楽しい感情を経験するか、または〈相手〉そのものを愛する。したがって、自分が愛しているのは、現実的に相手なのか、または自分自身なのかと、人は自問しなければならない。自分は相手を楽しんでいるのか、または相手と共にいる自分自身を楽しんでいるのかと。相手は単に、自分を楽しませてくれる道具の一つに過ぎないのか、または自分は相手の存在とその現実をそれ自体で重要であると経験しているのかと。これら二種類の愛の相違は、有機的生活と人間的生活との究極的相違である。それは、非合理的感情と合理的感情との相違である。客観的に愛する能力は、人を人間的にする能力である」（RE, p.15)。

　この主観的感情に基づく愛は、マクマレーが別の箇所で言及した「恋に恋する（to be in love with love)」状態であり（cf. FMW, p.102)[199]、この意味でもそれは他者に対する真の客観的、合理的感情ではない[200]。つまり、こう言い換えることもできるだろう。

199　Cf. 本書「第二章　共産主義と民主主義」の「第七節　自由と現実」。

200　愛と性との関係については、cf. RE, p.80:「相互の性的魅力は、男と女の人間関係の適切な基盤とはなりえない。それは有機的なものであり、人間的なものではない。……愛はどのような二人の人間の間にも存在する。愛は性的魅力を含むかもしれないし、含まないかもしれない」。

第四章　宗教と信仰共同体

真の愛は、相手に深入りすることなく相手を深め、相手に浮かれることなく相手を高める。また真の愛は、相手を低めることなく深め、相手を高ぶらせることなく高める。

　これらのことをマクマレーの文脈で表現すると、「低める」とは、有機的本能のみに基づいて相手の人間性を有機体に低め、また、相手を単に物として扱うことによって物体へと低めることを意味する。「高ぶらせる」とは、相手をあの世の天的存在のように理想化することを意味する。また、「深入りすること」、「浮かれること」とは、相手を客観的に受け止めない主観的感情である。これとは対照的に、「深め」、「高める」とは、人間の中の有機的、物質的側面の真価を認めると共に、この世の人間的関係の中で相手を人間の創造主である人間的な神と関連させることによって、お互いの人間的領域を拡大することを意味する。[201]
　感情的理性を発達させるためにマクマレーは、周辺世界の現実的価値と重要性を人に認識させるような感情的生活を教育する必要性を強調する（RE, p.17）。具体的に言うと、必要とされるものは、人の感受性（sensibility）、むしろ「感応性（sensuality）」の教育である。この後者の用語は、長い伝統の中で否定的意味が付加されていったにもかかわらず、これは正しくは、「有機的経験を楽しむ能力、五感の満足を楽しむ能力」を意味する（RE, p.19）。言い換えると、「人は五感を伴う生活が本質的に善であり、感受性を冷酷な支配の下に置く代わりに、それ自身の自由な発達にゆだねるべきであることを認識して主張することから始めなければならない」（RE, p.20）。過度に抑圧されていない健全な五感は、周辺世界の現実的知覚への道を開き、次の二つの別個の方法で活用される。

201　Cf. 本書「第三章　社会と共同体」の「第一節　世界観──機械論と有機体と人間性」。

（1）「希薄で狭隘な方法（thin and narrow way）」とは、人が特化された
　　目的のために利用される資料や事実に注意力を向けるために、五感を
　　限定する方法である。これは、「五感の実践的、または科学的利用」
　　と呼ばれる（RE, p.21）。この利用によって獲得される知識は「知的
　　知識」と呼ばれ、これは人に世界について教える（RE, p.22）。

（2）「十分で完全な方法（full and complete way）」とは（RE, p.21）、人
　　が単に五感の中で生き、五感を楽しむために、五感を目的そのものと
　　して利用する方法である。例えば、「人は恋をすると、すべてのもの
　　以上にもっと完全にもっと繊細にその相手を知りたいと思う。相手を
　　見たい、相手に聞きたいと思うのは、相手を利用したいからではな
　　く、単にそれが相手の存在をそれだけのために喜ぶ自然で唯一の方法
　　だからである。これが愛の方法であり、生きる唯一の方法である。生
　　きるとは、現実的に生きた時のこの喜びの発見にある。五感を通して
　　生きるとは、愛に生きることである」（RE, p.22）。このようにして与
　　えられる知識は「感情的知識」と呼ばれ、世界自体を開明する（RE,
　　p.22）。[202]

　もし、人が五感を通して十分に完全に世界を経験するなら、代わりに
「世界の創造的活力が人をその活力自体の中に吸収し、人を通して働く。
これは『霊感（inspiration）』と呼ばれるものであると私は思う。もし、そ
うなら、それは生活において最も自然なことである」（RE, p.24）。この引
用の最初の文は、感情的理性の一例とされた本節冒頭の適切な質問、「何
を神は自らの世界で私たちを通して行っているのか」を想起させる（RE,

202　マクマレーは、「神に関する知識でさえ、人の五感が提供する世界の知覚
　　を通してのみ可能となる。人は世界を見て、聞いて、味わい、臭い、触れる。
　　これが人の意識的生活の基礎である」と述べる時、神に関する人の知識も感
　　情的知識であると示唆しているようである（RE, p.20）。さらに、「私が来たの
　　は、……人々が命を持ち、それを豊かに持つためである」というイエスの言
　　葉は、人が五感を利用する「十分で完全な方法」との関係で解釈されている
　　（RE, pp.20f., cf. ヨハ 10:10）。

第四章　宗教と信仰共同体

p.4)。「世界の創造的活力」は、ある意味でキリスト教が神と呼ぶものと対応しているからである。したがって、五感の教育は健全な宗教教育にも至るだろう。

　しかし、マクマレーは、人が現実の世界に対する感受性の大部分を抑圧してしまっている理由を、「抑圧しなければ、開示されることになるものを人が恐れている」からであると指摘する（RE, p.24）。「開示されることになるもの」とは「現実（reality）」にほかならない（RE, p.27）。人は美を見て、喜びを感じる能力を十分に完全に発達させると共に、醜さを見て、痛みを感じる同一の能力も発達させるが、人はこのことを恐れているのである（RE, p.25）。ここで、人は喜ばしいものであれ、痛ましいものであれ、またはむしろ、神自身であれ、神がもたらすものを恐れているとも言えるだろう。極端な喜びは、ある意味で極端な痛みと同等に恐ろしいものになりうるからである。

　マクマレーは、五感の教育は次の点で失敗すると警告している。

（1）　独断的、権威主義的方法（dogmatic, authoritative way）は、感情的生活に関する真理を押し付け、代わりにその自由な自発性と自己発見的経験を深刻な形で破壊する（RE, p.38）[203]。
（2）　周辺的、実用的方法（ulterior, utilitarian way）は、五感を実践的目的のための道具と見なし、人間の性質の中心部分に属する感受性をそれ自体で十分に発達させたり、楽しんだりしない（RE, pp.39, 41）。

　彼は、本質的に道具的なのは知性であるから、感情的生活は人間生活の中心であるが、知的生活は生活全体の一部に過ぎないという意見を一貫して説いている（RE, p.42）。言い換えると、五感と本質的に結び付いている人の肉体は、単に心が利用する道具ではなく、むしろ知性と本質的に結び

203　この独断的、権威主義的方法は最終的に、「独裁制と暴君政治」、「軍国主義と帝国主義」に至る（RE, p.46）。

付いた心こそ、肉体が活用する道具である（RE, p.50）。したがって、知性偏重教育は、生きて生活を目的自体として楽しむというよりは、むしろ生活のための道具的手段を決定するだけの人間を世界へ送り出す結果に終わる（RE, p.43）。このような傾向を考慮して、マクマレーは一九三〇年代中葉にヨーロッパ文明を嘆いている。

> 「それ（＝知性）は、必然的に生活の道具的概念を創出するだろう。そこでは、すべての人間の活動は決してそれ自体においてではなく、目的に対する手段として評価されるだろう。どのような社会におていも、知性とその訓練に集中することが持続的、普遍的傾向となる時、その結果は、力を蓄積し、力と共に良い生活のための手段を蓄積する社会であり、そこには良い生活を送るための同様にして発達した能力はない。この良い生活のための手段を蓄積したにもかかわらず。これは、極めて明白なことであるが、私たちが今、ヨーロッパ文明と私たち自身に見いだしている状態であると思う。私たちは巨大な力を持ち、巨大な資源を持ち、効率性と成功を崇拝している。しかし、私たちは素晴らしい生き方を知らないのである」（RE, p.43）。

このような知性偏重傾向は、さらに狭量な専門主義に至り、最終的には人間の生活の感情的側面を排除して、その全体性を破壊する。しかし、この感情的生活こそ、個人と社会の次元で人間性の統合を実現する必須の役割を果たしているのである（RE, p.43）[204]。言い換えると、感情的生活は人間性におけるすべての要素の自由で調和的連動や、友情における異なる人々の様々な能力の連動を実現する（RE, pp.48f.）。したがって、人は十分に人間的な生活を送るためにお互いを必要とする。マクマレーが主張しているように、「人間的生活は、本質的に人々の関係の中の生活である」

204　マクマレーによると、感情的生活を抑圧するこの知性偏重の傾向はストア哲学に由来する（RE, p.77）。

（RE, p.55）[205]。

第二節　理性と宗教

マクマレーが繰り返し述べるように、科学と芸術と宗教は、人間の特異性である合理性、つまり人間性の三形態の一般的表現であり（RE, p.86, 117-121）[206]、本書「第三章　社会と共同体」の「第五節　人間的共同体と非人間的社会」で明示されたように、科学は第一人称と第二人称を除外し、芸術は第二人称のみを排除するが、宗教は第一人称、第二人称、第三人称のすべてを維持している。

芸術が第一人称を保持しているという見解は、芸術が芸術家自身の自発性を重視しているということを意味している（RE, p.93）。この自発性は、自分自身の人間的創造性に基づく自己表現として実現される（RE, p.94）。芸術が第三人称を保持しているという説明は、芸術の受容性、つまり対象への芸術的意識の強調に至る。芸術家は個別に独特な仕方で、対象に接近して知識を得、その本質的価値を指摘する。このようにして獲得された知識は、実用価値のある科学的情報ではなく、対象の現実の新側面である（RE, p.92, cf. RE, p.95）[207]。そのようなわけで、芸術家は「現実的な未来の

205　結婚と家族は社会的制度として、生活の社会的側面に属するという点もここで留意されるべきである（RE, pp.62f.）。

206　マクマレーは「理性（reason）」、「合理性（rationality）」という用語を互換的に活用しているようである。彼が述べているように、「『理性』という語は、主として人間の性質と人間以下の性質との相違を定めるものを意味する。『合理性』とは、人間の特異性（differentia）である」（RE, p.120）。ちなみに、「『合理主義（rationalism）』は理性ではない。それは視野の狭い知性のことである」（RE, p.121）。Cf. also RE, p.121:「合理性は、個人の偏見、偏向、私利を超え、自分自身を超えるか自分自身より大きい現実という観点から考えて行動する能力の中にそれ自体を開示する」。

207　次の点も重要である。「私たちはすべて例外なく人間である以上、本質的に芸術家である。創造的自己表現の能力は、私たちの生得権である。それは、私たちを人間にしているものである。天才は、何らかの魔力が百万人の

建築家」とも呼ばれる（RE, p.99, cf. RE, p.101）。

この芸術と深く関係する両極である科学と宗教について、マクマレーは次の四つの比較点を叙述している。

(1) 「科学は芸術のように断片的であるが、宗教は哲学のように一つである」（RE, p.111）。これは、科学が一まとまりの諸科学から成り立っており、その各々は科学の発達と共に断片的になり特化していくが、唯一の神を持つ宗教は同様にして、一つの信仰者統一体の形成に向かうということを意味する。それゆえ、宗教的分派は宗教的失敗にほかならない。

(2) 「科学は抽象的であるが、宗教は具体的である」（RE, p.111）。「具体的」という用語でマクマレーが意味しているのは、「物事の個別性を構成する全体」である（RE, p.111）。したがって、宗教はその創始者と追随者たちと礼拝の対象を包括的、かつ個別に取り扱う。しかしながら、科学は共通の特徴を発見するために、個別のものを一般的観点からその要素ごとに分析して分類する。言い換えると、「どのような個別の対象や人間や出来事も、科学にとっては多くの中の一つ――一つの事例、一つの実例、知られていても知られていなくても、一般的規則を例証する一つの特定の事実――に過ぎない」（RE, p.112）。

(3) 「宗教は価値に関心があるが、科学は違う」（RE, p.113）。現実の把握とその本質的価値に必須の感情から抽象化するのが、科学の仕事である。それゆえ科学は、最終的に実践的目的に至るための手段として実用価値のみを持つ。これとは対照的に宗教は、人が生活の中で本質的価値を決定することを助ける。

(4) 「科学は非人間的であるが、宗教は人間的である」（RE, p.114）。人間の活動であるにもかかわらず科学が非人間的であるのは、それが特

中の一人に授ける神秘的賜物ではない。それは特異で超自然的なものでもない。それは単に人間の自発性であり、人間的自由の表現である」（RE, p.94, cf. RE, pp.121, 146）。

定の個人のものにならない使用可能な情報だからである。しかし、宗教は人間的である。人は感情と経験を伴って、現実の全体的統一性に関する知識を人間的に深めることができるからである。

　最後の点は、科学と宗教との対照的ではあるものの補完的な関係を示している。科学は、宗教によって開示される「人間的目的のための非人間的手段」となりうるからである（RE, p.115）。キリスト教の場合、御父、御子、聖霊の名前における三重の浸礼または滴礼による洗礼の言わば芸術的儀式と共に、三位一体という言わば科学的教理は、キリスト教共同体を理解して享受するための有益な手段となりうるとも主張できるだろう。[208]実際、マクマレーも述べているように、「唯一の神における三つの位格（persons）という定式は、一足す一は二という科学的信仰の基本的定式の無意味さと並列させる時、意味があり重要なものである」と言える（RE, p.104）。

　この点で、マクマレーによって強調されている次の見解は明解であり、説得力がある。

　　「人間性の三つの一般化された表現──科学と芸術と宗教──は、相互に対する関係においてのみ適切に理解されうる。三つの中で宗教は、十分に具体的な表現であり、他の二つは部分的であり、抽象的である。……私たちは、どのようにして科学と芸術が原則として、宗教的表現において一体化されて含まれているかを理解しなければならないのである」（RE, p.86, cf. RE, p.117）。

　特に、宗教は人間性の、つまり合理性の十分に具体的な表現として性質上、普遍的な親睦に向かう。神が有限の人間すべての中で無限の人間（person）となる人間性の領域すべてにおいて、「理性はその特徴として普

208　三重の神の名前を呼び求めることについては、cf. マタ 28:19.

遍的」だからである（RE, p.124, cf. RE, p.126）。このことは、神に関する
知識や理解は、人間的親睦や信仰共同体を宗教的に経験することによって
実現されるということを意味している（cf. RE, p.127）。

第三節　宗教と信仰共同体

　もし、宗教が人間性の十分に具体的な表現であるなら、その十分な人間
性を侵食するものは、心と物という近代哲学の二元論であり、元々は魂と
体というさらに古い二元論に逢着する。そして、この二元論の道徳的形態
が体を悪の原因と見なし、その発展的形態の二元論が、人間の意識の感情
的側面をその知的側面より劣ると見なしたのである（RE, p.131）。これら
の近代的な型式の二元論の背後に、マクマレーが観察しているように、近
代的自己の空想的孤立があり、それは個人の人間が他の人間に本質的に依
存している点を誤って見落としている。このようなことが生起するのは、
まさしく近代の個々の思想家が自己を個人として他者から区別しただけで
なく、思想家として自分が考えているものからも自己を区別する傾向があ
ったからである。それゆえ思考する心自体も、思考の対象から分離されて
いたのである（RE, p.132）。

　十分な人間性の理解を深化させるために、マクマレーは再び、人間が
「自分自身でないものの知識において、そして、それを通して生きる」こ
と（RE, p.133）、つまり、人間的意識の客観性に言及する。一方で、人は
想像と思考のために内向的に自分自身の内に退却する時、客観的、現実的
世界なしに自分自身の中で生きている。他方、自分自身でないものに外向
的に依存する時、この依存の認識に基づく人の生活は、自分の現実を確立
する。

　人が依存している客観的、現実的世界は、存在の三つの水準（level）、
つまり物体（matter）、生命（life）、人間性（personality）を含んでいる
（RE, p.133, cf. RE, p.117）。人は、世界の一部としての自分自身がまた、そ
のような三重の性質を備え、世界の三つの水準に依存していることを知っ

ている。これは次のことを意味する。

（1）　人は、自分が知っている物質的物体で構成されており、自分の存在をそれに依存していることを知っている（RE, p.133）。
（2）　人はまた、自分が物質以上であり、実際に生きている有機体であり、そのようなものとして生きるためにそれに依存していることを知っている（RE, p.134）。
（3）　人はさらに、自分が他人との意識的関係において動物以上であり、自分たちの交流のためにお互いに依存していることを知っている（RE, p.134）。

　この点からマクマレーは、「人間性は本質的に相互的である。孤立した人間というものはありえない。自己が存在するのは、自分自身ともう一人の人との関係においてだけである」と結論する（RE, p.135）。人間性の定式は、したがって「私とあなたと世界」であり（RE, p.135）、あなたと私との区別は人間性にとって極めて本質的なので、「あなた」なしの「私」はなく、同時に「私」なしの「あなた」もない。この相互性が、人々の友情や親交の核心である。彼は、人間性の物質的性質の表現を知性によって組織化される科学に、また人間性の有機的性質を感情によって導かれる芸術に適用しつつ、人間的性質の表現を宗教に適用する。ただし、人間性は物質的性質を含む有機的性質を含むが、この逆は成り立たない（RE, pp.135f.）。したがって、信仰共同体と宗教は、人の生活の中で最も密接に関連した表現である。ここで次のように、マクマレーが宗教と信仰共同体を解説している所を引用する価値がある。

　　「宗教は、人が自らの人間的関係の中で作るものである。この人間的関係という領域は、あらゆる人間的生活の中心である。これは単に事実の解説であるが、あらゆる人間的生活がその宗教的性質を実現するということにはならない。……人は別の人との関係において自分自身を孤立さ

せ、それで主観性に陥って個人主義者になる。これが生起すると、その関係は行為と思考において「人間性以下（sub-personal）」の型式のものとして扱われる。ここに二つの可能性がある。一つは、その関係が道具や手段として扱われるというもので、奴隷制は人間関係における非現実的型式の最も粗野な形態であるが、それは個々人がお互いを道具として利用する関係を含む。二つ目の非現実的型式は、人間的関係を有機的にすることによって歪曲するもので、その場合、その関係は機能的に扱われ、共通の目的を達成するための協力関係となる。……社会を現実的にするためには、人間関係が本質的に宗教的であること、つまり相互の親交とこれが意図する平等に基づく必要がある。平等がなければ、相互性はありえないからである」（RE, pp.137f.）。

　宗教と密接に関与している信仰共同体は、別々の物や人々を相互に関係づけるものであり、この点で「信仰共同体（communion）」と「宗教（religion）」の語源は興味深い。英語の communion（信仰共同体、親交）の語源であるラテン語 communis（コミュニス）は、「お互いに（con）」「交換すること（munis）」という意味であり、英語の religion（宗教）の語源であるラテン語 religio（レリギオ）は、おそらく「再び（re）」「集める（lego）」、または「再び（re）」「結ぶ（ligo）」という意味である[209]。これらは、古くから人々が何度も集まっては神を礼拝し、その指導者たちが何度も堅い結束で人々を結び合わせてその信仰共同体を生き生きと保ち、その親交の中で物や考えや祈りを分かち合ってきたことを意味しているのだろう。

　この信仰共同体を損傷させる要因の一つは、幾つかの水準の二元論である。マクマレーは、心と物という二元論に言及する。それは、「世俗と神聖」、「自然と超自然」、「人的なものと神的なもの」という二元論の中に

209　Cf. 'communis,' P. G. W. Glare (ed.), *Oxford Latin Dictionary*, pp.369f.

210　Cf. 'lego,' 'ligo,' 'religio,' 'religo,' P. G. W. Glare (ed.), *Oxford Latin Dictionary*, pp.1014, 1030, 1605, 1606.

反映されている（RE, p.138）。この二元論は、単にこことあそこの間でも、地と天の間でもなく、例えば自分自身を神聖と見なす人々とその人々によって世俗的と軽視されている人々の間のものでもある。こうして、信仰共同体は普遍的に成長できなくなり、宗教の本来の意図と逆の状況が生まれる。また、二元論的世界観において聖なる者としての神は、世俗の集団としての世界から孤立し、その結果、人々は依存しているはずの無限の人間性である神を失い、それゆえ自分たちの生きる究極的目標を見失うようになる（cf. RE, pp.138f.）。

　しかしながら、キリスト教の場合、人であると同時に神でもあるイエスがこの二元論を克服し、普遍的な信仰共同体を創出する必須の役割を果たしている。マクマレーはこのイエスを宗教的天才と呼ぶ。

　　「全体的に宗教の発展において、宗教的衝動の意義が一人の個人によって〈十分に〉実現され、そしてそれがすべての人々に普遍的に行き渡る時が来る。その人はその時、宗教的生活の完全な性質、つまり人間における宗教的衝動の十分な意味を——理念において——意識的に実現することができる。これが、歴史におけるイエスの人間性の意義であると思われる。イエスは自分自身の民——ヘブライ人——によって、その歴史を通して達成された共同体の意味を実現した宗教的天才であり、それを実現することで、すべての時代とすべての人々に宗教の普遍的意味を行き渡らせたのである（RE, pp.146f., cf. RE, pp.94, 121）[211]。

　これは、全体としての宗教ではなく、個人としてのイエスが完全性と成熟性に到達したということである。つまり、「単なる共同体を意識的な共同体、つまり信仰共同体」に変えたのがイエスの意識であり、その追随

211　Cf. also RE, p.146:「宗教的天才……という個人において、宗教の意味を意識することが人間発達の何らかの段階で達成され、その人を通してその意識がもたらされ、人間全体に行き渡る。その人は確かに、神と人との調停者である」。

者たちの中で刷新された意識である（RE, pp.146f.）。マクマレーはこの信仰共同体を「普遍的共同体の中の普遍的信仰共同体」と呼び（RE, p.151）、これこそイエスが使命として地上に確立しようとした天の王国にほかならないと説く（RE, p.151）。

　イエスはその宗教的経験において完全に成熟していたが、次の三つの特徴は宗教が成熟していると認められるために必要なものである。

（1）　成熟した宗教は包括的である。それは人間の経験の科学的、芸術的、社会的、政治的、経済的側面をすべて含み、それゆえ人の宗教的生活と世俗的生活の区別はない。個人の水準における包括的統合性（integrity）は、お互いに親交関係にあるすべての個々人の統合（integration）と相関関係にある。[212]同様にして、個人と神との親交は、すべての個々人の間の親交と相関関係にある。「部分がなければ、全体はありえず、人との親交がなければ、神との親交は決して親交ではなく、その拒絶である。もし、ある人が神を愛していると言っても、自分の兄弟を愛さないのなら、その人は嘘つきである。真理はその人の内にはない」（RE, p.152）。[213]

（2）　成熟した宗教は具体的である。それは、観念的で空想的なあの世ではないこの世における共通の人間的経験に比重を置く。そして、この世界は人間的世界である。「人がその意識的考察において気づくと思われる最後のものは、お互いのことであり、様々な生活の中で人々を結び付ける具体的な絆である」（RE, p.153）。例えば、マクマレーが続けて具体的に述べているように、「自分の物質的所有物が、親交関係にあるすべての人々によって必要に応じて自由に使われるようになるまでは、生活における分かち合い、つまり生活の現実を共有する

212　Cf. RE, p.152:「人間の性質は、それ自身ではないものとの関係の統合においてのみ客観的であり、統合的でありうる」。

213　Cf. ヨハ 8:44, ヨハ一 4:20.

ことについて語るのは怠惰である」（RE, p.154)[214]。

（3）　成熟した宗教は創造的である。宗教が創造的であるためには、創
　　造的な宗教人の存在が不可欠である。「確かに、宗教的な人は宗教的
　　領域において創造する人でなければならない――その人は、これま
　　で隠されて秘密にされていたことを理解して啓示する人、新形態の
　　共有経験の中に人間社会を統合する信仰共同体の可能性を創造する
　　人、人間的共同体の世界において実験をし、人と人、人と世界との新
　　しくより深遠な親密さを生む条件と方法を発見する人である」（RE,
　　pp.154f.)。

　真に宗教的な制度はマクマレーにとって、教会ではなく家族である。つ
まり、家族は人間的愛情によって統一され、人間性のすべての側面と関係
しているが、教会は宗教に興味を持つ人々の政治的機関か社交クラブであ
る（RE, p.155)。彼は一九三〇年代のこの時点で、「私たちの知っている
家族は崩れつつある」と述べるが（RE, p.156)[215]、「それは私たちの〈唯一の〉
宗教的機関であり、単に観念的ではなく具体的、創造的に愛の統一体の中
に人々を統合する巨大な課題すべてを行うように要求されている」と強調
している（RE, p.156)。さらに、家族は崩れつつあるとしても、依然とし
て継続的生命を世代を通じて人に想起させる。あらゆる家族がその前の世
代に由来しているからである。この視点は、生命の保存と同様に人間性の
保存（conservation of personality）の発見に道を開く。

（1）　質量の保存（the conservation of matter）に対する基本的な科学的信

214　「この世の富を持ちながら、兄弟の困窮を見ても哀れみの心を閉ざす人に、
　　どのようにして神の愛がとどまるだろう」（RE, p.157, cf. ヨハ一 3:17)。
215　「私たちが今日築いている家族は、……一人の男と一人の女と二、三人の
　　子どもから成り立っているからである。……より単純で原始的な時代は、家
　　族に与えられた課題はより単純であったが、その家族自体はさらに一層大き
　　く、より複雑であった」（RE, p.156)。

仰があるが、[216]これは、有限の物質に対する人の無限の認識と密接に
関係している（RE, p.164）。物質的形態を伴う物は、時の経過と共に
構造的に滅びうるが、それを構成している素粒子、つまり現実の単位
は不滅である（RE, p.165）。

（2）　生命自体は世代を通じて再生産によって生物学的には継続し、こ
の意味で一定期間で各々の生命個体は死んで物質的要素に解体するが、
生命は保存されている（RE, p.165）。「一個の有機体生命の範囲内で、
生命の保存は物質的要素の持続的同一性に依存しているのではない」
ことに留意することは極めて重要である（RE, p.166）。つまり、「物
質的な側面において生命は新陳代謝の過程であり、そこにおいて体の
物質的要素は継続的に入れ代わり続けている」（RE, p.166）。[217]

（3）　生命は本質的に変化と成長の時間的過程であり、その中でのいか
なる中断もその死に等しいが（RE, p.167）、人の睡眠中の中断（break）
は通常の有機的過程が継続しているため、死ではなく、単に無意識に
等しい。その結果、人は目が覚めると意識を回復する。言い換えると、
人の人間性は、生きているけれども無意識の期間、つまり「人間的意
識における時間的断絶（time-gaps）」があるにもかかわらず保存され
ている（RE, p.168）。ここからマクマレーは、人間性は時間から独立
して継続することを示唆している。

　これら三つの見解は、次のようにまとめられる。まず最初に、質量保存
の法則は様々な物質の永遠性を指し示している。第二に、生命の永遠性は、

216　the conservation of matter は直訳すれば「物質の保存」であるが、マクマ
レーはこの用語を「質量の保存（the conservation of mass）」との同義語として
日常言語的に使用しているようである。ちなみに、アインシュタインによる
一九〇五年の特殊相対性理論によれば、エネルギーと等価である質量もエネ
ルギーの一形態であるので、閉じた系においてエネルギーが保存されている
と言えるだろう。

217　良く知られているように、「有機体の体を元々構成していたこの粒子は、
何年か経過すれば完全に他の物と入れ代わる」（RE, p.166）。

新しい個体の再生産が継続する限り、物質的要素の持続的同一性なしに維持される（RE, p.167）。第三に、時間から独立している人間性は、永遠性に関与している。ここで指摘しておくべき極めて重要な点は、この永遠の人間性が宗教的に、「肉体の不死」ではなく「魂の不死」と呼ばれうるということである（RE, p.167）。物質的なもの、生きているもの、人間性を含むすべてが永遠性に関与しているという事実は、これら三つの水準の存在から成り立っているこの世界が、性質上は神に属する永遠性という観点から宗教的に解釈されうることを意味する。特に、人の合理的人間性は現時点という限定的経験を超えて、使用可能な情報に基づいて過去と未来の両方を想像して再構想することができる。こうして、人はすべての時を永遠に支配している神に近づくことができると言えるだろう。

　近代世界形成の土台となった三つの古代文化に言及しつつマクマレーは、ギリシャ文化やローマ文化と比較すると、ヘブライ文化が宗教的文化であると主張する（FMW, p.45, cf. RE, pp.100f.）。そこで、次にヘブライ文化に焦点を当てて、宗教と信仰共同体との関係を探究する必要があるが、その前にまず、ヘブライ人の信仰共同体への導入として、宗教と経験との関係について検討しておこう。

第四節　宗教と経験

　伝統主義や教義主義に対峙してマクマレーは、宗教の成熟は普遍的な人間の経験の事実を重視する経験主義に支持されていなければならないと主張する（SRE, pp.10f.）。人間の経験において成熟さを認めうる特徴の一つは、自己批判である。例えば、人が自分自身に判断を下す時、判断される者として経験の領域に内在したまま、そこを超越する（SRE, p.27）。これら二側面の一致は、自然で経験的な人間性の事実であり、人は自分自身を判断するだけでなく、自分自身を評価して、さらに他の人とお互いを評価し合う。この評価は人間関係において相互的、互恵的であり、一方で、人は成熟した協力関係においてお互いの利用価値（utility value）を認識し、

他方、成熟した人間的関係においてお互いの本質的価値（intrinsic value）を確認する（SRE, p.30）。言い換えると、人は他者との協力関係と同様に自分自身においても評価される。

これら二要素の一致は、人の人間性のもう一つの自然で経験的な事実であるが、一方で、超越と内在の一致は神性（Deity）の属性においても反映され、表現されており（SRE, p.27）、他方、利用価値と本質的価値の一致は、神が人々の困窮と困難の時に礼拝され、また同時にその聖なる美そのもののために礼拝される諸宗教において現れている（SRE, p.25）[218]。したがって、マクマレーは、「宗教の領域は、人間的関係の中心的事実との関連で整理された共通の経験の全領域である」と述べる（SRE, p.30）。

この人間的関係の中心的事実は、誕生と死の経験に始まり、そして終わる。

> 「極めて当たり前のことであるが、人間の人生は相互依存している。人は他の人々によってこの世にもたらされ、死んだ時は他の人によって葬られる。生涯を通じて人は、千通りもの仕方で他の人々に依存している。それは単純な事実であり、実際に人間の相互的関係にまさしくその経験を依存している人間の経験の構造が、宗教的特質をまとっていることを意味する。それは、宗教を生み出す人間に関する主要な事実である（SRE, p.32, cf. SRE, p.38）。

通常、人の誕生前に両親の人間的関係があり、この夫妻が日々の相互の協力関係を含む共通の生活を過ごしている。夫婦は実際の協力関係だけ

218　マクマレーはそれゆえ、宗教的態度はそれぞれ実用性と美自体という観点から人間の経験を評価する科学的、実践的態度と芸術的、瞑想的態度との組み合わせであるとも主張する（SRE, pp.20ff.）。Cf. SRE, p.17:「同一事実から出発して、宗教と芸術と科学は異なる方向へ向かう。なぜなら、それらは事実を異なる仕方で取り扱うからである。宗教人は礼拝をし、芸術家は賞賛をし、科学者は観察をする」。

ではなく、お互いに共にいること自体も目的として享受している（SRE, p.35）。この共通の生活に、再び二側面が明確に示されている。

「一つは、夫婦の親睦は単に共通の生活構造を決定する事実であり、そこにおいて二人は共有するすべての種類の目的のために協力し合うという点である。二つ目は、その親睦を享受し、発展させ、深化させること自体が、相互の諸活動を支配する目的とされている点である。これら二側面は、現実的に分離できないほど深く織り交ぜられている」（SRE, p.35）。

しかし、この親睦が張り詰めて破綻する場合がある。この状況は和解を必要とし、和解は両者のいずれか一方、または両者の心の変化を必要とする（SRE, pp.35f.）。悔い改めと許しの動機は、この文脈から生起する（SRE, pp.36, 49）。マクマレーはこのような考察から、親睦、親交、和解、悔い改め、許しという宗教的用語や形態は、「人間的関係の普遍的な生活経験」に由来すると主張する（SRE, p.37）。それは次のように説明される。

「宗教は事実、人間の経験の中心的事実（＝日々の経験）に対する考察の普遍化に過ぎない。特定の経験の普遍化は、理性に特徴的な定義化であり、宗教は人間の生活における理性の主要な表現であると結論できる。それは、時間的に最初期のものであるという意味だけではなく、それが普遍化する経験はすべての人々の主要な経験であり、すべての人間的生活の機能的中心であるという意味においても主要なものである」（SRE, p.37, cf. SRE, p.34[219]）。

---

[219]　したがって、「どのような共同体においても、宗教の合理性に反対する証拠がないにもかかわらず、宗教を子ども染みた迷信であるという確信の拡大は、その共同体の構成員の人間関係が非合理的であり、その共同体が解体過程にあるという最も強固な証拠となりうる。共同体は、その構成員間の人間関係の構造に依拠しているからである」（SRE, p.40）。

このような考察の展開は、神概念に対しても応用されている。

「考察というものは特に、普遍的なものを開示する。さて、もし、考察の対象が自己と他者との関係であるなら、それによって開示される普遍性は、普遍的人間性である。……したがって、普遍性は、自己が普遍的な関係に立つ相手としての普遍的な人間でなければならない。このように、普遍的他者としての神概念は、宗教的考察の行為に固有のものである。……神は人間の合理性の主要な相関関係者である。そしてさらに、宗教的考察は主に思考ではなく行為において表現されるので、神は主に概念としてではなく、意図的な相互性を中心とする生活における無限の人間性として把握される。この中に、人の有限の人間的関係はその基盤と存在を持っている」（SRE, pp.53f., cf. RAS, p.59）。

マクマレーは続けて注意深く、考察による普遍化は誤ったり、間違う場合がありうると警告する（SRE, p.65）。このような普遍化は、例えば世俗か神聖か、人間か神か、自然か超自然か、この世かあの世か、体か心か、感情か理性か、物か心かという二元論的命題形式において典型的に現れる（SRE, pp.65, 69）。代わりに彼は、次のような一元的世界観を提案する。

「人は自然の秩序に属しているが、もし、それが真理のすべてなら、人は人間ではないはずである。人間性は、人が自然の秩序の一部であると〈知って〉いて、その知識の中で生きているという事実にある。この点で、人は自然の秩序の中に内在しつつも、それを超越している。この自然の秩序の超越によって人が属している霊的世界は、あの世ではなく、知識と意図の対象であるこの自然の世界である。……それで、人は自分の存在を自然の世界の中に持っているが、この世界は考察の能力によって、また考察が人の活動に授ける意図の能力によって、より高度の力を付与された存在を伴う自然世界である。それは現実の世界であるこの世

第四章　宗教と信仰共同体

152

である。……」(SRE, pp.69f.)。

　この世界観に基づく普遍的な人間経験は、夫婦、子どもを伴う家族、また原始的家族集団の拡大である社会を含む（SRE, p.40）。それらはすべて、基本的に自己と他者との関係としてまとめられうる。ここで特に、ヘブライ人の信仰共同体の性質は極めて興味深い。それはアブラハムの家族に逆上り、彼の子孫たちと神との関係はしばしば、妻と夫との関係に譬えられるからである。[220]

第五節　ヘブライ人の信仰共同体

　ヘブライ人の顕著な特徴を検討する前に、マクマレーは次の三つの一般的形態の意識を紹介している（CH, pp.20f.）。

（1）　プラグマティックな意識は文化的に科学において表現され、その歴史的代表は古代ローマである。
（2）　瞑想的意識は文化的に芸術において表現され、その歴史的代表は古代ギリシャである。
（3）　宗教的意識は文化的に宗教において表現され、その歴史的代表は[221]古代ヘブライ人である。

　これらは厳密な差異化ではなく、文化的相互交流も歴史的に否定しえない。しかしながら、これら三つの文化的型式は各々、その顕著な特徴を持っている。例えば、ローマ人はその実践的な「組織化、行政、技術工学の偉業」で有名であった（CH, p.21）。ローマ人は実際的な問題を解決するために、計算や操作の技量に長じていたが、実際的な意図を伴う文芸であ

220　Cf. エレ 2:33-3:13, エゼ 16:23-63, ホセ 2:4-3:5.

221　マクマレーによるこの文は同語反復的であるが、霊的意識は文化的に宗教において表現されるという意味だろう。

る風刺を除く芸術の領域ではギリシャ文化を模倣せざるをえず、自分たちの宗教は、ストア哲学や、最終的にはローマ帝国の神格化、特に皇帝崇拝に取って代わられた（CH, p.22）。

ローマの実践的性向に対して、ギリシャ人の性向は主として、特に科学や哲学と同様に伝統的活動である建築の表現を完璧にする努力において美的であり、神話や演劇で表現されたギリシャ人の宗教は芸術の産物であった（CH, pp.22ff.）。そこでは、「調和、均衡、形態、安定性」という概念が高く評価されていた（CH, p.26）。

これら二つの伝統とは対照的に、ヘブライ人の伝統は宗教的に確立されたものである。マクマレーはまた、次に概説される宗教一般を背景にしてこの独特な伝統を示す。

> 「すべての原始的社会は宗教的である。宗教は確かに、原始的な人間の意識の自然な表現である。したがって、議論してきたように、歴史的に異なる形態の意識はすべて、宗教的形態に由来する。それらは確かに宗教的形態の抽象化であり、関心の限定によってそこから導かれてきた。これは、宗教的形態の意識は唯一完全な形態であり、ある意味でそれはその内に他の形態も含むという重要な必然的結果を引き起こす。しかし、文化の発展の過程で通常、宗教的形態の原始的意識は失われる。ほとんどすべての発展した社会において宗教は、確固たる隔世遺伝的趣を呈している。それは社会の発展過程の中で共有されず、社会史の初期段階で停滞したままである。宗教的儀式、宗教的定式、宗教的概念、宗教的式服でさえ、社会生活の他の局面から見れば取り残された歴史の一時代に属している（CH, pp.27f.）。

彼は続けて、「旧約聖書のヘブライ文化は、この一般的原則の顕著な例外を形成している」と強調する（CH, p.28）[222]。言い換えると、その宗教的

222　マクマレーは一九三〇年代以降、「西洋社会とキリスト教に対するヘブ

形態の原始的意識は失われずに保たれており、それゆえ原初の形態の芸術、科学、政治、法律という文化的要素は自律的ではなく、総合的、統合的にその宗教の中に含まれている。このようなことは、現世的世俗的領域と霊的宗教的領域という二元論が維持されている中世カトリック教会ではありえない。カトリック教会では、文化は人間生活の考察的側面として観念論的にのみ不可欠である（CH, pp.29f.）。ヘブライ文化の場合は二元論は存在しないが、この世を宗教的に受容するという圧倒的傾向があるので、不死の教理やあの世に対する信仰はこの宗教にとって本質的ではない（CH, p.30）。代わりに、「この世において、そして全く『この世的』意味において神の王国を実現することが、求められていることであり」、このようにここでは、「この世とあの世、霊的なものと物質的なもの、理想と実際」という二元論は存在しない（CH, p.31）。ヘブライ人の意識には、政治的、経済的、社会的な二元論的構造を克服する傾向を持つ幾つかの具体例がある（CH, pp.31f.）。

(1)　王政はサウルの下で政治的に確立されたが[223]、ヘブライ人の意識は、神との親交という統合的宗教共同体である神政政治を維持することによって、社会を神聖な側面と世俗の側面に分離する傾向を克服した。

(2)　五十年目ごとのヨベルの年を導入することによって、ユダヤ人の負債を免除してユダヤ人奴隷を解放し、困窮する負債者と裕福な債権者たちとの経済的格差を予防することが定められた[224]。

(3)　ヘブライ人の社会は、支配階級としての祭司職とその他の人々の

ライ人の貢献について極めて積極的な見解」を自ら表明している（John E. Costello, *John Macmurray*, p.193）。

223　Cf. サム上 9:1-10:8.

224　Cf. レビ 25:1-55, 27:16-25. マクマレーは「ヘブライ人」、「ユダヤ人」という用語を交換可能な形で使用しているが、実際、「ヘブライ人（Hebrew）」は「ユダヤ人（Jewish）」や「イスラエル人（Israel）」よりも古い呼称である（cf. 創世 14:13, 出エ 1:9, エス 2:5）。

間の分裂の危殆に瀕していたが、ヘブライ人の意識は、神の意志の代弁者としての預言者の役割と祭司職との均衡を図った。

この預言者が神の意志を宣言するが、ヘブライ人の意識ではこの神は主に「働き手、労働者（worker）」であり、例えば、神はそのような者として、六日間で世界を創造し、この最後の日に地の塵からアダムを作り、七日目に休んだ。神はまたエノクと共に歩み、アブラハムは神の友であった点で、「仲間としての働き手、労働者仲間（fellow-worker）」である（CH, p.33）。マクマレーによると、「イエスに帰せられている『私の父は今も働いている。だから、私も働く』という言葉以上に、ヘブライ人の神概念の本質を鮮明に、十分な宗教的統合性を備えて表現できているものはない」（CH, p.33, cf. CH. pp.37f., 52）。

しかし、この親睦または友情は、しばしば人間の側から破られ、その結果、義なる神と罪深い人間との二元論に陥る。この二元論は、堕落と救済の約束に関する教理の枠組みの中で再修復される。ここでも、神は世界と人間の救済のために働いているが（CH, pp.35ff.）、特に、イエスが神と人との和解において不可欠の役割を果たしていると主張するのがキリスト教である。

第六節　キリスト者の信仰共同体

マクマレーは、イエスがキリスト教だけでなくユダヤ教においても、前例のない独特な位置を占めていると主張する。

「ユダヤ教文化の発展が完成されたのはイエスにおいてであり、ヘブラ

225　Cf. 創世 1:1-2:7.

226　Cf. 創世 5:24, 12:1-4, 歴代下 20:7, イザ 41:8, ヤコ 2:23.

227　Cf. ヨハ 5:17. Cf. also CH, p. x:「私はイエスの教えの意味を確定しようとする時、第四福音書（＝ヨハネによる福音書）を使ってきた」。

156

イ人の経験の発展すべてが人間の歴史の中で普遍的な力となったのはイエスを通してであった。イエスはユダヤ人預言者であると同時に、キリスト教の源泉でもある。これらは、イエスの人生の二つの異なる側面ではなく、過去と未来に向かって言及された同一内容である。キリスト教とヘブライ人の歴史の連続性は分断できない。預言者としての成長過程を完遂することによってイエスは、その働きをヘブライ人の枠組みの制限から解き放ち、ユダヤ人だけでなく、ユダヤ人を通して世界が救われるための運動とした。このような理由でキリスト教はユダヤ教的であり、イエスはユダヤ人であったと再び主張することが不可欠である」（CH, p.42）。

　イエスの伝道は当初ユダヤ人に向けられていて、その後にユダヤ人を通して異邦人を含む世界に向けられたという事実に留意することは極めて重要である（CH, p.45）。イエスはここで、ユダヤ人と異邦人との二元論を克服することによって、限定的なユダヤ教をより普遍的なキリスト教に変革したのである。悪魔による誘惑に対するイエスの態度もまた、二元論[228]に対する彼の抵抗、つまり「宗教的意識の統合性の秘密」を明示している（CH, p.46）。それは次の例が明示しているものである。

（1）　石をパンに変えること、そして、神殿の尖塔から飛び降りることを悪魔がイエスに迫る第一と第二の誘惑は、世界を自然法則によって決定される実際の所与の状況とそれに干渉する超自然的力に二分する誘惑を象徴している（CH, p.46）[229]。イエスはそれらを拒絶し、それぞれ旧約聖書から引用して答えた。「人はパンだけではなく、神の口から出る一つ一つの言葉によって生きる」、「あなたあなたの神である主

228　ここで、「人が堕落したのはアブラハムにおいてではなく、アダムにおいてであった。そこで神の意図はイスラエルではなく、人の救いである」点も同様にして極めて重要である（CH, p.103）。

229　Cf. マタ 4:3, 6.

を試みてはならない」（CH, p.46）[230]。イエスが理解しているように、神は世界の中で歴史的に働き続けており、それゆえ自然の法則と神の律法は同一である。イエスは神の意志と同様に世界における実際の状況も受け入れている（CH, p.47）。

(2) 悪魔を礼拝することによって、世界の栄光ある王国を所有するという第三の誘惑もまた、イエスによって拒絶された[231]。それはイエスにとって事実上、ローマ帝国に倣って権力に基づいて神の王国を確立する誘惑を意味するからである。ここにおいても、ローマ帝国的な軍事力による手段と、目的としての神の王国の平和的確立という二元論が存在する（CH, pp.47f., cf. CH, pp.51f.）。

マクマレーは、イエスが一貫して二元論に反対している点を強調して、引き続き山上の説教から二つの主張を並列させる（CH, p.51）[232]。

「柔和な人々は幸いである。その人々は地を受け継ぐだろうから」。
「心の純粋な人々は幸いである。その人々は神を見るだろうから」。

「神」と「地」はここでは相互に分離されず、ある意味で柔和で純粋な人はこの地で神を見るということである。現代西洋の知的傾向とは異なり、イエスは宗教的ユダヤ人として、物質的な問題と霊的な問題を区別していない。この点は、「人の成功は、神の意図の達成のために神に協力することによってのみ可能になる」という見解に至る（CH, p.53）。ここには神と人の間の二元論的意識はなく、他ならぬイエスこそがこの協力関係を完全に実現し、そうして神と人、霊的なものと物質的なものを和解させ、地上に神の王国を確立した。マクマレーがまとめているように、

230　Cf. マタ 4:4, 7.
231　Cf. マタ 4:8-9.
232　Cf. マタ 5:5, 8.

第四章　宗教と信仰共同体

「イエスは、この世の宗教的重要性を決定的、完全な形で啓示した人であった。この決定的と完全の意味は、宗教的意識がある点に達して、人間の歴史の普遍的な重要性が人間的意識において明確になったということである。非宗教的な形でこう言うこともできるだろう。イエスは人間の生活の重要性を発見したのである。その主張は宗教的な形で言うと、イエスが人間の歴史における神の意図を知ったということになるだろう」（CH, p.55）。

　マクマレーは、神と人の共通の性質を人間性の中に見いだす[233]。そこにおいてイエスは人の代表として被造物に対する神の意図を発見し、知ったのである。この意図とは地上における天の王国の確立である（CH, p.58）。この神の王国、つまりイエスが確立するキリスト者の信仰共同体は、次の性格を帯びている。

（1）　前節の終わりで示したように、もし、神が働き手であり、仲間であるなら、人もまた、共同体において他者と共に働き、神との親交において協力する必要がある。それは、考察的態度によって自分自身の中に退却する個人主義とは程遠いものである（CH, p.63）。
（2）　もし、イエスが発見したように、人間の生活が単に有機的ではなく、人間的なものであるなら、人間の共同体は血縁関係に基づくものではありえない。例えば、「誰が私の母、私の兄弟か。誰でも、天におられる私の父の思いを行う人である」とイエスは言って（CH, p.63）[234]、共同体の家族的基盤を拒絶する。彼はまた、「アブラハムが私

233　一九三〇年代にマクマレーは、「人間性、パーソナリティー（personality）とは通常、一人の個人を他の個人から区別する特性」を意味するが、本来は、「人間の生活を他のすべての形態の生から区別する一般的な性格」を意味すると述べている（CH, pp.55f.）。したがって、彼は「人間性（the personal）」という用語を「パーソナリティーの本来の意味の代わりに」使う（cf. WP, p.51）。
234　Cf. マタ 12:48-50.

の父です」と主張するユダヤ人の主張に反対することによって、共同体の人種的基盤も拒絶する（CH, p.64）[235]。彼はさらに、すべてのユダヤ人が無視したにもかかわらず、善良なサマリア人が強盗被害者となったユダヤ人に哀れみを示したという譬え話を通して、人種に関係なく誰でも他者の隣人になれるという自分自身の見解を明示している[236]。

(3)　しかし、イエスの革命的、変革的教えは、「あなたは心を尽くし、魂を尽くし、力を尽くし、思いを尽くして、あなたの神である主を愛しなさい。また、あなたは、あなたの隣人をあなた自身のように愛しなさい」という二つの偉大な戒めから成り立っているユダヤ人の律法の要旨を凌駕している（CH, p.65）[237]。マクマレーが説明しているように、「人間関係の基盤としての愛を再確認することによって、イエスは自らが人間の生活の本質として発見した人間的性格をそこにもたらす。『あなたたちは、「あなたの隣人を愛し、あなたの敵を憎みなさい」と言われるのを聞いた。しかし、私はあなたたちに言う。「あなたの敵を愛しなさい」』。……この教えの重要な斬新さは、やはり、人間の行動をその自然な衝動の水準から、熟慮された意図の水準にまで引き上げていることにある」（CH, p.66）[238]。この種の愛は、人間の共同体の成長のための基盤となる（CH, p.67）。

(4)　敵に対する愛は、敵を許すことによって具体的に実現される。マクマレーによると、罪は人が神から疎遠になることであり、それは人が人から疎遠になること、人と人との間に敵意が生まれることの中にも明白に現れる（CH, p.68）。これは、人間の共同体の否定に、また人間の歴史の進路を導く神の意図の否定に等しい。

(5)　イエスにとって否定されるべきものは敵自身ではなく、人の抱く敵意である。相互の愛が代わりに、その相互性と共に無私で無制限の

235　Cf. ヨハ 8:39.

236　Cf. ルカ 10:25-37.

237　Cf. マタ 22:34-40.

238　Cf. マタ 5:43-44.

意図のゆえに平等と自由の原則を創出して維持する。これらの原則は
イエスの教えに起源を持つ（CH, p.69）。例えば、彼は、「あなたたち
は真理を知るだろう。そして、真理はあなたたちを自由にする」と述
べている（CH, p.70）。マクマレーがこれによって意味しているのは、
「もし、あなたが行動している状況を誤解するなら、あなたは達成し
ようとしていることを達成できないだろう」ということである（CH,
p.71）。この状況において、人の意志と神の意志は合致する必要があ
る。そうして初めて自由が実現されうるのである（CH, p.72）。同時
に人間的意志と神的意志の調和だけでなく、共同体の個々人の意志の
調和がそこでの自由の実現に必須である（CH, p.72, cf. CH, p.53）。イ
エスは平等の原則に関して、「あなたたちの中で最も偉くなりたい人
は、すべての人に仕える者になりなさい」と明示しているが（CH,
p.74）、それに対してマクマレーはこう付言している。「この象徴とし
て、彼（＝イエス）は自らの死の直前、弟子たちの足を洗うという小
さな仕事をして見せ、それを人間関係の一つの原則として彼らに印象
づけた。『私はあなたたちに模範を示した。』……それは、社会におけ
る二元論の登場を予防しようとするヘブライ人の意識の継続的努力と
いう観点からのみ、理解されうる」（CH, p.74）。

（6）　自由と平等という二原則は、人間的共同体の意図的な構造として
　　　友情や親睦という人間的関係を実現する。マクマレーが述べているよ
　　　うに、「まさしく自由と平等こそ、主人と使用人という機能的な関係
　　　ではなく、友情という人間的関係を……構築する」（CH, pp.80f.）。

マクマレーにとって、神が人のために確立することを意図している神の

239　Cf. ヨハ 8:32.

240　パウロにとっても、「キリスト教共同体の品質証明は、規則や規定に対す
　　る束縛からの自由であり、人間の共同体は自由な共同体である」（CH, p.73）。

241　Cf. マル 9:35.

242　Cf. ヨハ 13:15.

王国は、ユートピアからは程遠いものであり、地上で生起しつつある現実である。したがって、「人に対する神の意図を霊的に理解すること（これは『倫理』と表現されるものである）は、〈まさにその事実によって〉、将来的に――『終末的に』――人に生起することに対する理解である」（CH, p.94）。もし、人が今この地上で神と協力するなら、ここに理想と現実、未来と現在、または神と人の間の二元論はない。このような見解は、次のような一つの歴史理解に至る。

　　「ここに、すべての問題の核心がある。歴史は神の行為である。しかし、それは人間の行為でもある。『私の父は今も働いている。〈だから〉、私も働く』。歴史はこの世における神の行為であり、また、この世における人間の行為でもあると見なされなければならない」（CH, pp.94f., cf. CH, p.93）[243]。

　ここで同時に、神の行為と人間の行為は、この世で平等と自由を追求する時に一つになるという点に言及しておくことが極めて重要である（CH, p.96, cf. CH, pp.100, 104）。この意味で、偶発的な革命ではなく、神と人間に意図的に導かれた進歩が、キリスト者の信仰共同体の特徴である（CH, pp.106, 113f.）[244]。言い換えると、キリスト者の信仰共同体における進歩は民主主義に向けられており（CH, p.126）、そのようなものとして、どのような支配階級とも対立している。「イエスはすべての人々の平等性、つまり、人間の同胞意識を主張するが、貧者や被抑圧者の名において、富者、支配者、ファリサイ派の人々を痛烈に非難し、攻撃している」（CH, p.128）[245]。イエスによるこの意図的な実践によって、キリスト教はローマ帝国で拡大したが、その大多数が奴隷を含む一般人であった（CH, p.129）。

243　Cf. ヨハ 5:17.

244　彼は後に、特に第二次世界大戦後、「進歩に対する信仰は、西洋では減退したと思う」と感じている（SF, p.13）。

245　Cf. マタ 12:46-50, 23:1-36.

しかしながら、ローマ帝国で制度化されたキリスト教は、実践的側面と理論的側面という二元論的傾向を帯びるようになった。

> 「実践的側面においてキリスト教は、教会統一の保証として法律、組織、行政というローマ的構造を受容することで二元論的になった。理論的側面においてそれは、ギリシャ哲学の思考形態を受容することで二元論に陥った。こうして、依然として神学として知られているものが生み出されたのである。神学という名前だけでなく、まさにその概念もギリシャ的なのである」（CH, pp.131f.）。

　マクマレーは中世世界にも同様の構造を見いだす。それは、霊的権力としての教会と世俗的権力としての国家との二元論であり、さらにこれら二つの支配階級は一般人を支配するというもう一つの二元論を示している（CH, p.149）。これらに加えて、教会はローマを中心とする西方教会とビザンティンを中心とする東方教会から成り立っている（CH, pp.152f.）。中世教会のこうした構造は、近代世界の構造と無関係ではない。

> 「個人主義は、中世世界においてキリスト教の衝動が、霊的自己統制に倣って自己が自己を考察する努力を通して意識化された過程の産物である。自己吟味と自己抑圧の過程において、自己はそれ自身の意識の中心となる。その抑圧が除去され、自発性が回復される時、自己は自己中心の意識の自発性として現れる。それは、個人的自己実現を意識的に目標とする実践的利己主義として現れる」（CH, p.172）。

　しかしながら、この個人的自己実現は人間的相互関係の欠如のゆえに失敗に終わる。その関係の中で自己は、他者への行為（acting）と反応（reacting）を通してその現実を獲得し表現するからである（cf. CH, pp.217f.）。事実、人間的相互関係なしに自由を達成しようとする個々人は、最終的に相互に競争者となり、敵対者にさえなる。ここに、個人と社会と

いう近代の構造的二元論が見いだされる（CH, p.173）。

さらに、近代世界における金銭も、その所有は社会での労働からの自由を意味するが、その消費もまた社会との関係における自由の実現を意味するという点で、二元論の性質をまとっている（CH, p.178）。金銭の所有という基盤の上で社会は、「二つの階級、他者を働かせる人々——雇用者——と働かされる人々——従業員——とに分類される」（CH, p.179）[246]。二つの階級という社会的二元論は、心と物という人間の二元論と対応している（CH, p.200）。

これらの二元論に対してマクマレーは、それらを統一化する契機を得るために、次のように究極的にはキリスト教のヘブライ的伝統——働き手としての神という理解——に依拠しようとする（CH, p.156, cf. CH, pp.176, 225）。

（1）　マクマレーは国教会を承認しないため、彼の立場では国教会と国家との衝突の可能性は最初から捨象されている。

（2）　これら二つの支配的組織とこれらによって統治される一般人との二元論を克服する要因として、彼は例えば、宗教改革時代に聖書が一般言語に翻訳された点に言及する（CH, p.163）。

（3）　彼は、ギリシャ哲学の思考形態に基づくと考えるキリスト教神学に対して否定的見解を抱いているが（CH, pp.131f.）、それはこの神学が最終的に教会を西方ラテン教会と東方ギリシャ教会に分断したからである（cf. CH, pp.208, 212）。

（4）　もし、私たちが極端な個人主義と、社会への無名の消滅をともに

246　科学もまた諸刃の剣である。マクマレーが述べているように、「科学は思考の自発性によって達成されたものであるが、近代文明を活発に破壊している。人はもはやそれを統御できないが、使用し〈なければならず〉、それも文明の破壊のためだけに使用できるのである。西欧は今や、兵器製造に関する科学的知識を利用しながら経済的、実践的生活を活発に建設している」（CH, p.193）。

第四章　宗教と信仰共同体

回避したいのなら、自由と平等に基づく共同体を創出し、そこに参加する必要がある。

(5) 「神は働き手（worker）である。神の像に造られた人間も、その現実的な意味で働き手（worker）である。人間の自己否定、自分自身であることの否定としての悪は、働き手になろうとしない意志の中に表現されている。自由のための個人主義的闘争は、働くことを回避しようとする闘争である。これはもちろん、あらゆる支配階級の正式な意志である」（CH, p.176)[247]。

　以上のような点からマクマレー自身は、キリスト友会のようなプロテスタント・キリスト教の自由集会に導かれた。この集会では、イエスに関する聖書的、簡潔な使信とお互いの親交が高く評価されている。

第七節　イエスの信仰共同体

　マクマレーは八十歳代に、「私は自分自身をイエスの弟子の一人と見なしており、常にそうであった。……私はイエスを自分自身のための、そして世界のための救い主、主人として受け入れている。しかし、私はイエスを真の人の中の真の人としても受け入れている」と告白している（PJ, p.3)[248]。この告白に基づいてマクマレーは、福音書におけるイエスの教えそのものを探究する。

　最初に、マクマレーは次のように、前節冒頭でも言及した悪魔による誘

247　Cf. ヨハ 5:17.

248　Cf. MB, p.23:「私はキリスト自身に対する私の信仰を放棄することはできない」。Cf. also John E. Costello, *John Macmurray*, pp.362f. かつてマクマレー自身に、「なぜあなたは神を信じるのですか」と聞いたことのあるムーニーによると、「私たちには思いを伝えようとする気力があるから、それを聞いて応答する存在がいるはずである」とマクマレーは答えたそうである（Philip Mooney, *Belonging Always*, p.99)。

惑の物語に着目する。[249]

　「この話を、イエスが伝道を実行する際に一定の方法を拒否している話
として解釈することは全く正当化されうると思われる。彼は人々をパン
で買収しようとはせず、華々しい妙技で惑乱させることもなく、まして、
軍事力によって世俗的な方法で支配しようともしなかった――これらで
人はすぐにローマの定番である『パンと見世物と統治（Panis, circenses,
imperium）』を想起する――。イエスは自らの制約を神が良しとしてく
れることを望み、人としての自らの力の内にとどまっていたのである」
（PJ, p.5）。

　この解釈は明らかに、イエスの信仰共同体（communion）がローマ帝国
の支配（dominion）とは対極をなしていることを示している。イエスが創
出することを意図した信仰共同体は、軍事力を伴ったローマ帝国によって
経済的、社会的、政治的に行使される支配からは程遠い。それは、権力に
よってではなく合意によって確立される非暴力的で平和な信仰共同体であ
る。イエスが宣言しているように、「剣を取る者は剣で滅びるだろう」（PJ,
p.5）。[250]

　第二に、イエスの伝道は包括的であり、地上的である。イエスは、神が
アブラハムに与えた「あなたの子孫によって、地上の諸国民は祝福される
だろう」という約束を守り[251]、自分の弟子たちに、神に対して「あなたの
王国が来ますように。あなたの御心が天で行われていますように、地上
で行われますように」と祈ることを教えた（PJ, p.6, cf. PJ, pp.10f.）。[252]これ
は、イエスの信仰共同体が将来的にあの世でではなく、この世で普遍的に
成長して拡大することを意味している。しかし、信仰共同体に入るために

249　Cf. マタ 4:1-11.

250　Cf. マタ 26:52.

251　Cf. 創世 12:3, 使徒 3:25, ガラ 3:14.

252　Cf. マタ 6:10.

第四章　宗教と信仰共同体

は、すべての罪人は回心し、他者に、そして特に神に許される必要がある（PJ, pp.7f., cf. SF, p.12）。

　第三に、人々は信仰共同体の構成員として信仰を持つ必要がある。信仰の真意を強調するマクマレーによると、

　　「イエスの言う信仰の意味に手掛かりを与える二つの特徴がある。第一に、信仰という語はしばしば信仰対象に対する言及なしに使用される。第二に、それは絶えず『恐怖』と対照的に使用される。例えば、イエスは弟子たちにこう言う。『信仰の少ないあなたたち、もし、あなたたちがからし種ほどの信仰を持っているなら、……あなたたちに不可能なことはない』、または、『なぜ、あなたたちはそれほど恐れるのか。信仰を持っていないとは、どういうことか』。イエスは自分の足に油を塗ってくれた女にこう言った。『あなたの信仰があなたを救った。安心して行きなさい』。弟子たちが嵐を恐れてイエスを起こし、『主よ、主よ、私たちは死にそうです』と叫んだ時、イエスは彼らに、『あなたたちの信仰はどこにあるのか』と言い、別の機会には『恐れるな。ただ信じなさい』と言った」（PJ, p.8, cf. PLP, p.17, SF, p.6）[253]。

　これらの引用が示しているように、信仰は、防御的で感情的に否定的な恐怖とは対照的に、自信に満ちた感情的に肯定的な態度である。そのようなわけで、「信仰」という用語は、イエスによって信仰対象に対する言及なしに使用される場合がある（PJ, p.8）。「一般的な意味で、信仰は人生に対する信頼であり、恐れるものは何もないという確信である」（PJ, p.8）。したがって、信仰は理性とではなく恐怖と対比されるべきものである（SF,

---

[253]　それぞれ、cf. マタ 17:20, マル 4:40, 5:34, ルカ 8:24-25, マル 5:36. なお、「私を信じなさい」というイエスの命令や示唆が幾つもあることを考慮すると（ヨハ 4:21, 14:1, cf. ヨハ 6:35, 7:38, 8:45-46, 11:25-26, 12:44, 46, 14:12, 17:20)、「信仰という語はしばしば信仰対象に対する言及なしに使用される」というマクマレーの見解は、やや誇張であると見なされなければならないだろう。

p.6, cf. BK, p.38)。マクマレーがまとめているように、「恐怖は緊張と抑圧を意味する。信仰は自由と自発性を意味する」（SF, p.8）。恐怖は信仰によって置き換えられるべきものであり、このことは次の二つの結末と密接に関係している。

（1）　イエスがいつも神を私の父と呼ぶように、弟子たちは、恐怖なしに人間的に親密な仕方で、「天におられる私たちの父よ」と祈るようにイエスに教えられている（PJ, p.11）[254]。

（2）　ヨハネの手紙一において、「愛には恐怖がなく、完全な愛は恐怖を締め出す」と明示されているように（PJ, p.11）[255]、信仰共同体の中でも外でも、神と他の人々を愛することは、恐怖のない人生における積極的な態度である（PJ, p.13）[256]。事実、イエスは自分たちの敵をも愛するようにという指示を出している（PJ, p.14）[257]。

　マクマレーは、自由と平等だけでなく愛にも基づくこのような人間相互間の信仰共同体を友情と言い換えている（cf. SF, p.7）。彼はヨハネによる福音書十五章十四節から十七節にある、「もし、あなたたちが私の命じることをすべて行うなら、あなたたちは私の友である。したがって、私はあなたたちをしもべではなく友と呼ぶ。これらのことを私はあなたたちに命じる。あなたたちはお互いに愛し合いなさい」というイエスの言葉を幾つか引用して（YMF, p.3）、しもべとしての奉仕ではなく友情を評価するイエスの宣言を革命的であると見なす。奉仕はどのような宗教においてもよくある習慣であり、義務感に根差しているからである。マクマレーが問いかけているように、

254　Cf. マタ 6:9. Cf. also マタ 20:23, 26:29.

255　Cf. ヨハ一 4:18.

256　Cf. ヨハ 13:14, 15:12, 17, ヨハ一 4:7.

257　Cf. マタ 5:44.

第四章　宗教と信仰共同体

「もし、あなたが病気の時に、友人がお見舞いに来れば、あなたは友人が義務感から来たと知って満足するだろうか。むしろ、何か一つ欠けていると感じないだろうか。友情においては、人間的なもの——感情の温かさや親密さ——が行為の源泉でなければならない。義務という冷たい非人間性は、無益である」（YMF, p.3）。

　イエスはお互いに愛し合うようにと命じたが、彼の弟子たちが逆説的に、お互いに自由に愛し合うことができると感じるのは、今や彼らが最初に愛を示してくれたイエスの友となっているからである（YMF, p.4, cf. SF, pp.9, 12）。[258] この友情（friendship）は親切（friendliness）と混同されてはならない。親切は単に奉仕の表面的形態であり、他者に対する現実的な献身ではない。「友であるということは、もう一人の人に対して自分自身になるということである。これは、完全に自分自身をささげて、遠慮なく自分自身を啓示するという意味である」（YMF, p.5）。この友情はまさしく、イエスがその全生涯を通して実証したことである。

　さらに、この友情は歴史的に、イエスの弟子たちを通してキリスト教会として残されている。マクマレーが述べているように、「彼らは起こったことを、イエスの復活と聖霊の到来という観点からのみ書き記すことができた。そして、彼らに起こったことに、あの日から今日に至るまでキリスト教会の歴史がかかっている」（SF, p.11）。

　マクマレーが実際に身をゆだねたキリスト教信仰共同体は、キリスト友会（the Society of the Friends）である。[259] 彼がここに入会しクエーカー信徒となった理由として、次のような点を挙げることができるだろう。

258　Cf. ヨハ 13:34, 15:12, 14, ロマ 5:8.

259　マクマレーに象徴的なことであるが、「マクマレーの灰の埋葬は、［バッキンガムシャーの］ジョーダンズ（Jordans）にあるキリスト友会の集会場に隣接する小さな墓地で、七月三十一日、午前十一時に行われた。その墓地にはウィリアム・ペンとその妻、そしてその十六人の子どものうちの九人が安らかに眠っている」（John E. Costello, *John Macmurray*, p.398）。言うまでもなく、ペンシルベニアの創設者であるペンはクエーカー信徒であった。

（1）　キリスト友会はその名称が示すように、会員相互の関係、つまり
　　　友情の深化を目的とするが、この友情こそマクマレーがキリスト教の
　　　徳目として最重要視するものである[260]。
（2）　教会の階級制度や形式的儀式のないこの会は、会員となるための
　　　一定の教理に基づく信仰もなく、それゆえすべての会員は、キリスト
　　　教的な心の態度とキリスト教的生活様式を保つ限り、自由を享受して
　　　いる（SRR, pp.69f.）。
（3）　この会の特徴の一つは、会員の生活と礼拝を導く内なる光（inner
　　　light）がすべての個々人に共有されているという信仰である[261]。この
　　　信仰は、会員としての平等性を保護し、維持している。
（4）　この会は平和主義で広く知られている。平和主義は、第一次世界
　　　大戦に根本的に幻滅したマクマレーの心に浸透しているものである
　　　（SRR, p.76）。

　したがって、マクマレーによって強調された人間性（the personal）は、
愛に基づいて自由と平等を享受する友情に等しいと言うことができるだろ
う。この友情はそのようなものとして、その**抵抗勢力**があったとしても、
平和的に世界中に拡大され、深化されるべきものなのである。

260　「クエーカー信徒という背景のゆえにマクマレーにとって『友情
　　　（friendship）』は、関係性、共同体、愛という含意の込められた言葉である」
　　　（David G. Creamer, *Guides for the Journey*, p.46. n.27）。

261　Cf. ヨハ 1:9 ('Inner [or Inward] Light,' F. L. Cross & E. A. Livingstone [eds.],
　　　The Oxford Dictionary of the Christian Church, p.833）。

第四章　宗教と信仰共同体

結　章　ジョン・マクマレーへの批判的評価

　マクマレーの著作では、多くの極めて意義深い考察が展開されており、自らの現実的生活に根ざした彼の研究はすべて日常生活と学問的諸学科の両方において、また、地域と国際的環境の両方において、幾つもの領域に様々な知恵と洞察を浸透させる源泉に譬えられるだろう。この意味で彼は、「関係における人間（persons-in-relation）」だけでなく、クレイグが「関係における学問（disciplines-in-relation）」、「関係における国家（nations-in-relation）」と呼ぶものも確立しようとしたのである。[262]

　特に、共同体と信仰共同体に関する彼の見解は、遠方か近隣か、直接的か間接的か、意識的か無意識的かを問わず、他者との関係の中で生きるすべての人々に普遍的な価値と有用性を提供してくれると言えるだろう。

　最初に、現代キリスト教神学の観点から、彼の幾つかの見解を評価し、その後にキリスト教教理的、聖書的見地から、同様にしてそれらの幾つかを批評してみよう。

第一節　ジョン・マクマレーへの評価

　西洋哲学史におけるジョン・マクマレーに対する哲学的評価は、一般的に次のようにまとめられている。

　　「コペルニクスは地球と太陽の関係に関する理解を逆転させた。カントは自らのコペルニクス的転回（Copernican Revolution）によって主体と客体の関係に関する理解を逆転させ、客体が主体に依存しており、知識

262　Cairns Craig, 'Editorial,' p. xix.

171

を得る人の心の範疇に知識が依存しているとした。マクマレーの転回は純粋思考の領域を超越し、思考との関係において行為が主要なものであると前提し、主体と行為者、知識を得る人と行為をする人の関係を逆転させた」[263]。

　このような画期的なマクマレーによる著作は、現代キリスト教神学の重要な問題にも言及している。彼自身は、制度的教会によって定式化された教義や教理を含む神学を高く評価していないが、例えば、下記の幾つかの点で、彼は現代神学の先駆者とも呼ばれうるだろう。

　第一に、一九八〇年代以降、隠喩的神学、フェミニスト神学、生態学的神学に取り組んでいるマクフェイグ（Sallie McFague）は、人間がどのように神を想像する傾向があるかということについて、創世記一章二七節に基づいて、「私たちは神の像に基づいて造られたが、逆も真である。私たちは神を〈私たちの〉像に基づいて想像する」という点を強調する[264]。フェミニスト神学者はこのように、男性によって想像され、強調された神概念が非常に男性的であり、それに従って男性中心社会が構築されてきた点を指摘してきた。

263　Albert H. Nephew, 'The Personal Universe,' Thomas E. Wren (ed.), *The Personal Universe*, pp.101f. Cf. SA, p.85. ここで、「純粋思考（pure thought）」は「行為（action）」の対義語である。ダンカンもまとめているように、「マクマレーの忠告は、私たちが純粋思考（pure thinking）の主体という立場から思考する代わりに、行為（action）という立場から思考することを学ぶべきであるというものであった」（A. R. C. Duncan, *On the Nature of Persons*, p.5）。

264　Sallie McFague, *Metaphorical Theology*, p.10. Cf. Sallie McFague, *Models of God*, p.82; Sallie McFague, *Super, Natural Christians*, p.172. マクフェイグによると、「私たちは決して無から——伝統的に神は無から創造したと言われるが——創造しない。私たちは持っているものを利用し、それを新しい方法で見直す」だけである（Sallie McFague, *Metaphorical Theology*, p.35）。それゆえ、人は決して神の像を創造せずに、ただ自らの像に基づいて想像するだけである。マクフェイグについては、cf. 宮平望『現代アメリカ神学思想』の「第４章　エコロジー神学——S. マクフェイグの神学」。

結　章　ジョン・マクマレーへの批判的評価

マクマレーも同様にして、「神は私たちの像に人を造ったということは真理であるが、人は自分の概念の中で神概念を作るということも真である。それで、未熟な人は未熟な神概念を抱いている」と述べている（SRR, p.34）。さらに、すでに一九三〇年代に彼はこう論じていた。

> 「もし、理想的生活が瞑想の生活であるなら、神の生活はこの理想の絶対的、永遠の実現でなければならず、神は自らの存在を行為からの完全な逃避として表現する完全な貴族でなければならない。……人は自分自身の理想として神を想像する（man images God as his own ideal）というのは真である」（CH, p.134, CH, p.33）。

　このような理想主義や貴族主義に対してマクマレーは、自由で平等な社会の設計図を提案していたのである。

　マクマレーはこのほかに、存在する他者の直接的知覚を得る唯一の手段として、視覚ではなく触覚の優先性に言及していたが（FMW, p.22, SA, pp.109, 111）、マクフェイグも新たにこう論じている。「視覚よりも、むしろ触覚に由来する自己の感覚によって私たちは、自分自身を極めて具体的、関係的、応答的存在として、他者を支配することなく愛するように創造された者として考える方法を獲得する」。触覚が決定的な役割を果たしているのは、まさしく私たちが触れられずに触れることはできず、それによって接触が、私たちの肉体的存在の感覚と、触れる人と触れられる人との相違と他者性の感覚をも意識化させるからである。私たちは見られずに見

265　Cf. OR p.185; A. R. C. Duncan, *On the Nature of Persons*, p.11.

266　Cf. CH, p.33:「人々による神概念と人間概念の間には、固有の関連がある」。

267　Sallie McFague, *Super, Natural Christians*, p.92.

268　Cf. Sallie McFague, *Super, Natural Christians*, pp.93, 118f. Cf. also Sallie McFague, *Super, Natural Christians*, p.113:「私たちの教育の極めて重要な部分は、他者の距離、相違、特異性、独自性、本来性、無関心性、他者性に焦点を当てることである」。

ることができ、そこには相互関係も相互の応答性もないが、私たちは触れる時にはいつでも触れられ、そこにはそのような相互の関係性が生まれる。したがって、マクマレーが強調するのと同様に[269]、マクフェイグはこう結論する。「私がいて存在するのは、ただ私が、私に影響を与え、私が影響を与える他の主体である他者と接しているからである。この拡大された自己感覚は、他者が栄える時に喜び、他者が貶められる時に嘆くことができるようにするものである」[270]。

　第二に、もう一人の現代フェミニスト、生態学的神学者のリューサー（Rosemary Radford Ruether）が指摘しているように、「ギリシャ的伝統にと

269　Cf. 本書「第三章　社会と共同体」の「第三節　行為者と他者」。

270　Sallie McFague, *Super, Natural Christians*, p.163. マクフェイグもマクマレーも、ブーバーの『我と汝』の影響を受けているのだろう。Cf. *I and Thou*, pp.112f. :「関係の目的は、関係それ自体である——『あなた』に触れること。私たちは一人のあなたに触れるとすぐに、永遠の命の息によって触れ返されるからである」。言い換えると、触れることは、「配慮すること（care）」でもある（John E. Costello, *John Macmurray*, p.328）。マクマレーは実際にギリガン（Carol Gilligan）やノディングズ（Nell Noddings）のようなフェミニスト学者に先んじて、相互に配慮し合う相互関係の重要性を指摘していたと言える（Frank G. Kirkpatrick, 'Introduction,' PR, p. xixf. Cf. Brenda Almond, 'Macmurray and the Role of Ethics in Political Life,' David Fergusson and Nigel Dower [eds.], *John Macmurray*, p.160）。関係という概念は、ブーバーの思想の中で中心的な役割を果たしている。彼が強調しているように、「初めに関係がある」（Martin Buber, *I and Thou*, pp.69, 78）。また、ブーバーによると、関係の世界が生起する三つの領域がある。「第一に、自然との生活。そこでは、関係は言語の限界点を守る。第二に、人との生活。そこでは、関係は言語の中に入る。第三に、霊的なものとの生活。そこでは、関係は言語を欠いているが創出する。……これら三領域の中で、一つが卓越している。それは人との生活である。そこでは言語は継続体として完成され、発話と応答になる。……私とあなたは、単なる関係の中ではなく、堅固な誠実さの中に立っているのである」（Martin Buber, *I and Thou*, pp.150f., cf. Martin Buber, *I and Thou*, pp.56f.）。カークパトリックが指摘しているように、「『我と汝』の関係の概念は少なくとも近代哲学において、フォイエルバッハに、特に『キリスト教の本質』にまで逆上る」（Frank G. Kirkpatrick, *Community*, pp.140, 182. n.8, cf. Frank G. Kirkpatrick, *Community*, p.159）。

って、［人間の］過失は形而上学的である。私たちは永遠の心と死を免れない肉体の二元論的存在である。解決は心の中に退却することにあり、そうして肉体を支配することにある。究極的に解決は死を超えた所、肉体を廃棄する点にある」[271]。もし、この伝統がキリスト教に浸透すれば、罪は心や魂が肉体を抑圧する関係、男性が女性を抑圧する関係として現れる[272]。肉体に対する心の優勢が、女性に対する男性の優勢と同等に考えられたが、それは女性が子どもを産んだり、料理を作ったりという再生産の過程の中で肉体により近接していると表面的に観察されたことに基づいている。このように、肉体と定義される女性は肉欲的であり、劣等であると見なされ、もし、女性が肉欲的であるなら、一層、罪を犯し易いとも考えられたのである。

　この考え方と対応してしばしば論じられていることは、堕落に関する聖書の話において女性が、特に妻が陣痛や肉体的死という否定的要素に対する責任があるというものである。また、創世記二章十八節から二四節の場合のように、女性が男性の後に、男性の脇、つまりあばら骨から作られたという説明は、聖書的伝統が女性に対する男性の父権的関係を命じているということを意味していると理解されてきた。この関係において、規範的支配者としての男性に対して、妻は夫の側にいる助け手として派生的に仕えることが要求される。しかし、リューサーによると、女性がより罪深いのではなく、女性に対する男性の知的、霊的優勢を説くそのような父権主義的理解そのものが、事実、歴史的、構造的に罪深いのである。罪はむし

271　Rosemary Radford Ruether, *Gaia & God*, p.255. 以下については、cf. Rosemary Radford Ruether, *Liberation Theology*, pp.17, 19, 99f, 102; Rosemary Radford Ruether, *Sexism and God-Talk*, pp.74, 95-98, 165, 174, 182; Rosemary Radford Ruether, *Gaia & God*, pp.21, 122, 143f. リューサーについては、cf. 宮平望『現代アメリカ神学思想』の「第3章　フェミニスト神学——R. R. リューサーの神学」。

272　この点に関してキリスト教は、悪が物質的世界にあり、特に意識的、知的心や魂に対して肉欲的な体にあるとするプラトン主義やグノーシス主義におけるその誇張された見解から影響を受けている。

ろ、そのように歪曲された二元論と女性に対する男性の抑圧という性差別の中にあり、この罪深い見解では、神の十分な像としての男性に対して、女性は神の像の一部に過ぎないと見なされる。

西洋の伝統的社会における二元論的傾向は、マクマレーによる一九三二年出版の最初の本、『現代社会における自由（*Freedom in the Modern World*）』においても分析されている。それによると、

> 「知性を優先させるこの偏向の背後には長い歴史がある。その根源は、欲望の悪性と欲望を抑圧する必要性を教えるまさしくその古代の教理にある。それは、肉体をそれ自体で悪、純粋な霊の牢獄と見なすのと同じ教理のもう一つの表現に過ぎない。この霊は、物体との接触で堕落と感染を被るとされる」（FMW, p.22, cf. CH, p.133）[273]。

彼によると、「我思う、ゆえに我あり（Cogito ergo sum）」というデカルト的前提で開始されるあらゆる哲学は、理論と実践、心と体、理性と感情の二元論を創出し、理論的な知識による関係であろうと、実践的な協力による関係であろうと、関係における人間という可能性をあらかじめ排除してしまうのである（SA, p.73）。

第三に、アメリカで最も賞賛されている現代神学者の一人、ハワーワス（Stanley Hauerwas）は、その物語神学において信仰と行動の不可分の関係を強調している。彼の主張によると、神学は一まとまりの組織的教理や思索のための諸原則に単純化されえず、牧会的学科としてこの世におけるキリスト教的生活を考察することによって本質的に実践的性格を帯びているはずである[274]。言い換えると、神学は信仰に基づくだけでなく、本質的

---

273 Cf. 本書「第三章　社会と共同体」の「第二節　行為者と主体」。Cf. also Esther McIntosh, *John Macmurray's Religious Philosophy*, pp.34, 183.

274 Cf. Stanley Hauerwas, *The Peaceable Kingdom*, pp. xvi, 55. ハワーワスについては、cf. 宮平望『現代アメリカ神学思想』の「第6章　物語神学──S. ハワーワスの神学」。

結　章　ジョン・マクマレーへの批判的評価

には行動と関係しており、そのようなものとして神学は倫理学でもある。[275] キリスト者が信じている（believing）こととキリスト者が行う（behaving）ことは、その共同体において正確に一致していなければならないのである。この倫理学は単に個人の（personal）倫理学ではない。[276] 彼にとって、神学は単に個人の学科ではなく、むしろ、教会が神学の構築に率先するような共同体の過程である。[277] このように、キリスト教倫理学は神学の一形態として、キリスト教社会の倫理学としてより良く定義されうる。[278]

　最も興味深いことは、ハワーワスが、「概してマクマレーの著作が、この本で私が試みていることの背後にある」と注記している点である。[279]「この本」とは、元々は一九七五年に出版されたハワーワスの最初期の本の一つ、『人格とキリスト者の生活（Character and the Christian Life）』であり、マクマレーの『行為者としての自己（The Self as Agent）』から実際に引用している。マクマレーにとっても、「神への信仰とは、実際には私たちの行動様式に表現される生活態度である」（CS, p.19）。マタイによる福音書二十五章の羊と山羊に関するイエスの譬え話からマクマレーは、こう結論する。

　　「裁きは、宗教的な告白に基づいているのではなく、単に人々がその仲間に対してどのように行動したかということに依拠している。……私たちは告白にではなく、行為に関心がある。そして、私たちはイエスの教えから、神の裁きは告白にほとんど留意せず、驚くべき結末をもたら

275　Cf. Stanley Hauerwas, *The Peaceable Kingdom*, p. xvii.

276　ここで「パーソナル（personal）」という用語は、ハワーワスの文脈ではほとんどマクマレーの使う「個人の（individual）」という用語と等しい。

277　Cf. Stanley Hauerwas, *In Good Company*, p.52. Cf. also Stanley Hauerwas, *A Community of Character*, p.2:「倫理学と神学は、ある特定の共同体の確信との関係でのみ実行されうる」。

278　ここで「社会の（social）」という用語は、ハワーワスの文脈ではほとんどマクマレーの使う「共同体（community）の」という用語と等しい。

279　Stanley Hauerwas, *Character and the Christian Life*, pp.87. n.6.

しうるという警告を繰り返し述べてきた」（CS, p.20）。

　この譬え話において、王であるイエスは再来して、右側にいる人々を祝
福する。これらの人々は、イエスの信仰上の家族の最も小さい人に懇切な
世話をした人々であり、譬え話の中で羊と同定されている。しかし、イエ
スは左側にいる人々を呪う。これらの人々は、イエスの信仰上の家族の最
も小さい人を無視した人々であり、譬え話の中で山羊と同定されている。[280]
この世の最も小さい人にしたことは、イエス自身にしたことなのであり、
この世の最も小さい人にしなかったことは、イエス自身にしなかったこと
なのである。[281]

　より広義の文脈において、マクマレーが行為に置いている強調は、次の
ような見解にも見られる。彼が説明しているように、[282]この世界は物質的
存在、有機的存在、人間的存在を含み、人間は有機体として生き物でもあ
り、肉体として物質的な物も含んでいる。そして、「意識のある生命の基
本的な諸側面や諸機能が、最初に成熟に到達しなければならない。そして、
これらはそのようなものとして人間の生命の最小限の性格である」という
彼の見解も考慮に入れるなら（RE, p.143）、「物質的世界における自分自身
に対する自分の意識が、より高度の段階の存在における自分自身に対する
自分の意識が成熟する前に、成熟に到達しなければならない」ということ
になる（RE, p.143）。この「より高度の段階」とは、有機的段階や人間的
段階のことである。この主張に基づいて彼は、印象的な例を挙げる。「自
分の芸術に自由に専念するために、生活費を稼いだり、妻や家族を扶養す
る物質的責任を回避しようとする若い芸術家は、現実的には自分を自分自
身の芸術的発展の可能性から切り離しているのである」（RE, p.143）。

　この指摘は、哲学者ジョン・マクマレー自身に関係のある次の挿話を想

280　Cf. マタ 25:31-46.

281　Cf. マタ 26:40, 45.

282　Cf. 本書「第三章　社会と共同体」の「第一節　世界観——機械論と有機
　　体と人間性」。

結　章　ジョン・マクマレーへの批判的評価

178

起させてくれる。

　「当時としては幾分まれなことであったが、マクマレー夫人は自分の子
　どもたち全員に、娘たちと同様にジョンにも、家事を手伝うようにと教
　えていた。結果として、ジョン［・マクマレー］は家事を全く快適に行
　うようになり、自分の結婚生活の中で家の掃除の多くを行っていた。た
　だし、決して得意にならなかった料理はほとんどしなかった。彼はまた
　自らの手で家具を作り、家の塗装をし、最もお気に入りの活動であるガ
　ーデニングもしていた」[283]。

　人間性は有機性も物質性も含むという見解は（cf. RE, p.133）、より具体
的に人間は、料理、ガーデニング、ペットの飼育という有機的生活や、掃
除、洗濯、日曜大工という物質に関与する活動も必要としているという説
明に置き換えることもできる。ここで、これらの物質的、有機的活動は単
なる義務ではなく、むしろ、生活における喜びと安らぎでもある点に留意
することが重要である。[284]

　第四に、黒人解放神学の提唱で著名なコーン（James H. Cone）によると、
奴隷制を通して「アメリカは、白人にとってのみ自由の地になり、黒人に
とっては隷属の地であった」だけでなく、[285] この事実はアメリカの基本的
な社会構造に影響を与えて、人種差別という悪性の組織を生み出した。人

283　John E. Costello, *John Macmurray*, p.21.

284　ダウニーによると、「私たちは人間のみと——健全で、良好な——人間
　的関係を持つことができるが、このことは私たちが動物や環境と他の種類の
　関係を持つことを排除しない。そして、それらは他の形での意味をも持ちう
　る。……私たちの本質は、部分的に私たちの人間的関係によって構成されて
　いるが、環境や芸術や動物などの要因によっても影響を受けている」（Robin
　Downie, 'Personal and Impersonal Relationships,' David Fergusson and Nigel Dower
　[eds.], *John Macmurray*, pp.130f.）。

285　James H. Cone, *The Spirituals and the Blues*, p.20. コーンについては、cf. 宮平
　望『現代アメリカ神学思想』の「第 2 章　黒人神学——J. H. コーンの神学」。

種差別は、皮膚の色を人間関係の究極的規範と見なすものであり、この[286]
組織は「黒い存在（black being）」を「無（nonbeing, nothingness）」に変容
させてしまう。[287] 神学的に言えば、この非人間化の要因は罪と呼ばれる。

　さらに、コーンは罪を共同体の文脈で定義する。罪とは、人間の倫理的
行動に関する抽象的な概念ではない。「それは、人間がその共同体の本質
から分離されている状態と定義される宗教的概念である」[288]。例えば、イ
スラエルの共同体における罪は、出エジプトの際にその共同体を隷属状態か
ら解放した神ヤーヴェの契約からの乖離であった。[289] これは、その共同体
の価値や目標——イスラエルの共同体の場合は解放——にではなく、自分
の個人的利益に従って生きる人間の生き方そのものが罪であるということ
を示している。

　このような生き方は、奴隷制にあるように、支配的な人々が貧者や弱者
をその共同体から疎外させ、生きる意味や目的を奪取する時、人種差別
と類似関係にある。しかし、コーンによると、アメリカの奴隷制の手先
（agent）として自らの利己的、政治的利益に従って働いていた白人は自分
自身の罪を認識できない。罪は共同体的概念であるので、それは抑圧され
ている共同体にいる人々によってのみ認識されうるのである。ここに悲劇
がある。このように、罪は宗教的違反だけではなく、共同体における社会
的、政治的、経済的抑圧でもある。[290]

　マクマレーも多少異なる文脈ではあるが、こう主張している。

　「罪は、人間生活において孤立の原因となるものを意味する。それは、

286　Cf. James H. Cone, *A Black Theology of Liberation*, p.14.

287　Cf. James H. Cone, *Black Theology and Black Power*, pp.7, 106.

288　James H. Cone, *A Black Theology of Liberation*, p.104. Cf. James H. Cone, *A Black Theology of Liberation*, p.51:「それ（＝罪）は、ある人が自分の存在の根拠を失っているという共同体的認識である」。

289　Cf. James H. Cone, *A Black Theology of Liberation*, p.104.

290　Cf. James H. Cone, *Speaking the Truth*, p.41.

結　章　ジョン・マクマレーへの批判的評価

結果的に疎外をもたらす。したがって、福音書において罪の克服は、贖罪や和解（atonement or reconciliation）として表現されている」（CS, p.110, cf. CH, p.68)[291]。

マクマレーは、許しを伴う和解の過程の中に二つの原則、否定的なものと肯定的なものを見いだす。彼が続けて説いているように、

「生命の原則としての罪の許しの目的は、恐怖と孤立の継続的除去である。罪悪感は人をその仲間から孤立させる。それは、仲間が自分を罰する権利があるという感情を自分に抱かせるからである。したがって、罪の許しは、その人の自信を回復させ、孤立感を克服する意識を保持させようとする社会的態度を表現することである。しかし、これは単に否定的原則である。……肯定的原則は、イエスが律法の代わりに採用する『新しい命令』の中で表現されている。それは、律法と預言者の成就であると主張されている。『新しい命令を私はあなたたちに与える。あなたたちはお互いに愛し合いなさい。私があなたたちを愛したように、あなたたちもお互いに愛し合いなさい』」（CS, p.113)[292]。

これは、恐怖の除去だけでなく、愛の動機が孤立した罪人の回復に必要であるということである。

---

291 ここで、贖罪や和解という用語の使用は極めて妥当である。各々の語源が示唆しているように、「贖罪（atonement）」は、孤立した人々がお互いに「一つに（at one with）」されることを、「和解（reconciliation）」は、孤立した人々を「再び（re）」「一緒にする（concilio）」ことを意味しうるからである（cf. 'concilio,' 'reconcilio,' P. G. W. Glare [ed.], *Oxford Latin Dictionary*, pp.387, 1584)。また、黒人神学とマクマレーの思想の間に類似点が見られるのは理にかなったことである。両者共に、幾つかのマルクス主義的主張から影響を受けているからである（cf. Christopher Lind, 'John Macmurray and Contextual Theology,' p.392)。

292 Cf. ヨハ 13:34.

一九二〇年代にマクマレーは、人種差別と人種隔離の蔓延していた南アフリカ共和国のヨハネスバーグにおいて、現地黒人の社会的地位向上のための新委員会の創設委員であった[293]。南アフリカ共和国では後に、一九四八年から一九九四年に渡り、公的な政治的分離政策であるアパルトヘイト（Apartheid）が実施されるに至ったが、このアパルトヘイトは神学的には、オランダ改革派教会（the Dutch Reformed Church）の一八五七年総会宣言に由来する。それは黒人と白人の分離礼拝に関するもので、状況は創造における「多数形態（pluriformity）」を新カルヴァン派が強調したことによって悪化した[294]。そのような背景を持つオランダ系白人アフリカーナ教会は、一九三〇年代以降、居住地域分離や人種別結婚を含む、より多くの政策を要求した。マクマレーが罪の意味を共同体からの分離という視点で解明したのは、ある意味で当然のことである。彼はヨハネスバーグにおいて現実的な生活を体験していたのである。

　第五に、二十世紀で最も影響力のあったカトリック神学者、ラーナー（Karl Rahner）は、すべての人間における神の神秘的恩寵の存在を強調し、そこには明確なキリスト教信仰を持っていなかったり、その恩寵の存在に気づいていない非キリスト者も含まれるとした[295]。ラーナー自身の言葉で

293　Cf. John E. Costello, *John Macmurray*, p.103. 以下については、cf. Dirk J. Smit, 'Apartheid,' pp.293f. Jack Costello SJ, 'The Life and Thought of John Macmurray,' David Fergusson and Nigel Dower (eds.), *John Macmurray*, p.9 によると、オックスフォード大学ベイリオル学寮で一九一三年、「マクマレーは、若くて聡明な南アフリカの学生と友人になった。このヤン・ホフマイアと彼は、多くの考えや自分たちのキリスト教信仰を分かち合った」。後の一九二〇年、この友人がマクマレーにヨハネスバーグ・ウィットウォーターズランド大学哲学教授職を提供した（John E. Costello, *John Macmurray*, p.98）。

294　Cf. Matthias Freudenberg, 'Neo-Calvinism,' p.92:「新カルヴァン主義とは、一八七〇年頃から一九二〇年頃まで（先駆者や後続史もあるが）、神学を教会、科学、文化、法律、政治に関与させることによって、近代性の諸条件の下で古典的な改革派神学を復興させる試行を意味する」。

295　Cf. Werner G. Jeanrond, 'Anonymous Christianity,' p.253. ブレットによると、「ラーナーとマクマレーは別々の仕方であるが、共に他者志向的、関係的人間

結　章　ジョン・マクマレーへの批判的評価

182

言うと、

　　「誰でも自分をこの恩寵に捕らえられるままにしているなら、その人は
　　『無名のキリスト者（anonymous Christian）』と呼ばれるあらゆる権利が
　　ある。この名前が暗に示唆しているように、人によるこの根本的な行動
　　契機（actuation）は、すべての行動契機と同様に、無名の状態でとどま
　　りたいと思うことは無理であって実現せず、明白な表現へ、その十分な
　　名前へ向けて邁進する。歴史上の逆境が、この表現の明白性に制限を課
　　すこともありうるため、この行動契機が愛に満ちた人間的行為の明白な
　　出現を超えないかもしれない。しかし、この明白性の新しい、より高度
　　の段階が、教会員となる告白文を意識的に受け入れるという究極的完全
　　性にまで、ちょうどそこにまで提示される時はいつでも、その行動契機
　　は明白性への傾向に反して働くことはないのである」[296]。

　ラーナーの言う「歴史上の逆境（unfavourable historical environment）」は、
マクマレーによって明示される次の見解を考慮すると、共産主義体制の中
にも見いだされうるかもしれない。

　　「キリスト者は、その行動が示しているように、現実的には神を信じて
　　おらず、ただ信じていると考えているだけであると結論する人は誰でも、
　　同様にして、共産主義者は現実的には神を信じているが、信じていない
　　と考えているだけであると結論しうるだろう」（CS, p.27）。

　言うまでもなく、共産主義者は形式的には無神論者であるが[297]、社会正

　　概念を構築している」（Gregory Brett, *The Theological Notion of the Human Per-
　　son*, p.15）。

296　'23. Anonymous Christians,' Karl Rahner, *Theological Investigations Volume VI*,
　　p.395.

297　ここで、マクマレーの「神存在の否定である知的無神論は、否定されて

義の実現は共産主義者だけでなく、正義の神を信じるキリスト者にも共有されているため、労働者の社会的地位向上のために尽力している共産主義者は「無名のキリスト者」と呼ばれうるだろう。また、この場合、共産主義者に対する公平さのために、キリスト者は同様にして「無名の共産主義者」と呼ばれなければならないだろう。ラーナーとマクマレーは、人間の名称のみに基づく地位以上に現実的な質を重視するという点において一致している。

このように、現代神学の文脈でマクマレーの著作を検討するなら、彼の隠れた神学的洞察と知恵は、極めて明確な形を示し始める。そして実際に、彼の明白な哲学議論は、神は御父、御子、聖霊であるという古代キリスト教の三位一体論の再考にも貢献しうる。例えば、彼が存在を物質的存在、有機的存在、人間的存在の三型式の存在に分類して、内容を明示することは（RE, pp.133f.）[298]、「三つの位格と一つの実体（the three persons in one substance）」という三位一体論の正統的な定式を改訂する際に極めて妥当である。「実体、物質（substance）」とは、少なくとも日常言語では主として物質的存在に属し、その結果、三位一体論の文脈で表現される「実体」は範疇の誤謬であると見なされなければならないからである。もし、マクマレーの用語法で表現されるなら、三位一体は「一つのコミュニオンにおける三者のパーソン（the three persons in one communion）」、または、「コミュニオンにおけるパーソン（persons in communion）」となるだろう[299]。「人

いる神概念が知られない限り、同様にして無意味である」という見解は重要である（CS, p.19）。

298　Cf. 本書「第四章　宗教と信仰共同体」の「第三節　宗教と信仰共同体」。

299　この点で、三位一体を表現するには、「コミュニオンにおけるパーソン（persons in communion）」という表現の方が、「存在におけるパーソン（persons in being）」より適切である。一九九六年という同年に出版された次の二冊の本を比較することは興味深い。それらは、スコットランドを中心に広く尊敬されている神学者による本、Thomas F. Torrance, *The Christian Doctrine of God, One Being Three Persons* と、その甥による本、Alan J. Torrance, *Persons in Communion　An Essay on Trinitarian Description and Human Participation* である。

結　章　ジョン・マクマレーへの批判的評価

間性は本質的に、……人間の親交である（Personality is essentially … the communion of persons）」と彼が指摘しているとおりである（RE, p.135）。

　三位一体論との関係で、マクマレーによる人間性の形態における意思疎通の言語学的分析もまた極めて興味深い。マクマレーが説明しているように、文法学者によって象徴的に「第一人称（the first person）」、「第二人称（the second person）」、「第三人称（the third person）」と呼ばれる意思疎通の三つの人称がある。言い換えると、

　　「第一人称は話者である『私（I）』に象徴され、第二人称は語りかけられる人である『あなた（You）』であり、第三人称は話題となる人や物である」(PR, p.178)。

　マクマレーは、この意思疎通の言語学的分析と三位一体論の解釈との本質的な関係を明示していないが、三世紀古代アフリカの教父であるテルトゥリアヌスは、旧約聖書の預言書の研究に基づいて、「語る者と語られる者と語る相手は同一人物とは見なしえないという規則」を引き出した（*Against Praxeas*, 11）。例えば、イザヤ書五十三章における苦難のしもべに関する預言に言及して、テルトゥリアヌスは、「イザヤを通して、（聖霊が）御父に御子について語る」と解釈する（*Against Praxeas*, 11）。ここで

　　また、宮平望『神の和の神学へ向けて 三位一体から三間一和の神論へ』は、人が「人間」、つまり「人」と「人」との「間」と理解され、人間の共同体において「和」が重視される日本の文化的風土に基づいて、三位一体を三間一和（さんかんいちわ）と再定式化している。

300　Cf. 本書「第三章　社会と共同体」の「第五節　人間的共同体と非人間的社会」。

301　以下については、cf. 宮平望『神の和の神学へ向けて 三位一体から三間一和の神論へ』の「第一章　テルトゥリアヌスの三位一体論と『所有』概念」の「第二節　キリスト教の伝統　(a) 各位格の一体性と区別」。

302　「イザヤを通して」という句が示しているように、テルトゥリアヌスは聖霊が預言者の実際の語り手であると考えており、それゆえ「聖霊が」という表現は、明示のために編集者によって本文に挿入されたものである（cf.

明白なことであるが、「語る者と語られる者と語る相手」は、聖霊と御子と御父に対応している。この場合、聖霊と御子と御父は、「語る者と語られる者と語る相手」のようにお互いに区別されている。この分析は、ユダヤ教の唯一神という宗教的背景に対して、キリスト教の神の三者性を強調することに貢献した。

テルトゥリアヌスは聖句を再構築して、三位一体論の三重の定式へと変革し、特に三位一体論との関係で後代の西洋神学に重要な道を開いた。これは、その規則がテルトゥリアヌスから五世紀のアウグスティヌスを通して二十世紀のバルトに、幾らかの修正を伴って引き継がれたということである。「愛を見るなら、実際に三位一体を見ているのである」と語ったアウグスティヌスは（*The Trinity*, VIII, viii, 12）、愛は三位一体の類比であると見なし、御父、御子、聖霊をそれぞれ、「愛する者と愛される者と愛そのもの」の三部に分析した（*The Trinity*, VIII, x, 14; IX, ii, 2）[303]。さらに、現代に至ってバルトは三位一体自体を神の啓示の類比とみなし（*Church Dogmatics I/1*, pp.333ff.）、御父、聖霊、御子をそれぞれ「啓示する者と啓示される者と啓示」であるとした（*Church Dogmatics I/1*, p.299）[304]。テルト

Tertullian, ed. and tr. by Earnest Evans, *Tertullian's Treatise Against Praxeas*, p.253）。

303　Cf. マタ 3:17, エフ 4:2-3, 16.

304　Cf. Karl Barth, *Church Dogmatics I/1*, pp.314, 361ff. マクマレーは、バルトの神学の中に自然と超自然という二元論的傾向を見いだしている。「この超自然的宗教概念は、カール・バルトによって妥協のない形で再表明された。神は全き他者として人間の理性には全く不釣り合いであり、自らを率先的に啓示することによってのみ知られる」（RAS, p.48, cf. David A. S. Fergusson, *John Macmurray in a Nutshell*, p.8; John E. Costello, *John Macmurray*, p.270; Darren M. Kennedy, *Providence and Personalism*, pp.289f.）。ケネディーは、「人間（persons）に関するすべての知識は、啓示による。……もし、あなたがあなた自身を私に啓示することを拒否するなら、私はあなたを知ることができない。私がどれほどそうしたいと思っても」（PR, p.169）というマクマレーの明言に言及しつつ、「もし、神がこの意味で人間的（personal）であるなら、『啓示神学』に対するマクマレーの反対は、彼自身の論理と矛盾しているように思える」と指摘する（Darren M. Kennedy, *Providence and Personalism*, p.230）。

結　章　ジョン・マクマレーへの批判的評価

ゥリアヌスとアウグスティヌスとバルトの間には、三位一体の御父、御子、聖霊の誰が、各々の定式のどの要素に該当するかについて差異が認められるが、概してこの三人の神学者は、三要素を主語と述語（または内容）と目的語としている点では一致している。

　キリスト教の神は三位一体と見なされるが、神の名前自体は、出エジプト記三章の「私はあるという者である（I am who I am）」という神の自己啓示に逆上る。このこととの関連で、マクマレーの次の見解は、神の名前に関する解釈に光を当てる。

> 「物質的なものも植物も動物も同様に、それらはすべてある法則に従っており、その法則はそれらに対して、またそれらにおいて生起するあらゆることを支配し決定している。このような理由で、非現実的なことはそれらには生起しえない。それらは非現実的になりえない。しかし、男性も女性も［それらとは］異なっており、人々はいつも同じとは限らない。人々は幻想に感化され、人々の性質は誤りや欺きによって歪曲されうる。人はどのような人間に関しても、その他の存在に関して語るように、彼は全く本来の彼自身のままである（he is exactly what he is）と語ることは決してできない。人は非現実的になりうるからである」（FMW, p.89）。

　物質的なものや有機的なものとは異なり人間は、常に本来の自分自身であるというわけではないという点で非現実的である。もし、仮に人間が常に本来の人間のままであるとするなら、人間は幻想や欺瞞なしに常に現実的であるだろう。しかし、神は常に本来の神のままであり（God is always who God is）、神自身の「私はあるという者である、私は本来の私のままである（I am who I am）」という名前が示しているとおりである。これは、神が常に幻想や欺瞞なしに現実的に存在するということを意味してい

305　Cf. 出エ 3:14.

る。上記の引用に従って、「人は神に関して、神は全く本来の神のままである（you can say of God that God is exactly who God is）」と付言することができるだろう。したがって、人は常に神を信頼し、神に同伴することができるのである。この同伴者である神は、「彼（he）」というよりも、むしろ、「あなた（you）」である。マクマレーが主張するように、

> 「『我思う』を第一原理とするどのような哲学も、形式的には第二人称なしの哲学であり続けなければならない。それは、『あなたと私』を考えることが除外されている哲学である。そして、宗教的経験の形態は、第一人称と第二人称の区別を含んでいる。『神』という概念は、普遍的な『汝（Thou）』の概念であり、それに対してすべての個別の人間は人間的関係を持つ」（SA, p.72）[306]。

　「汝」である神の中の三位一体論的親交をこの世の人間の中で反映し実現できる共同体は、より平和的な共同体を創出する際に必須の役割を果たすだろう。この共同体は非人間的な「彼」、「彼女」ではなく、むしろお互いに人間的に「あなた」と呼び合うことのできる人々から構成される。マクマレーは一九三六年に、「共同体を拒否するということは、憎悪と抑圧と戦争を意味する」（SRE, p.51）と述べている。さらに彼は続けて、共同体意識は国家の水準に限定されてはならず、意図的に拡大されて国際的な水準に至る必要があると主張している。これは宗教の課題に属することであり、特に各国の指導者たちの率先性がこの意識の向上に不可欠である。それゆえ彼は、「もし、第三次の、おそらく最後の世界戦争があるとするなら、それは大国の指導者たちがお互いに信頼し合えないことによるもの

306　この見解は、部分的にブーバーの『我と汝（I and Thou）』に由来するようである。例えば、cf. Martin Buber, *I and Thou*, pp.160f., 180: 神は「永遠のあなた（the eternal You）」である。Cf. also John E. Costello, *John Macmurray*, p.322; 本書「第一章　ジョン・マクマレーの生涯と思想」の「第四節　キリスト教と共産主義」。

結　章　ジョン・マクマレーへの批判的評価

ではないだろうか」と警告する（WR, p.51）。事実、彼は相互の信用と信頼を確立する宗教の役割が、諸国間の経済的相互依存よりも必須であると考えている。[307] 彼が指摘しているように、第一次世界大戦前、

> 「経済的相互依存の事実は、ある人々によって戦争勃発を抑止する積極的保証であると考えられていた。それがそうでなかった理由は、経済的相互依存はそれ自体、共同体を創出するのに十分ではないという単純な事実にある。共同体には、さらに人間的関係という感覚が必要とされるのであり、経済的相互依存の関係はその人間的関係の物質的表現にすぎないのである」（CS, p.172, cf. CAC, pp.522f.）。[308]

ユダヤ・キリスト教の文脈に基づいてマクマレーは、恐怖のない、愛に満ちた共同体と信仰共同体の存在の重要性について探究しているが、どのような宗教も、もし、階級、国籍、人種、性別、その他の背景に関係なく、人々の間の相互の信用と信頼の向上に貢献するなら、平和の創出と維持に必須の役割を果たすだろう。「宗教（religion）」と「信頼（reliance）」は語

---

307 Cf. John E. Costello, *John Macmurray*, p.258. カークパトリックが極めて正確に明示したように、「相互依存性（interdependence）は相互性（mutuality）と同じではない。前者は所与のものであるが、後者は関係の中にある人々によって意図的に継続されなければならないからである」という見解はまさしくここでも当てはまる（Frank G. Kirkpatrick, 'The Logic of Mutual Heterocentrism,' p.356）。

308 Cf. John E. Costello, *John Macmurray*, p.158: 人間的様態の共同体志向の思考ではなく、「有機的様態の政治的思考が、彼（＝マクマレー）が述べているように、あの戦争勃発の根源の原因であった。それは、ヨーロッパ諸国に自分たちの国が動的な有機体であると考えさせ、その継続的拡大がその成熟を達成するために、より一層の植民地資源を必要としたのである」（cf. SA, p.83; PR, p.46）。Cf. also DMP, p.47:「どのような有機的哲学も、人間的経験の一定の根本的側面を正しく評価することができない。それが確実に見落とす側面は、まさしく、人間を他の高等な動物から区別している側面である。……その失敗は、ファシズムの発展を可能にし、不可避にさえしてしまう」（cf. also Philip Conford [ed.], *The Personal World*, pp.24f.）。

源的に共に、「再び集めること」、「再び結ぶこと」を意味すると考えられるラテン語の「レリギオ（religo）」と関係しており[309]、本質的に相関関係にある用語であり、概念であり、何よりも実践なのである。

第二節　ジョン・マクマレーへの批判

マッキントッシュが主張しているように、「マクマレーの著作の多くは、彼の時代にとって新鮮な題材を含んでいるが、それは私たちの時代にとっても依然として妥当なものである」[310]。しかし、マクマレーが、自らの著作で展開した種々の極めて重要な概念と同じくらい多くの批判を各領域から招来したとしても、それは当然のことである。例えば、彼は一夫一婦の結婚生活以上に感情的誠実さを重視することで自由を不均衡に強調したため、十戒を生活の核心に置くヘブライ人の伝統を極めて高く評価しつつも、その十戒の中で規定されている男女関係に関する道徳的義務をほとんど考慮していないようである[311]。彼はまた、友情の人間的相互関係にのみ焦点を当てたため、何らかの点で必ずしも平等でも自由でもない様々な人間関係において社会的に割り当てられた役割に由来し、そこから発展する別の形態の友情もほとんど考察していない[312]。さらに、マクマレーは献身的なキ

309　Cf. 'reliance,' 'religion,' 'rely,' James A. H. Murray et al (eds.), *The Oxford English Dictionary Second Edition Vol. XIII*, pp.562, 568, 576; 'lego,' 'ligo,' 'religio,' 'religo,' P. G. W. Glare (ed.), *Oxford Latin Dictionary*, pp.1014, 1030, 1605, 1606. Cf. also 本書「第四章　宗教と信仰共同体」の「第三節　宗教と信仰共同体」。

310　Esther McIntosh, *John Macmurray's Religious Philosophy*, p.206.

311　このような見解に対してニュービギンは、「私たちが批判を向けるべきマクマレーの教えの中心点は、道徳的生活に由来する義務への従順という考えを排除している点である」と語る（J. E. Lesslie Newbigin, *Christian Freedom in the Modern World*, p.19）。Cf. John Aves, 'Persons in Relation: John Macmurray,' p.133; David A. S. Fergusson, *John Macmurray in a Nutshell*, p.12. Cf. also 'The Virtue of Chastity' of RE, pp.68-85.

312　したがって、ダウニーはマクマレーがこの点において「単純化し過ぎている」と批評している（Robin Downie, 'Personal and Impersonal Relationships,'

リスト者であるが、その思想は、個人の罪、社会的悪弊、自然災害、国際的紛争や戦争がいずれ克服されるという現実を宗教的共同体に期待させる終末論的視点が欠けている。これは、余りにも多くの人々が援助も希望もなくその生涯を終えている事実を考慮すると、一層明白になる。[313]

　しかし、これらの難点にもかかわらず、科学的領域まで検討するマクマレーの多才な学問的活動は、次のような比較研究の試行をさらに促してくれる。マクマレーは哲学だけでなく、神学や科学にも精通したオックスフォード大学出身者であるから（SRR, pp.11f., cf. BS, p.20）[314]、彼との対話の役割を果たす現代の学者として、同様にオックスフォード大学教授のアリスター・E・マクグラス（Alister E. McGrath）が確かに適任だろう。[315] マクグラスはイギリス国教会に属し、神学の不可欠な役割を高く評価する点でマクマレーとは対照的である。マクマレーは国教会制度を否定するだけで

David Fergusson and Nigel Dower [eds.], *John Macmurray*, pp.120f.). Cf. David A. S. Fergusson, *John Macmurray in a Nutshell*, pp.22f. ; A. R. C. Duncan, *On the Nature of Persons*, pp.80f.

313　Cf. David A. S. Fergusson, *John Macmurray in a Nutshell*, p.22; John Aves, 'Persons in Relation: John Macmurray,' pp.133f.

314　Cf. 本書「第一章　ジョン・マクマレーの生涯と思想」の「第一節　知的生活」。

315　興味深いことに、マクマレーもマクグラスも同じ科学的研究の手続きに言及している。マクマレーが言及しているように、「ある有名な化学者は、……すべての元素の原子の重さは、最も軽い元素（＝水素）の原子の重さの整数倍になるという理論を提唱した。しかし、研究の結果、多くの元素がこの仕組みに適合しないことが分かり、その理論は誤りとして捨て去られた。ところが今日、その不適合とされた元素は、実際には異なる重さの原子の一定の割合における混合物であることが発見されている。古い理論が再燃され、研究され、結局はその正しさが発見されたのである」（FMW, pp.94f.）。また、マクグラスも、その時点で利用可能な最善の科学的方法を採用する重要性を指摘する際に、マクマレーの指摘したこの科学史上の再発見に言及している。それによると、この「ある有名な化学者」とは「ジョセフ・プラウト（Joseph Prout）」であり、彼の理論は「一八一五年に」提示された（Alister E. McGrath, *The Science of God*, pp.184f.）。

なく、「私は決して二度と、宗教を神学や何らかの信仰体系と〈同定する〉ひどい誤りには陥らないはずである」と述べ（SRR, p.15）、また、神学を「霊的世界の科学（または多分、疑似科学）」とも見なしているからである（RE, p.107）。

　他方、マクマレーとマクグラスの間には、幾つかの基本的な類似点がある[316]。マクマレーは、理念的なもの、空想的なもの、あの世的なものに反対して、現実的なもの、実践的なもの、地に足のついたものを非常に重視する。マクグラスもまた、自分自身の課題に実在論的（realist）研究方法を採用する。彼が主張しているように、「神学においては、実在論的視点を採用することが肝要である。そのような研究方法に徹することは直ちに、科学的神学が前もって神の様子や神との邂逅の方法を規定せず、神が実際に知られる方法に関する考察によって、これらを確立しようとすることを示唆する。言い換えると、神と神に関する事柄の認識は先天的に（a priori）というよりは、むしろ、後天的に（a posteriori）宣言される[317]」。

　さらに、マクマレーは、数学的思考の機械的統一型、生物学的思考の有機的統一型、心理学的思考の人間的統一型に基づいて、この世界の現実を探究するが[318]、マクグラスはロイ・バスカー（Roy Bhaskar）の著作に言及

316　ファガソンによると、「ジョン・マクマレーからの最も顕著な影響は、一九五二年から一九七九年までエディンバラ大学キリスト教教義学教授職を占めていたT・F・トランス（T. F. Torrance）の研究の中に見られるはずである。……一九六〇年代以降の彼（＝トランス）の著作は、彼の古き同僚哲学者（＝マクマレー）への言及で満ちている。……これは特に、一九六九年出版の彼の『神学的科学（*Theological Science*）』において明白である」（David Fergusson, 'The Influence of Macmurray on Scottish Theology,' pp.145f.）。したがって、『トマス・F・トランス　知的伝記（*Thomas F. Torrance An Intellectual Biography*）』や三巻本の『科学的神学（*A Scientific Theology*）』を著したマクグラスは、マクマレーからの影響に無関係ではないと言えるだろう。

317　Alister E. McGrath, *The Science of God*, p.33.

318　Cf. 本書「第三章　社会と共同体」の「第一節　世界観——機械論と有機体と人間性」。マッキントッシュが正確に指摘しているように、マクマレーによる機械論と有機体と人間性という三部構成の区分は、デカルト的二元論に

結　章　ジョン・マクマレーへの批判的評価

して、「階層化された現実（stratified reality）という概念」を活用し、「この『批判的実在論的（critical realist）』研究方法は、現実が多くの水準から成り立っており、一つの水準（例えば物理学）に適切な作業方法が、他の水準（例えば生物学や心理学）では効果的ではないかもしれないということを認める」と述べる[319]。ここで、現実における物理学的水準、生物学的水準、心理学的水準はそれぞれ、「現実の統一概念（unitary conception of reality）」と呼ばれているが[320]、これはマクマレーの言う「現実（reality）」の三つの「統一型（unity-pattern）」を想起させる。

そこで、最初にマクグラスによって提唱されている科学的神学と、教義や教理に基づく神学の重要性に対する彼の強調を検討して[321]、その後、マクマレーによって提起されている核心的な点、人間の自由と平等について教理的、聖書的視点から再検証し、最後に、物質、生命、人間性に加えて、もう一つ、信仰の領域（field of the faithful）または信仰の形態（form of the faithful）の可能性に言及しよう。

マクグラスが、キリスト教神学と自然科学が相互に関連し合う科学的神

対する批判として機能している（Esther McIntosh, *John Macmurray's Religious Philosophy*, p.115）。

319　Alister E. McGrath, *The Science of God*, p.24.

320　Alister E. McGrath, *The Science of God*, p.24. さらに、彼の科学的神学は、自然、現実、理論から成り立っているが、それは概してマクマレーの提示する枠組みの芸術、宗教、科学に対応していると思われる（Cf. 本書「第三章　社会と共同体」の「第五節　人間的共同体と非人間的社会」と本書「第四章　宗教と信仰共同体」の「第一節　理性と感情」）。

321　「教理（doctrine）」は、「キリスト教会が信仰の合意の真正な表明として認めるようになった『理論』」を意味し、「『教義（dogma）』は、『権威があり、または権威を授けられた共通の理論で、キリスト教共同体の本質と伝道に必須であると見なされるもの』を意味し、古典的キリスト教神学において使用される。……『教義』という用語にやや問題となる歴史的関連事項があるとするなら、私は『教理』という用語の方を、『教会で受容されている理論』を意味するものとして使用したい。それは、『ある学者たちや宗教集団が支持しているが、全体として教会の支持を勝ち取れていない理論』とは対照的である」（Alister E. McGrath, *The Science of God*, p.177）。

学に取り組む理由は、世界と自然を含む現実が神の被造物だからである。[322]
神が現実において自然と関係しているように、神学は芸術学や人文学も考慮に入れながら、実在論的研究を通して自然科学にも関係する。[323] 一方でこれは、科学的理論は近年、真理を探し求める（approach）奮闘を背景にして急激で根本的な進歩を遂げているため、科学的神学が時と共に変化を被ることを意味する。[324] 他方、神は真理そのものであり、そのようなものとして神は人間を探し求める（approach）[325]ことをやめない。[326] その結果、強調点は各自の立脚点によって様々であるが、人々は、神、預言者、神の子イエス、聖書、歴史、自然を含む現実を通して啓示され、経験したことに基づいて、教理を確立することができたのである。この実在論は、経験に基づく概念としての科学的実在論であり続けるが、それはこの実在論が「現実との実際の邂逅に基礎づけられている」からである。[327]

　マクグラスは、明示のために素朴な実在論やポストモダン的反実在論と対比させつつ、科学的実在論で採用されている批判的実在論を概説する。

　　「〈素朴な実在論（Naive realism）〉：現実は人間の心に直接的に衝撃を与えるが、知る人間の側のことは考察されない。その結果、知識は世界の中の客観的現実によって直接的に決定される。
　　〈批判的実在論（Critical realism）〉：現実は人間の心によって理解されるが、その心は数学の公式や心の構造図などの使用可能な道具を最善の形で用いて現実を表現し、受容しようとする。
　　〈ポストモダン的反実在論（Postmodern anti-realism）〉：人間の心は、あるとされている外的世界に言及することなく自由にその概念を構築す

322　Cf. Alister E. McGrath, *The Science of God*, p.21.

323　Cf. Alister E. McGrath, *The Science of God*, p.23.

324　Cf. Alister E. McGrath, *The Science of God*, pp.27, 30f.

325　Cf. ヨハ 1:14, 8:40, 14:6, 15:26, ロマ 1:25.

326　Cf. マタ 18:10-14, ヨハ 1:14.

327　Alister E. McGrath, *The Science of God*, p.127.

194

る」。[328]

　批判的実在論は、人間の心が使用可能な道具を使って考察することを内包するが、この人間の心は、神や神に関することの意味を汲み取り、知識と理解の地平を拡大しようとする積極的傾向を持つので、このことが必然的に教理の形成に至る。[329]この知的機能に加えて、マクグラスは教理の社会的機能を指摘する。その社会的機能は、キリスト教共同体をその他の様々な集団から明確に区別する際に役立つ。これは特に、異端的教説の侵入という事態がしばしば教会を脅かしていた古代キリスト教共同体において深刻であった。[330]逆に言うと、教会は自らの境界線を確定して明示するために、必然的に教理を形成しなければならなかったのである。

　四世紀の古代教会において、教理を巡る諸問題で論争になったものの一つは、三位一体論に関するものである。[331]例えば、正統派の教会はヨハネによる福音書十章三十節の「父と私は一つである」というイエスの言葉に訴えて、御父と御子の同等性を主張したが、[332]異端者たちはヨハネによる福音書十四章二十八節の「父は私より大きい」というイエスの言葉に言及して、御父と御子は同等ではないと主張した。正統派は、イエスが罪人の救い主として父なる神と同等でなければならないと主張する必要があったのだが、異端者は、人の子としての人間イエスとは異なると考えられる父なる神の神性を擁護する必要があったのである。ここでもし、神としての聖霊の同等性も当然のこととしていた正統派の三位一体論に同意し、創世記一章二十七節にあるように、神の像に人間が造られたことを考慮するな

328　Alister E. McGrath, *The Science of God*, pp.141f.

329　Cf. Alister E. McGrath, *The Science of God*, p.191.

330　Cf. Alister E. McGrath, *The Science of God*, pp.176f., 192, 231-234.

331　以下については、cf. 宮平望『神の和の神学へ向けて　三位一体から三間一和の神論へ』の「第五章　神の和の神学の神学的基盤」と「第六章　神の和の神学の聖書的基盤」。

332　Cf. ヨハ 8:58, 17:1-26.

ら、人間は三位一体の神の像としてお互いに本質的に同等であるという結論が導き出せるだろう。したがって、この教理はこの点で極めて実践的になりうる。神の中の三者（persons）がお互いに同等であるように、この世界の中の人間（persons）もお互いに平等なのである。人間の平等性は、マクマレーが自由と共に最も強調するものである。

マクマレー自身も、「私はイエスの教えの意味を確定しようとする時、第四福音書（＝ヨハネによる福音書）を使っている」と認めているように（CH, p. x）、ヨハネによる福音書は、彼によるイエス解釈において中心的な役割を果たしている。例えば、友情について論じるために、彼は次の聖句を取り上げる。

> 「もし、あなたたちが私の命じることをすべて行うなら、あなたたちは私の友である。したがって、私はあなたたちをしもべではなく友と呼ぶ。これらのことを私はあなたたちに命じる。あなたたちはお互いに愛し合いなさい」（YMF, p.3）[333]。

そして、マクマレーは、「それで同じように、あなたたちは命じられている〈すべてのこと〉を終えたら、『私たちは役に立たないしもべです。やるべきことをしただけですから』と言いなさい」という聖句と関連づけて（YMF, p.3）[334]、「しもべ」の奉仕は「役に立たない」ものであるから、「キリスト教の福音の中心語句は奉仕ではなく、友情である」と結論する（YMF, p.3）[335]。この結論は確かに、人間の自由と平等の具体的実践である

333　Cf. ヨハ 15:14-17.

334　Cf. ルカ 17:10.

335　したがって、マクマレーの文の中から最も頻繁に引用される「すべての意味ある知識は行為のためのものであり、すべての意味ある行為は友情のためのものである」という文は（SA, p.15）、次のように敷衍できるだろう。「すべての意味ある知識は行為のためのものであり、すべての意味ある行為は友情のためのものであり、すべての意味ある友情はそれ自体のためのものである」。また、マクマレーが「奉仕（service）」よりも「友情（friendship）」を高

結　章　ジョン・マクマレーへの批判的評価

196

友情に対する彼の強調と合致している。

　しかしながら同時に、聖書は概して弟子の奉仕活動も重視している。疑いなく、神と主イエス・キリストに奉仕することはキリスト教の徳の一つであり、多くの弟子たちは謙虚に自らを神やイエス・キリストの奉仕者[336]と呼んでいる。[337]さらに、パウロがガラテヤ人に対して、愛によってお互いに仕え合うことを励ましているように、[338]奉仕活動は一方的で不平等なものではなく、相互的で同等なものである。この奉仕活動は本質的に、十字架刑の死に至るまで従順であったイエスの謙遜さに由来するため、[339]パウロはローマ人やフィリピ人に対してお互いに謙遜になり、相手を自分よりも優れている者と見なして生活するようにと勧めた。[340]このようにして、より動的な平等性が確立され、維持される。[341]イエスの弟子たちは、相互に謙虚に相手に仕えることによって平等を実現するのである。

　事実、この相互の奉仕活動における動的な形態の平等性は、三位一体論に基づいて論じることもできる内容である。つまり、この世の人々の奉仕活動は、神の中の三者の奉仕的性格を規範とすることができる。それは、御父が世界の創造と維持に中心的役割を果たす時、御子と聖霊は御父に仕え、御子が罪人への伝道と救いの業という掛け替えのない役割を果たす時、御父と聖霊は御子に仕え、聖霊がすべてを清めて慰めるという究極的な役割を果たす時、御父と御子は聖霊に仕えているという模範である。

　く評価する理由の一つとして、本書「第二章　共産主義と民主主義」の「第七節　自由と現実」の終わりで言及したように、「奉仕（service）」という用語自体が、この語一語で「兵役（military service）」を意味しうることが挙げられるだろう。

336　Cf. ルカ 16:13, 使徒 20:19, ロマ 12:11, 14:18, エフ 6:7, コロ 3:24, テサ一 1:9.

337　Cf. ロマ 1:1, フィリ 1:1, コロ 4:12, テト 1:1, ヤコ 1:1, ペト一 2:16, ペト二 1:1, ユダ 1:1, 黙示 1:1.

338　Cf. ガラ 5:13.

339　Cf. フィリ 2:8.

340　Cf. ロマ 12:10, フィリ 2:3.

341　Cf. 本書「第二章　共産主義と民主主義」の「第五節　民主主義とイエス」。

こうした相互的な視点から見ると、御父と御子が一つであるという内容は、豊かな意味を持っていることが明白になる。御父と御子が一つであるのは、単に御父が創造の業において御子より大きいからだけではなく、御子が罪人の救いの業において、ある意味で御父より大きいからである。この相互的な一致において、御父と御子、御子と聖霊、聖霊と御父はそれぞれの独特な役割に基づいて、常にお互いに同等に仕え合う。この動的な形態の奉仕活動は、人間の共同体においても実現されうるだろう。

　パウロによると、「愛によってお互いに仕え合う」ことは、「自由」の具体的な実践である。人間による相互の奉仕活動が三位一体の神に由来しているように、この自由も三位一体の神に起源を持つ。この世を無から創造した御父は、その際、御子と聖霊との自由な関係以外の何ものからも自由であり、御子は十字架刑への死の道程を自由に自発的に歩み、聖なる息吹、聖なる風でもある聖霊は性質上、風が思いのままに吹くように、自由である。

　最後に、マクマレーによって明示された三つの領域、つまり、物質的、有機的、人間的領域に、信仰の領域（field of the faithful）、または天国の領域（field of the heavenly）を追加する可能性を指摘しよう。マクマレーは天国のようなあの世の領域を空想的、幻想的であるとして軽視するが、その領域または形態は、存在のその三つの水準を拡大することによって見いだされうるだろう（RE, p.133）。さらに、彼は彼の言う人間的枠組みが不可避的な重要性を帯びてはいるものの、決定的、最終的であると見なし

342　Cf. ヨハ 10:30.

343　Cf. ヨハ 14:28.

344　Cf. ガラ 5:13. Cf. also ペト一 2:16.

345　Cf. 創世 1:1-31, ロマ 4:17.

346　Cf. ヨハ 10:18, 18:4, 19:30.

347　Cf. ヨハ 3:8, コリ二 3:17.

348　Cf. 本書「第三章　社会と共同体」の「第一節　世界観――機械論と有機体と人間性」と本書「第四章　宗教と信仰共同体」の「第三節　宗教と信仰共同体」。

てはいないようである。[349]彼による次の見解は、第四の領域の存在やその枠組みについて探究する際、非常に役立つものである。

「思考活動は、……その考察において直接的生活の具体的活動の代理を務め、それを『表明する（represent）』代替的活動である。そのような活動は、具体的世界において何の行為も行わないので、正しくは非現実的活動と言われる。これは、それが存在しないという意味ではなく、具体的行為という際立った特性——物における変化を確定する能力——を欠いているからである。それは、現実の世界では因果的な効力（causal efficacy）を持たない。それが引き起こす変化は、想像内容や概念の変化である」（IU, p.20）。

基本的に、物理学における「原因と結果は、生物学においては刺激と反応になり、人間の領域においては知識と行為になる」（SO, p.22, cf. BK, pp.41f.）。したがって、思考活動自体は、この世において何の実際的行為を行うこともできない。しかし、信仰活動は、もし、人は信じて疑わなければ、山をも動かすことができるというイエスの言葉に基づけば、この世においても行為を行うことができ、特に御子イエスに対する信仰を持つ人は永遠の命を持ち、[350]最後の日には復活することになる。[351]その永遠の命は、罪がないことを証明するものであり、[352]そのようなものとして元々は天に属し、[353]復活は本質的にこの世の法則に反するので、復活した人はイエスのように基本的に天に落ち着く。[354]

349　Cf. 本書「第三章　社会と共同体」の「第一節　世界観——機械論と有機体と人間性」。

350　Cf. マタ 21:21.

351　Cf. ヨハ 6:40. Cf. also ヨハ 3:15-16, 36, 5:24, 6:47, 11:25.

352　Cf. ヨハ 8:21-24, ロマ 6:23.

353　Cf. ヨハ 6:50-51, 58.

354　Cf. ヨハ 20:17.

言い換えると、一方で、この世の人間的領域にいる人々は、自然法則の下にいて罪があり、死を免れないが、他方、この世において信仰または天の領域に属する人々と、天にいる人々は、両方共に自然法則を超えていて罪がなく、自然的な意味ではなく究極的な意味での死も免れる。つまり、この世の人間的領域の人々は、神の律法を破ることができて実際に破るが、自然法則を破ることはできない。しかし、この世で信仰の領域に属する人々は、神の律法を破ることはできないが、自然法則を破ることはできるのである[355]。したがって、概してイエスによって実現される力ある業とも言われる奇跡は、その力ある言葉と共に、彼が本質的に天に由来し、そのようなものとして天にではなく地における天の王国の確立を宣言していることをこの世において示しているのである[356]。

　マクグラスがバスカーに同意して主張しているように、「この世界は、観察されうるものに限定されない。別の言い方をすると、存在は観察や観察しうることに依存していない。バスカーは、現実のある側面は……存在していても観察されていなかったり、観察されえないかもしれないと主張する[357]。もし、人間的領域を超えた信仰の領域または天の領域が、この世でのイエスの言葉と行動において観察されるなら、天の存在は最終的に十分に期待されうるだろう。マクマレーは、晩年にこう明示している。

355　Cf. ヨハ一 3:6, 9, 5:18. Cf. also ペト一 2:22.

356　Cf. 本書「第二章　共産主義と民主主義」の「第四節　共産主義とイエス」と「第五節　民主主義とイエス」。行為者としての神という概念からカークパトリックは、神による奇跡の諸問題に言及するが（Frank G. Kirkpatrick, *Together Bound*, pp.96-101）、彼によると、「行為者としての神という概念に賛同する議論は、神が正真正銘の（genuine）奇跡を行いうるという議論を正当化できるかどうかに依拠しているのではない」のは、「そのような奇跡が神の行為とは異なる範疇に属するからであり、人間の行為と同様に、因果関係に基づく下部構造内の諸過程を〈開始する〉だけであり、それらの諸過程を〈無視したり〉、無効にしたりすることはない」からである（Frank G. Kirkpatrick, *Together Bound*, p.97）。

357　Alister E. McGrath, *The Science of God*, p.145.

結　章　ジョン・マクマレーへの批判的評価

「おそらくすべての宗教言語は、確かに神に関する宗教言語は、神話的要素を含んでいるに違いない。それは人々の通常の経験という観点から、それ自身を超えている所にあるものを語らなければならないからである。人間性の経験において創造的自発性のような、最も高尚で、最も豊潤で、最も希有な特性が、神の特徴を表す際の最も適切な基礎を提供する。もちろん、これらのものでさえ不十分であり、人はそれらを神話的に利用しなければならない。もちろん、神が人間性（the personal）を超えているからである。しかし、それは人の経験の中での人間性のことである。その人間性は神の方向を指し示しており、人が神に言及するために所有している最も適切な言語を提供する」（SRR, p.45. n.1）。

　もし、神が人間性（the personal）を超えているなら、神の像に造られ（created）[358]、神への信仰によって造り変えられた（recreated）人間は[359]、この世で信仰生活を送りながら、その人間性を信仰によって超えることが期待できるだろう。そして、定められた時にこの世を超えて最終的に天のみの領域に入ることも、同様にして十分に期待できるだろう。

358　Cf. 創世 1:27.

359　Cf. ヨハ 1:12-13, 3:3, 6-7, コリ二 3:18, エフ 2:15, 4:24, コロ 3:10, テト 3:5, ペト一 1:3, 23, ヨハ一 2:29, 3:9, 4:7, 5:1, 4, 18.

年　表

1. ジョン・マクマレー年表

1891-1976	ジョン・マクマレー John Macmurray
1909-1913	グラスゴー大学在籍 Glasgow University
1913-1919	オックスフォード大学ベイリオル学寮在籍 Balliol College, Oxford
1914	陸軍医務班看護兵 Nursing Orderly in the Army Medical Corps
1916	キャロメン高地連帯兵（ソンム）Cameron Highlander in Somme, France
1918	キャロメン高地連帯兵（アラス）Cameron Highlander in Arras, France
1919-1920	マンチェスター大学哲学講師 Lecturer in Philosophy at Manchester University
1921-1922	ヨハネスバーグ・ウィットウォーターズランド大学哲学教授 Professor of Philosophy at the University of Witwatersrand, Johannesburg
1923-1928	オックスフォード大学ベイリオル学寮フェロー、西洋古典チューター Fellow and Classical Tutor of Balliol College, Oxford
1928-1944	ロンドン大学ユニバーシティー・コレッジ・グロート哲学教授 Grote Professor of Philosophy at University College, London[360]
1944-1957	エディンバラ大学道徳哲学教授

360　この期間、「学術支援協議会（the Academic Assistance Council）はマクマレーに、ドイツから避難して来た学者たちの審査を依頼した。それゆえ、彼はアドルノ（Theodor Adorno）を紹介され、後にはポパー（Karl Popper）、マルセル（Gabriel Marcel）、ブーバー（Martin Buber）とかかわりを持つようになった」（Esther McIntosh [ed. and intro.], *John Macmurray*, p.3）。

Professor of Moral Philosophy at Edinburgh University[361]

1953 　ギッフォード講演「人間性の形態　行為者としての自己」グラスゴー大学春学期

'The Self as Agent,' The Gifford Lectures: 'The Form of the Personal,' at Glasgow University during the Spring Term.

1954 　ギッフォード講演「人間性の形態　関係における人間」グラスゴー大学春学期

'Persons in Relation,' The Gifford Lectures: 'The Form of the Personal,' at Glasgow University during the Spring Term.

2. 一般年表

427-347 B. C.	プラトン Plato
384-322 B. C.	アリストテレス Aristotle
3(-2) B. C-30	イエス Jesus[362]
5(-10)-65(-68)	パウロ Paul[363]
c. 160-c. 225	テルトゥリアヌス Tertullian
354-430	アウグスティヌス Augustine
1225-1274	トマス・アクィナス Thomas Aquinas
1473-1543	コペルニクス Nicolaus Copernicus
1509-1564	カルヴァン John Calvin
1588-1679	ボッブズ Thomas Hobbes

---

361 「興味深いことなので注記しておくが、戦後、ジョン・マクマレーはロンドンを去ってエディンバラ大学道徳哲学教授になり、その際、［ロンドン大学］ユニバーシティー・コレッジの彼のポストにはА・J・エアー（A. J. Ayer）が入った。それで、最も大胆で最も網羅的な哲学の後に、最も限定的な哲学が来た。……十年後には明らかに、網羅的な哲学に対する関心は、分析的、論理的哲学の波の下に沈められていた」（Kenneth C. Barnes, *A Vast Bundle of Opportunities*, p.34）。

362 Ben Witherington III, *Invitation to the New Testament*, p.26.

363 Ben Witherington III, *Invitation to the New Testament*, pp.153-166.

1596-1650	デカルト René Descartes
1599-1658	クロムウェル Oliver Cromwell
1600-1649	チャールズ一世 King Charles I
1632-1677	スピノザ Baruch de Spinoza
1644-1718	ペン William Penn
1685-1753	バークリ George Berkeley
1694-1778	ヴォルテール Voltaire (François Marie Arouet)
1711-1776	ヒューム David Hume
1712-1778	ルソー Jean-Jacques Rousseau
1724-1804	カント Immanuel Kant
1729-1781	レッシング Gotthold Ephraim Lessing
1770-1831	ヘーゲル Georg Wilhelm Friedrich Hegel
1804-1872	フォイエルバッハ Ludwig Feuerbach
1806-1856	シュティルナー Max Stirner
1813-1855	キルケゴール Sören Kierkegaard
1818-1883	マルクス Karl Marx
1837-1899	ムーディ Dwight Lyman Moody
1840-1908	サンキ Ira David Sanky
1856-1939	フロイト Sigmund Freud
1869-1948	ガンディー Mahatma Gandhi
1878-1965	ブーバー Martin Buber
1879-1955	アインシュタイン Albert Einstein
1886-1968	バルト Karl Barth
1889-1945	ヒトラー Adolf Hitler

文献表

1. ジョン・マクマレー主要著作（年代順）と省略記号

- [1925] 'Is Art a Form of Apprehension or a Form of Expression?' *Philosophy and Metaphysics. Aristotelian Society. Supplementary Volume V*, (London: Johnson Reprint Company Limited, 1925)   AFA
- [1927] 'The Function of Experiment in Knowledge,' *Proceedings of the Aristotelian Society. New Series. – Vol. XXVII*, (London: Williams and Norgate, 1927)   FEK
- [1927] 'Beyond Knowledge,' Burnett H. Streeter, Catherine M. Chilcott, John Macmurray and Alexander S. Russell, *Adventure The Faith of Science and the Science of Faith*, (London: Macmillan and Co. Ltd, 1927)   BK
- [1927] 'Objectivity in Religion,' Burnett H. Streeter, Catherine M. Chilcott, John Macmurray and Alexander S. Russell, *Adventure The Faith of Science and the Science of Faith*, (London: Macmillan and Co. Ltd, 1927)   OR
- [1928] 'Time and Change,' *Mind, Matter and Purpose. Aristotelian Society. Supplementary Volume VIII*, (London: Johnson Reprint Company Limited, 1928)   TC
- [1929] 'The Principle of Personality in Experience,' *Proceedings of the Aristotelian Society. New Series. – Vol. XXIX*, (London: Johnson Reprint Company Limited, 1929)   PPE
- [1930] *Today and Tomorrow A Philosophy of Freedom*, (London: British Broadcasting Corporation, 1930)   TT
- [1931] 'The Concept of Society,' *Proceedings of the Aristotelian Society. New Series. – Vol. XXXI*, (London: Harrison & Sons, LTD, 1931)   COS
- [1932] 'What is Philosophy?' *Phenomenology, Goodness and Beauty. Aristotelian Society. Supplementary Volume XI*, (London: Harrison & Sons, LTD, 1932)   WP
- [1932] *Freedom in the Modern World*, with an Introduction by Harry A. Carson and a Foreword by C. A. Siepmann, (Atlantic Highlands, NJ: Humanities Press International, Inc., 1992 / originally London: Faber, 1932) FMW= ジョン・マクマレー（堀秀彦訳）『近代世界に於ける自由』（東洋経済新報社, 1946）

- [1933] *Interpreting the Universe*, with an Introduction by A. R. C. Duncan, (Atlantic Highlands, NJ: Humanities Press International, Inc., 1996 / originally London: Faber, 1933) IU= マクマレイ（堀秀彦訳）『知識の論理』[現代思想新書 9]（三笠書房 , 1940）
- [1933] *The Philosophy of Communism*, (London: Faber, 1933)   PC
- [1933] 'The Modern Spirit: An Essay,' John Macmurray (ed.), *Some Makers of the Modern Spirit A Symposium*, (London: Methuen and Co. Ltd, 1933)　　MS= マクマレー「近代精神」、ジョン・マクマレイ編（堀秀彦訳）『近代精神』（東洋経済新報社 , 1940）[364]
- [1933] 'Introductory,' John Macmurray (ed.), *Some Makers of the Modern Spirit A Symposium*, (London: Methuen and Co. Ltd, 1933)　INT=J・マクマレー「その建設者」、ジョン・マクマレイ編（堀秀彦訳）『近代精神』（東洋経済新報社 , 1940）
- [1933] 'From Aquinas to Newton,' John Macmurray (ed.), *Some Makers of the Modern Spirit A Symposium*, (London: Methuen and Co. Ltd, 1933)　　AN=J・マクマレー「アクイナスからニュートンまで」、ジョン・マクマレイ編（堀秀彦訳）『近代精神』（東洋経済新報社 , 1940）
- [1933] 'Summary,' John Macmurray (ed.), *Some Makers of the Modern Spirit A Symposium*, (London: Methuen and Co. Ltd, 1933)　SUM=J・マクマレー「結論」、ジョン・マクマレイ編（堀秀彦訳）『近代精神』（東洋経済新報社 , 1940）
- [1934] 'Dialectical Materialism as a Philosophy,' H. Levy, John Macmurray, Ralph Fox, R. Page Arnot, J. D. Bernal and E. F. Carritt, *Aspect of Dialectical Materialism*, (London: Watt and Co., 1934)   DMP
- [1934] 'The Challenge of Communism,' H. G. Wood and John Macmurray, *Christianity and Communism*, (London: The Industrial Christian Fellowship, 1934)   COC
- [1935] 'The Nature of Reason,' *Proceedings of the Aristotelian Society. New Series.* –

364　同一訳本内で、「マクマレー」と「マクマレイ」という二通りの表記があるので、そのまま記載した。また、この訳本では訳者の表記に基づいて記すと、「トマス・アクイナス」、「ルッター」、「ニュートン」、「ルソー」、「ゲーテ」、「ベンサム」、「ダーウィン」、「ニイチエ」が紹介されているが、皮肉なことに、マクマレーが最も影響を受けたマルクスの章「Xii. Karl Marx (1818-1883) By A. L. Rowse」だけが、英語原本では「ニイチエ」の次に最後の章を飾る形で掲載されていたにもかかわらず、一九四〇年の日本という邦訳出版の時代「精神」を反映して削除されている。この事情は戦後一九四六年、同著が再版された際にも同様である。また、この本は『近代精神の形成』という題でも出版されている。

文献表

Vol. XXXV, (London: Harrison & Sons, LTD, 1935)   NR

- [1935] *Creative Society A Study of the Relation of Christianity to Communism*, (London: Student Christian Movement Press, 1935)   CS

- [1935] *Reason and Emotion*, with an Introduction by John E. Costello, (Amherst, NY: Humanity Books, 1992 / originally London: Faber, 1935)   RE

- [1935] 'The Early Development of Marx's Thought,' John Lewis, Karl Polanyi and Donald K. Kitchen (eds.), *Christianity and the Social Revolution*, (London: Victor Gollancz Ltd, 1935)   EDMT

- [1935] 'Christianity and Communism: Towards a Synthesis,' John Lewis, Karl Polanyi and Donald K. Kitchen (eds.), *Christianity and the Social Revolution*, (London: Victor Gollancz Ltd, 1935)   CAC

- [1935] 'The Nature of Philosophy,' J. Middleton Murry, John Macmurray, N. A. Holdaway and G. D. H. Cole (eds.), *Marxism*, (London: Chapman and Hall Ltd, 1935)   NP

- [1935] 'The New Materialism,' J. Middleton Murry, John Macmurray, N. A. Holdaway and G. D. H. Cole (eds.), *Marxism*, (London: Chapman and Hall Ltd, 1935)   NM

- [1935] 'The Nature and Function of Ideologies,' J. Middleton Murry, John Macmurray, N. A. Holdaway and G. D. H. Cole (eds.), *Marxism*, (London: Chapman and Hall Ltd, 1935)   NFI

- [1936] *The Structure of Religious Experience*, (London: Faber, 1936)SRE=J・マクマレイ（谷口隆之助訳）『人間関係の構造と宗教』（誠心書房 , 1965）

- [1938] *The Clue to History*, (London: Student Christian Movement Press, 1938)   CH

- [1938] 'A Philosopher Looks at Psychotherapy,' John Macmurray, A. T. M. Wilson, Ralph Noble and F. C. Crookshank, *A Philosopher Looks at Psychotherapy Psychological Factors in Organic Disease Psychiatry and the Community The Family, Society and Education*, [Individual Psychology Medical Pamphlet No. 20], (London: The C. W. Daniel Company Ltd, 1938)   PLP

- [1939] *The Boundaries of Science A Study in the Philosophy of Psychology*, (London: Faber, 1939)   BS

- [1939] 'The Christian Movement in Education,' E. D. Laborde (ed.), *Problems in Modern Education*, (Cambridge: Cambridge University Press, 1939)   CME

- [1940] 'Freedom in the Personal Nexus,' Ruth Nanda Anshen (ed.), *Freedom: Its Meaning*, (London: George Allen and Unwin Ltd, 1940)   FPN

- [1941] *A Challenge to the Churches Religion and Democracy*, [The Democratic Order, edited by Francis Williams, No. 9], (London: Kegan Paul, 1941)   CC

- [1943] *Constructive Democracy Two Lectures Delivered at University College, London in December* 1942, (London: Faber, 1943)   CD

207

- [1943] 'Ye Are My Friends,' *Ye Are My Friends and To Save From Fear*, (London: Quaker Home Service, 1979 / originally 1943) YMF
- [1944] *Idealism against Religion*, [The Essex Hall Lecture, 1944], (London: The Lindsey Press, 1944) IR
- [1944] 'Changes in Philosophy,' J. R. M. Brumwell (ed.), *This Changing World A Series of Contributions by Some of our Leading Thinkers, to Cast Light upon the Pattern of the Modern World*, (London: George Routledge and Sons Ltd, 1944) CP
- [1944] 'Religion in Transformation,' J. R. M. Brumwell (ed.), *This Changing World A Series of Contributions by Some of our Leading Thinkers, to Cast Light upon the Pattern of the Modern World*, (London: George Routledge and Sons Ltd, 1944) RT
- [1949] *Conditions of Freedom*, with an Introduction by Walter G. Jeffko, Foreword by R. C. Wallace and a Preface to the Second edition by A. R. C. Duncan, (Atlantic Highlands, NJ: Humanities Press International, Inc., 1949, 1977, 2nd / originally Toronto: Ryerson Press, 1949) CF
- [1951] 'Concerning the History of Philosophy,' *Freedom, Language, and Reality Aristotelian Society Supplementary Volume XXV.*, (London: Harrison & Sons, LTD, 1951) HP
- [1953] 'It's My Belief,' James Kelly et al (eds.), *It's My Belief Personal Affirmation of the Christian Belief*, (London: Epworth Press, 1953) MB
- [1956] 'Prolegomena to a Christian Ethic,' T. F. Torrance, J. K. S. Reid (eds.), *Scottish Journal of Theology Vol. 9, No. 1 March* 1956, (Edinburgh: Oliver & Boyd LTD, 1956) PCE
- [1957] *The Self as Agent*, with an Introduction by Stanley M. Harrison, [Gifford Lectures; 1953-1954], (Amherst, NY: Humanity Books, 1999 / originally London: Faber, 1957) SA
- [1961] *Persons in Relation*, with an Introduction by Frank G. Kirkpatrick, [Gifford Lectures; 1953-1954], (Atlantic Highlands, NJ: Humanities Press International, Inc., 1991 / originally London: Faber, 1961) PR
- [1961] *Religion, Art, and Science A Study of the Reflective Activities in Man*, (Liverpool: Liverpool University Press, 1961) RAS
- [1964] 'To Save From Fear,' *Ye Are My Friends and To Save From Fear*, (London: Quaker Home Service, 1979 / originally London: Friends Home Service Committee, 1964) SF
- [1965] *Search for Reality in Religion*, (London: Quaker Home Service, 1995 / originally London: George Allen and Unwin Ltd, 1965) SRR
- [1967] 'What Religion is about,' Kenneth Barnes, Kathleen Lonsdale and John Macmurray, *Quakers Talk to Sixth Formers A Series Broadcasts*, (London:

文献表

Friends Home Service Committee, 1970 / originally 1967)　　　　　WR

・[1967] 'What Makes an Experience Religious?' Kenneth Barnes, Kathleen Lonsdale and John Macmurray, *Quakers Talk to Sixth Formers A Series Broadcasts*, (London: Friends Home Service Committee, 1970 / originally 1967)　　WMER

・[1972] *The Philosophy of Jesus*, (London: Friends Home Service Committee, 1973 / originally 1972)　　　　　PJ

・[1975] 'Science and Objectivity,' Thomas E. Wren (ed.), *The Personal Universe Essay in Honor of John Macmurray*, (Atlantic Highlands, NJ: Humanities Press International, Inc., 1975)　　　　　SO

2. ジョン・マクマレー主要著作の省略記号（アルファベット順）

AFA	[1925] 'Is Art a Form of Apprehension or a Form of Expression?'
AN	[1933] 'From Aquinas to Newton'
BK	[1927] 'Beyond Knowledge'
BS	[1939] *The Boundaries of Science*
CAC	[1935] 'Christianity and Communism'
CC	[1941] *A Challenge to the Churches*
CD	[1943] *Constructive Democracy*
CF	[1949] *Conditions of Freedom*
CH	[1938] *The Clue to History*
CME	[1939] 'The Christian Movement in Education'
COC	[1934] 'The Challenge of Communism'
COS	[1931] 'The Concept of Society'
CP	[1944] 'Changes in Philosophy'
CS	[1935] *Creative Society*
DMP	[1934] 'Dialectical Materialism as a Philosophy'
EDMT	[1935] 'The Early Development of Marx's Thought'
FEK	[1927] 'The Function of Experiment in Knowledge'
FMW	[1932] *Freedom in the Modern World*

FPN	[1940] 'Freedom in the Personal Nexus'
HP	[1951] 'Concerning the History of Philosophy'
INT	[1933] 'Introductory'
IR	[1944] *Idealism against Religion*
IU	[1933] *Interpreting the Universe*
MB	[1953] 'It's My Belief'
MS	[1933] 'The Modern Spirit'
NFI	[1935] 'The Nature and Function of Ideologies'
NM	[1935] 'The New Materialism'
NP	[1935] 'The Nature of Philosophy'
NR	[1935] 'The Nature of Reason'
OR	[1927] 'Objectivity in Religion'
PC	[1933] *The Philosophy of Communism*
PCE	[1956] 'Prolegomena to a Christian Ethic'
PJ	[1972] *The Philosophy of Jesus*
PLP	[1938] 'A Philosopher Looks at Psychotherapy'
PPE	[1929] 'The Principle of Personality in Experience'
PR	[1961] *Persons in Relation*
RAS	[1961] *Religion, Art, and Science*
RE	[1935] *Reason and Emotion*
RT	[1944] 'Religion in Transformation'
SA	[1957] *The Self as Agent*
SF	[1964] 'To Save From Fear'
SO	[1975] 'Science and Objectivity'
SRE	[1936] *The Structure of Religious Experience*
SRR	[1965] *Search for Reality in Religion*
SUM	[1933] 'Summary'
TC	[1928] 'Time and Change'
TT	[1930] *Today and Tomorrow*

文献表

YMF	[1943] 'Ye Are My Friends'
WMER	[1967] 'What Makes an Experience Religious?'
WP	[1932] 'What is Philosophy?'
WR	[1967] 'What Religion is about'

3. ジョン・マクマレー研究書と論文

- John Aves, 'Persons in Relation: John Macmurray,' Christopher Schwöbel and Colin E. Gunton (eds.), *Persons, Divine and Human King's College Essays in Theological Anthropology*, (Edinburgh: T & T Clark, 1991)
- Kenneth C. Barnes, *A Vast Bundle of Opportunities An Exploration of Creativity in Personal Life and Community*, (London: George Allen & Unwin Ltd, 1975)
- R. J. Blaikie, 'Being, Process, and Action in Modern Philosophy and Theology,' T. F. Torrance, J. K. S. Reid (eds.), *Scottish Journal of Theology Volume* 25 *No.* 2 *May* 1972, (Cambridge: Cambridge University Ptress, 1972)
- Gregory Brett, *The Theological Notion of the Human Person A Conversation between the Theology of Karl Rahner and the Philosophy of John Macmurray*, (Bern: Peter Lang, 2013)
- Alexander Broadie, 'John Macmurray on Art and the Rhetoric of Science,' John Brewer & Cairns Craig (eds.), *Journal of Scottish Thought Robert Morrison MacIver and John Macmurray Volume* 1: *Issue* 1, (Centre for Scottish Thought, University of Aberdeen, 2007)
- Robert Calder, 'Macmurray – Man and Mind,' Joy Hendry (ed.), *Chapman Scotland's Quality Literary Magazine No*73 *Summer* 1993, (Edinburgh: Chapman, 1993)
- Wanda Cizewski, 'Friendship with God? Variations on a Theme in Aristotle, Aquinas, and Macmurray,' Stanley M. Harrison (ed.), *Philosophy and Theology Volume* 6 1991/92 #4 *Summer*, 1992, (Milwaukee, WI: Marquette University Press, 1992)
- Graham S. Clarke, *Personal Relations Theory Fairbairn, Macmurray and Suttie*, (London: Routledge, 2006)
- J. B. Coates, 'John Macmurray,' J. B. Coates, *Ten Modern Prophets*, (London: Frederick Muller Ltd, 1944)
- Philip Conford (ed.), *The Personal World John Macmurray in Self and Society*, selected and introduced by Philip Conford with a Foreword by Tony Blair, (Edinburgh: Floris Books, 1996)

- John E. Costello, *John Macmurray A Biography*, (Edinburgh: Floris Books, 2002)
- Cairns Craig, 'Editorial,' John Brewer & Cairns Craig (eds.), *Journal of Scottish Thought Robert Morrison MacIver and John Macmurray Volume* 1: *Issue* 1, (Centre for Scottish Thought, University of Aberdeen, 2007)
- Cairns Craig, 'MacIver, Macmurray and the Scottish Idealists,' John Brewer & Cairns Craig (eds.), *Journal of Scottish Thought Robert Morrison MacIver and John Macmurray Volume* 1: *Issue* 1, (Centre for Scottish Thought, University of Aberdeen, 2007)
- David G. Creamer, *Guides for the Journey John Macmurray Bernard Lonergan James Fowler*, (Lanham, MD: University Press of America, Inc., 1996)
- Thomas Duddy, 'The Personal Universe: Drury and Macmurray on the Philosophy of Psychology,' John Brewer & Cairns Craig (eds.), *Journal of Scottish Thought Robert Morrison MacIver and John Macmurray Volume* 1: *Issue* 1, (Centre for Scottish Thought, University of Aberdeen, 2007)
- A. R. C. Duncan, *On the Nature of Persons*, [John Macmurray Studies vol. 1], (New York, NY: Peter Lang, 1990)
- A. R. C. Duncan, 'Macmurray's Religious Philosophy,' Joy Hendry (ed.), *Chapman Scotland's Quality Literary Magazine No*73 *Summer* 1993, (Edinburgh: Chapman, 1993)
- Dorothy Emmet, '*The Self as Agent*. By John Macmurray. Pp.230. (Gifford Lectures, 1953.) London: Faber & Faber, 1957. 25s.,' H. Chadwick, H. F. D. Sparks (eds.), *The Journal of Theological Studies New Series Volume IX*, (Oxford: The Clarendon Press, 1958)
- Dorothy Emmet, '*Persons in Relation*. By John Macmurray. Pp.235. Gifford Lectures delivered in the University of Glasgow in 1954 (2nd series). London: Faber & Faber, 1961. 30s.,' H. Chadwick, H. F. D. Sparks (eds.), *The Journal of Theological Studies New Series Volume XIII*, (Oxford: The Clarendon Press, 1962)
- Dorothy Emmet, 'Politics and Philosophy in the 1930s: John Macmurray and Reinhold Niebuhr,' Dorothy Emmet, *Philosophers and Friends Reminiscences of Seventy Years in Philosophy*, (Hampshire: Palgrave Macmillan, 1996)
- 円藤真一「紹介　ジョン・マクマレー『建設的民主主義』」『香川大学　経済論叢　第二十九巻　第四号　昭和三十一年十一月』（香川大学経済研究所 , 1956）
- Thomas Ewen, 'Vocation of the Artist,' Stanley M. Harrison (ed.), *Philosophy and Theology Volume 6 1991/92 #4 Summer*, 1992, (Milwaukee, WI: Marquette University Press, 1992)
- David A. S. Fergusson, *John Macmurray in a Nutshell The Idea of the Personal*, (Edinburgh: The Handsel Press, 1992)

文献表

- David Fergusson and Nigel Dower (eds.), *John Macmurray Critical Perspectives*, (New York, NY: Peter Lang, 2002)
- David Fergusson, 'The Influence of Macmurray on Scottish Theology,' John Brewer & Cairns Craig (eds.), *Journal of Scottish Thought Robert Morrison MacIver and John Macmurray Volume* 1: *Issue* 1, (Centre for Scottish Thought, University of Aberdeen, 2007)
- Ghislaine Florival, 'Affective Comprehension in the Philosophy of John Macmurray,' Stanley M. Harrison (ed.), *Philosophy and Theology Volume* 6 1991/92 #4 *Summer*, 1992, (Milwaukee, WI: Marquette University Press, 1992)
- Vincent Geoghegan, 'John Macmurray: Christ and Marx,' Vincent Geoghegan, *Socialism and Religion Roads to Common Wealth*, (Oxford: Routledge, 2011)
- Stanley M. Harrison, 'The John Macmurray Centenary,' Joy Hendry (ed.), *Chapman Scotland's Quality Literary Magazine No*73 *Summer* 1993, (Edinburgh: Chapman, 1993)
- Joy Hendry (ed.), *Chapman Scotland's Quality Literary Magazine No*73 *Summer* 1993, (Edinburgh: Chapman, 1993)
- John H. Hick, '*The Self as Agent*. By John Macmurray. Faber & Faber. Pp.230. 25s.,' T. F. Torrance, J. K. S. Reid (eds.), *Scottish Journal of Theology Volume Twelve* 1959, (Edinburgh: Oliver & Boyd LTD, 1959)
- Adam Hood, *Baillie, Oman and Macmurray Experience and Religious Belief*, [Ashgate New Critical Thinking in Religion, Theology & Biblical Studies], (Hampshire: Ashgate Publishing Ltd, 2003)
- Adam Hood, 'John E. Costello, *John Macmurray A Biography*, (Edinburgh: Floris, 2002) pp.436. £20. 00,' Ian Torrance, Bryan Spinks (eds.), *Scottish Journal of Theology Volume* 57 *Number* 2 2004, (Cambridge: Cambridge University Press, 2004)
- Darren M. Kennedy, *Providence and Personalism Karl Barth in Conversation with Austin Farrer, John Macmurray and Vincent Brümmer*, (Oxford: Peter Lang, 2011)
- Frank G. Kirkpatrick, 'Toward a Metaphysic of Community,' T. F. Torrance, J. K. S. Reid (eds.), *Scottish Journal of Theology Volume Thirty-eight* 1985, (Edinburgh: Scottish Academic Press, 1985)
- Frank G. Kirkpatrick, *Community A Trinity of Models*, (Washington, D. C. : Georgetown University Press, 1986)
- Frank G. Kirkpatrick, 'The Logic of Mutual Heterocentrism: The Self as Gift,' Stanley M. Harrison (ed.), *Philosophy and Theology Volume* 6 1991/92 #4 *Summer*, 1992, (Milwaukee, WI: Marquette University Press, 1992)
- Frank G. Kirkpatrick, *Together Bound God, History & the Religious Community*,

(Oxford: Oxford University Press, 1994)

- Frank G. Kirkpatrick, *The Ethics of Community*, [New Dimensions of Religious Ethics], (Oxford: Blackwell Publishers Ltd, 2001)
- Frank G. Kirkpatrick, *A Moral Ontology for a Theistic Ethic Gathering the Nations in Love and Justice*, (Hampshire: Ashgate Publishing Ltd, 2003)
- Frank G. Kirkpatrick, *John Macmurray Community beyond Political Philosophy*, [20th Century Political Thinkers], (Lanham, MD: Rowman & Littlefield Publishers, Inc, 2005)
- Frank G. Kirkpatrick, *The Mystery and Agency of God Divine Being and Action in the World*, (Minneapolis, MN: Fortress Press, 2014)
- Elizabeth Lam, 'Does Macmurray Understand Marx?' John Knox (ed.), *The Journal of Religion Vol.* 20. 1940, (Chicago, IL: The University of Chicago Press, 1940)
- Christopher Lind, 'John Macmurray and Contextual Theology,' Stanley M. Harrison (ed.), *Philosophy and Theology Volume* 6 1991/92 #4 *Summer*, 1992, (Milwaukee, WI: Marquette University Press, 1992)
- Esther McIntosh (ed. and intro.), *John Macmurray Selected Philosophical Writings*, (Exeter: Imprint Academic, 2004)
- Esther McIntosh, 'MACMURRAY, John (1891-1976),' Stuart Brown (ed.), *The Dictionary of Twentieth-Century British Philosophers Volume* 2 *M-Z*, (Bristol: Thoemmes Continuum, 2005)
- Esther McIntosh, 'Community and Society: John Macmurray (1891-1976) and New Labour,' Sebastian C. H. Kim and Pauline Kollontai (eds.), *Community Identity Dynamics of Religion in Context*, (Edinburgh: T & T Clark, 2007)
- Esther McIntosh, ' "Religious Voices in Public Places": John Macmurray on State and Church,' John Brewer & Cairns Craig (eds.), *Journal of Scottish Thought Robert Morrison MacIver and John Macmurray Volume* 1: *Issue* 1, (Centre for Scottish Thought, University of Aberdeen, 2007)
- Esther McIntosh, *John Macmurray's Religious Philosophy What it Means to be a Person*, (Surrey: Ashgate Publishing Ltd, 2011)
- Esther McIntosh, '11. John Macmurray as a Scottish Philosopher: The Role of the University and the Means to Live Well,' Gordon Graham (ed.), *Scottish Philosophy in the Nineteenth & Twentieth Centuries*, [A History of Scottish Philosophy], (Oxford: Oxford University Press, 2015)
- Galvin Miller, 'Chapter Four: John Macmurray and the Divided Self,' Galvin Miller, *R. D. Laing*, [Edinburgh Review Introductions], (Edinburgh: Edinburgh Review in association with Edinburgh University Press, 2004)
- Galvin Miller, 'John Macmurray's psychotherapeutic Christianity: The influence of

Alfred Adler and Fritz Künkel,' John Brewer & Cairns Craig (eds.), *Journal of Scottish Thought Robert Morrison MacIver and John Macmurray Volume 1: Issue 1*, (Centre for Scottish Thought, University of Aberdeen, 2007)

• Philip Mooney, *Belonging Always Reflections on Uniqueness*, (Chicago, IL: Loyola University Press, 1987)

• Philip Mooney, 'John Macmurray's Critique of the Church,' Stanley M. Harrison (ed.), *Philosophy and Theology Volume* 6 1991/92 #4 *Summer*, 1992, (Milwaukee, WI: Marquette University Press, 1992)

• J. E. Lesslie Newbigin, *Christian Freedom in the Modern World*, (London: Student Christian Movement Press, 1937)

• Sue Patterson, *'John Macmurray's Religious Philosophy: What it Means to be a Person. By Esther McIntosh,'* Graham Gould, John Muddiman (eds.), *The Journal of Theological Studies New Series Volume* 63 *Part* 2 *October* 2012, (Oxford: Oxford University Press, 2012)

• W. Norman Pittenger, *'The Self as Agent. By John Macmurray. Harper and Brothers, 1958, pp.230. $3. 75,'* John S. Marshall (ed.), *Anglican Theological Review Volume XLI* 1959, (Evanston, IL: Seabury-Western Theological Seminary, 1959)

• W. Norman Pittenger, *'Persons in Relation. By John Macmurray. Harper and Brothers, 1961, pp.235. $5. 00,'* John S. Marshall (ed.), *Anglican Theological Review Volume XLIV* 1962, (Evanston, IL: Seabury-Western Theological Seminary, 1962)

• Louis Roy, 'Interpersonal Knowledge according to John Macmurray,' Kenneth Surin (ed.), *Modern Theology Volume* 5 *No.* 4 *July* 1989, (Oxford: Basil Blackewell, 1989)

• Culbert G. Rutenber, 'Macmurray's Metaphysics of Action: An Alternative to Process Thinking,' Dikran Y. Hadidian (ed.), *From Faith to Faith Essays in Honor of Donald G. Miller on his Seventieth Birthday*, [Pittsburgh Theological Monograph Series; 31], (Pittsburgh, PA: The Pickwick Press, 1979)

• Augustine Shutte, 'Indwelling, Intersubjectivity and God,' T. F. Torrance, J. K. S. Reid (eds.), *Scottish Journal of Theology Volume Thirty-two* 1979, (Edinburgh: Scottish Academic Press, 1979)

• Jeanne Warren, *Becoming Real An Introduction to the Thought of John Macmurray*, (York: The Ebor Press, 1989)

• Leland J. White, 'John Macmurray: Theology as Philosophy,' T. F. Torrance, J. K. S. Reid (eds.), *Scottish Journal of Theology Volume Twenty-six* 1973, (Cambridge: Cambridge University Ptress, 1973)

• Thomas E. Wren (ed.), *The Personal Universe Essays in Honor of John Macmurray*,

(Atlantic Highlands, NJ: Humanities Press, 1975)

4. 一般著作

・Augustine, tr. by Stephen McKenna, *Saint Augustine The Trinity*, [The Fathers of the Church A New Translation Vol. 45], (Washington, D. C. : The Catholic University of America Press, 1963)＝アウグスティヌス（中沢宣夫訳）『三位一体論』（東京大学出版会 , 1975）

・Karl Barth, ed. by G. W. Bromiley & T. F. Torrance, tr. by G. W. Bromiley, *Church Dogmatics I/1 The Doctrine of the Word of God*, (Edinburgh: T & T Clark, 1975 / originally 1932 in German)＝カール・バルト（吉永正義訳）『教会教義学　神の言葉　I/1　序説 / 第 1 章　教義学の基礎としての神の言葉』（新教出版社 , 2005), カール・バルト（吉永正義訳）『教会教義学　神の言葉　I/2　第 2 章神の啓示　〈上〉　二位一体論』（新教出版社 , 2010）

・Martin Buber, tr. by Walter Kaufmann, *I and Thou*, (New York, NY: Charles Scribner's Sons, 1970 / originally 1923 in German)＝マルティン・ブーバー（田口義弘訳）『我と汝・対話』（みすず書房 , 1978, 2014 [新装版]）

・Martin Buber, tr. & intro. by Ronald Gregor Smith, *Between Man and Man*, [The Fontana Library], (London: Collins, 1961 / originally 1928-1938 in German) ≒マルティン・ブーバー（田口義弘訳）『我と汝・対話』（みすず書房 , 1978, 2014 [新装版]）

・James H. Cone, *Black Theology and Black Power*, (Maryknoll, New York: Orbis Books, 1997 / originally 1969)＝J・H・コーン（大隅啓三訳）『イエスと黒人革命』（新教出版社 , 1971）

・James H. Cone, *A Black Theology of Liberation Twentieth Anniversary Edition*, (Maryknoll, NY: Orbis Books, 1986 / originally 1970)＝J・H・コーン（梶原寿訳）『解放の神学　黒人神学の展開』（新教出版社 , 1973）

・James H. Cone, *The Spirituals and the Blues An Interpretation*, (Maryknoll, New York: Orbis Books, 1972)＝J・H・コーン（梶原寿訳）『黒人霊歌とブルース　アメリカ黒人の信仰と神学』（新教出版社 , 1983）

・James H. Cone, *Speaking the Truth Ecumenism, Liberation, and Black Theology*, (Grand Rapids, MI: William B. Eerdmans Publishing Co., 1986)

・F. L. Cross & E. A. Livingstone (eds.), *The Oxford Dictionary of the Christian Church*, (Oxford: Oxford University Press, 1997)

・Amitai Etzioni, *The Spirit of Community Rights, Responsibilities and the Communitarian Agenda*, (London: Fontana Press, 1995)

文献表

- Douglas A. Fox, *Mystery and Meaning Personal Logic and the Language of Religion*, (Philadelphia, PA: The Westminster Press, 1975)
- Matthias Freudenberg, 'Neo-Calvinism,' Hans Dieter Betz, Don S. Browning (†), Bernd Janowski, Eberhard Jüngel (eds.), *Religion Past & Present Encyclopedia of Theology and Religion Volume IX Nat-Pes*, (Leiden: Koninklijke Brill NV, 2011)
- P. G. W. Glare (ed.), *Oxford Latin Dictionary*, (Oxford: The Clarendon Press, 1982)
- Gordon Graham (ed.), *Scottish Philosophy in the Nineteenth & Twentieth Centuries*, [A History of Scottish Philosophy], (Oxford: Oxford University Press, 2015)
- Colin E. Gunton, *The Promise of Trinitarian Theology*, (Edinburgh: T & T Clark, 1991)
- Henry Guntrip, *Psychotherapy and Religion*, with a foreword by Rollo May, (New York, NY: Harper & Brothers, 1957)
- Stanley Hauerwas, *Character and the Christian Life A Study in Theological Ethics with a new introduction by the author*, (Notre Dame, IN: University of Notre Dame Press, 1994 / originally 1975)
- Stanley Hauerwas, *A Community of Character Toward a Constructive Christian Social Ethic*, (Notre Dame, IN: University of Notre Dame Press, 1981)
- Stanley Hauerwas, *The Peaceable Kingdom A Primer in Christian Ethics*, (Notre Dame, IN: University of Notre Dame Press, 1983)=S・ハワーワス（東方敬信訳）『平和を可能にする神の国』［現代キリスト教倫理双書］（新教出版社 , 1992）
- Stanley Hauerwas, *In Good Company The Church as Polis*, (Notre Dame, IN: University of Notre Dame Press, 1995)
- John Hick, *An Autobiography*, (Oxford: Oneworld Publications, 2005)= ジョン・ヒック（間瀬啓允訳）『ジョン・ヒック自伝　宗教多元主義の実践と創造』（トランスビュー , 2006）
- Werner G. Jeanrond, 'Anonymous Christianity,' Hans Dieter Betz, Don S. Browning, Bernd Janowski, Eberhard Jüngel (eds.), *Religion Past & Present Encyclopedia of Theology and Religion Volume I A-Bhu*, (Leiden: Koninklijke Brill NV, 2007)
- Walter G. Jeffko, *Contemporary Ethical Issues A Personalist Perspective*, (Amherst, NY: Humanity Books, 2013, 3rd. ed.)
- Robert O. Johann (ed.), '3 Freedom and Morality from the Standpoint of Communication,' Robert O. Johann (ed.), *Freedom and Value*, (New York, NY: Fordham University Press, 1976)
- James W. Jones, *Religion and Psychology in Transition Psychoanalysis, Feminism, and Theology*, (New Haven, CT: Yale University Press, 1996)
- Colin Kirkwood, *The Persons in Relation Perspective In Counselling, Psychotherapy and Community Adult Learning*, [International Issues in Adult Education Volume

9], (Rotterdam: Sense Publishers, 2012)

- Henry George Liddell & Robert Scott (comp.), *A Greek-English Lexicon With a Revised Supplement*, (Oxford: Clarendon Press, 1996, 9th)
- Eugene T. Long, 'DUNCAN, Alistair Robert Campbell (1915-1993),' Stuart Brown (ed.), *The Dictionary of Twentieth-Century British Philosophers Volume 1 A-L*, (Bristol: Thoemmes Continuum, 2005)
- Alistair I. McFadyen, *The Call to Personhood A Christian Theory of the Individual in Social Relationships*, (Cambridge: Cambridge University Press, 1990)
- Sallie McFague, *Metaphorical Theology Models of God in Religious Language*, (Philadelphia, PA: Fortress Press, 1982)
- Sallie McFague, *Models of God Theology for an Ecological, Nuclear Age*, (Philadelphia, PA: Fortress Press, 1987)
- Sallie McFague, *Super, Natural Christians How We Should Love Nature*, (Minneapolis, MN: Fortress Press, 1997)
- Alister E. McGrath, *The Science of God An Introduction to Scientific Theology*, (Grand Rapids, MI: William. B. Eerdmans Publishing Company, 2004)＝Ａ・Ｅ・マクグラス（稲垣久和・岩田三枝子・小野寺一清訳）『神の科学　科学的神学入門』（教文館 , 2005）
- John Macquarrie, *Twentieth-Century Religious Thought The Frontiers of Philosophy and Theology*, 1900-1980, (London: SCM Press Ltd, 1981, 2nd)
- Karl Marx, ed. and tr. by T. B. Bottomore and with a new foreword by Erich Fromm, *Early Writings*, (New York, NY: McGraw-Hill Book Company, 1963)≒カール・マルクス（大内兵衛・細川嘉六監訳）『マルクス＝エンゲルス全集　マルクス初期著作集　第 40 巻』（大月書店 , 1975）
- Karl Marx, ed. and tr. by Joseph O'Malley with Richard A. Davis, *Early Political Writings*, (Cambridge: Cambridge University Press, 1994)≒カール・マルクス（大内兵衛・細川嘉六監訳）『マルクス＝エンゲルス全集　1845~1846　第 3 巻』（大月書店 , 1963）
- Nozomu Miyahira, *Towards a Theology of the Concord of God A Japanese Perspective on the Trinity*, (Carlisle, Cumbria: Paternoster, 2000)＝宮平望『神の和の神学へ向けて　三位一体から三間一和の神論へ』（すぐ書房 , 1997/ 新教出版社 , 2017）
- 宮平望『現代アメリカ神学思想　平和・人権・環境の理念』（新教出版社 , 2004）
- James A. H. Murray et al (eds.), *The Oxford English Dictionary Second Edition Vol. XIII Quemadero – Roaver*, (Oxford: Clarendon Press, 1989)
- Karl Rahner, tr. by Karl-H. and Boniface Kruger, *Theological Investigations Volume VI Concerning Vatican Council II*, (London: Darton, Longman & Todd, 1969) ≒

カール・ラーナー（田渕文男編）『日常と超越 人間の道とその源』［カール・ラーナー古稀記念著作選集］（南窓社 , 1974）

・Leroy S. Rouner (ed.), *On Community*, [Boston University Studies in Philosophy and Religion Vol. 12], (Notre Dame, IN: University of Notre Dame Press, 1991)

・Rosemary Radford Ruether, *Liberation Theology Human Hope Confronts Christian History and American Power*, (New York, NY: Paulist Press, 1972)=R・リューサー（小田垣陽子・小佐野章子・中田敬子・小石川節子訳）『人間解放の神学』［現代神学双書 61］（新教出版社 , 1976）

・Rosemary Radford Ruether, *Sexism and God-Talk Toward a Feminist Theology with a New Introduction*, (Boston, MA: Beacon Press, 1993 / originally 1983)=R・R・リューサー（小檜山ルイ訳）『性差別と神の語りかけ フェミニスト神学の試み』［21 世紀キリスト教選書 9］（新教出版社 , 1996）

・Rosemary Radford Ruether, *Gaia & God An Ecofeminist Theology of Earth Healing*, (New York, NY: Harper San Francisco, 1992)

・Dirk J. Smit, 'Apartheid,' Hans Dieter Betz, Don S. Browning, Bernd Janowski, Eberhard Jüngel (eds.), *Religion Past & Present Encyclopedia of Theology and Religion Volume I A-Bhu*, (Leiden: Koninklijke Brill NV, 2007)

・Tertullian, ed. and tr. by Earnest Evans, *Tertullian's Treatise Against Praxeas*, (London: SPCK, 1948)= テルトゥリアヌス（土岐正策訳）『キリスト教教父著作集 13 テルトゥリアヌス 1 プラクセアス反論 パッリウムについて』（教文館 , 1987）

・Alan J. Torrance, *Persons in Communion An Essay on Trinitarian Description and Human Participation with special reference to Volume One of Karl Barth's Church Dogmatics*, (Edinburgh: T & T Clark, 1996)

・Thomas F. Torrance, *Theological Science Based on the Hewett Lectures for* 1959, (London: Oxford University Press, 1969)

・Thomas F. Torrance, *The Christian Doctrine of God, One Being Three Persons*, (Edinburgh: T & T Clark, 1996)

・Ben Witherington III, *Invitation to the New Testament First Things*, (Oxford: Oxford University Press, 2013)

・H. G. Wood, *Christianity and Communism*, (New York, NY: The Round Table Press Inc., 1933)

事項索引

あ行

アーモンド Brenda Almond　173

愛 love　40, 115, 133, 135, 146, 159, 167, 168, 185, 197

愛情型式 love-type　61

『愛と憎しみの起源』 The Origin of Love and Hate　112

アインシュタイン Albert Einstein　147

アウグスティヌス Augustine　42, 185, 186

遊び play　113, 114

アダム Adam　38, 155, 156

アドルノ Theodor Adorno　201

あなたと私 you and I　96, 110, 114, 127, 142, 187

アバディーン大学 University of Aberdeen　15

アパルトヘイト Apartheid　181

アブラハム Abraham　38, 39, 71, 152, 155, 156, 158, 165

アラス Arras, France　29, 30

アリストテレス Aristotle　42, 112

安息日 Sabbath day　80, 103

イェアンロント Werner G. Jeanrond　181

イエス Jesus　19, 38-44, 46, 50, 57-59, 62-67, 71, 72, 77, 103, 120, 124, 135, 144, 145, 155-161, 164-168, 176, 177, 193-196, 198, 199

イギリス国教会 Church of England　190

イサク Isaac　38

一般的な意志 general will　119

意図の両立可能性 compossibility of intentions　84

異邦人 gentile　156

隠喩的神学 metaphorical theology　171

ウィザリントン Ben Witherington III　202

ヴォルテール Voltaire (François Marie Arouet)　91

ウォレン Jeanne Warren　13

内なる光 inner light　169

『宇宙を解釈する』 Interpreting the Universe　88, 95

恨み resentment　115

エアー A. J. Ayer　202

エイブズ Aves　189, 190

エツィオーニ Amitai Etzioni　19

エディンバラ大学 University of Edinburgh　10, 20, 23, 201, 202

エノク Enoch　155

エメット Dorothy Emmet　20, 110

オックスフォード大学ベイリオル学寮 Balliol College, Oxford　20, 23, 28, 29, 181, 190, 201

オランダ改革派教会 Dutch Reformed Church　181

か行

カークパトリック Frank G. Kirkpatrick　14, 15, 19, 35, 46, 119, 173, 188, 199

カーソン Harry A. Carson　80, 99

外向的 extravert　115

階層化された現実 stratified reality　192

『科学的神学』 *A Scientific Theology*　191
科学的知識 scientific knowledge　111
「科学と客観性」 'Science and Objectivity'　14
科学と芸術と宗教 science, art and religion　130, 138-140, 152, 192
科学と宗教 science and religion　27, 140
学術支援協議会 Academic Assistance Council　201
学生キリスト教運動 the Student Christian Movement　12, 27, 28
家族 family　119, 138, 146, 152, 158
活動 activity　103, 106
渇望型式 hunger-type　61
カトリック教会 Catholic Church　154
カトリック修道会 Catholic religious orders　35
『神の科学　科学的神学入門』 *The Science of God An Introduction to Scientific Theology*　18, 124
神の像 image of God　39, 45, 164, 171, 175, 194, 195, 200
『神の神秘と働き』 *The Mystery and Agency of God*　15
『神の和の神学へ向けて』 *Towards a Theology of the Concord of God*　9, 184, 194
『ガリヴァー旅行記』 *Gulliver's Travels*　91
カルヴァン John Calvin　24
カルヴィニズム Calvinism　24
『関係における人間』 *Persons in Relation*　9, 88, 124, 202
感受性 sensibility　134
感情 feeling, emotion　7, 25, 76, 77, 82, 129, 132
感情的考察 emotional reflection　125
感情的知識 emotional knowledge　107, 135
感情的中立性 affective neutrality　110

感情的不合理 emotional unreason　129
感情の理性 emotional reason　130, 132-134
感触 feel　25
間接的関係 indirect relations　112
ガンディー Mahatma Gandhi　59, 76, 77
カント Immanuel Kant　28, 90, 93, 99, 116, 117, 124, 170
ガントン Colin E. Gunton　9
観念論 idealism　28, 34, 37, 42, 43, 49, 52, 99
観念論的 idealist　34, 35, 37, 42, 49, 50, 57, 61, 62, 118, 119, 154
感応性 sensuality　134
機械的関係 mechanical relation　52, 53, 60
機械的道徳性 mechanical morality　80
技術的相対性 technological relativity　83
ギッフォード講演 Gifford Lectures　10, 11, 14, 88, 202
希薄で狭隘な方法 thin and narrow way　135
客観性 objectivity　80, 95, 131, 141
共産主義 communism　18, 32, 34, 35, 48, 50, 53, 54, 57, 58, 60-62, 64, 67, 73, 91, 101, 121, 182, 183
共同体 community　18, 36, 40, 41, 43, 45, 46, 54, 55, 63, 64, 70-73, 85-88, 116, 118-121, 150, 160, 179, 187
『共同体』 *Community*　15
共同体主義 communitarianism　19
共同体主義者 communitarian　19
『共同体の倫理学』 *The Ethics of Community*　15
共同の思考 communal thought　98
恐怖 fear　30, 40, 46, 56, 77, 84, 86, 87, 115, 118-120, 122, 166, 167
ギリガン Carol Gilligan　173
ギリシャ正教会 Orthodox Christian Church　123, 163

ギリシャ哲学 Greek philosophy　34, 42, 44, 162, 163

ギリシャ文化 Greek culture　124, 153

『キリスト教綱要』Institutes of the Christian Religion　24

『キリスト教の本質』The Essence of Christianity　173

キリスト友会 the Society of Friends　18, 32, 44-46, 164, 168, 169

キリスト論 doctrine of Christ　123

キルケゴール Sören Kierkegaard　32, 33

義和団事件 Boxer movement　26

クエーカー Quaker　12, 45, 168, 169

クラーク Graham S. Clarke　16

グラスゴー大学 University of Glasgow　26, 27, 201

グラハム Gordon Graham　17

クリーマー David G. Creamer　16, 99, 169

クレイグ Cairns Craig　13, 18, 170

クロムウェル Oliver Cromwell　68

計画経済 planned economy　69

経験主義 empiricism　148

『経済学・哲学草稿』Economic and Philosophical Manuscripts　79

経済的独裁制 economic dictatorship　73

経済的民主主義 economic democracy　73

継続体 Continuant　105, 106

結社 association　119

ケネディー Darren M. Kennedy　16, 185

言語能力 power of speech　114, 130

言語分析 linguistic analysis　28

原罪 original sin　115

『現実になるということ』Becoming Real　13

現実の統一概念 unitary conception of reality　192

建設的民主主義 constructive democracy　73

幻想的宗教 religion of illusion　122, 123

『現代社会における自由』Freedom in the Modern World　175

『現代倫理学の諸問題』Contemporary Ethical Issues　17

恋 love　77, 135

恋に恋する be in love with love　77, 78, 133

行為 action　7, 43, 102, 103, 106, 107, 171

『行為者としての自己』The Self as Agent　88, 176, 202

行為における知識 knowledge in action　103

考察 reflection　89

考察的意図 reflective intention　107

考察的経験 reflective experience　88, 89

コウツ J. B. Coates　11

合理性 rationality　138

コールダー Robert Calder　21

コーン James H. Cone　178, 179

五感 senses　111, 134-136

国際ジョン・マクマレー学会 International John Macmurray Association　17

黒人解放神学 black liberation theology　178

互恵性 reciprocity　87, 114, 127

個人主義 individualism　33, 44, 121, 143, 158, 162-164

コステロ John E. Costello　10, 11, 13, 17, 19-21, 23, 24, 26, 28, 31-34, 97, 99, 154, 164, 168, 173, 178, 181, 187, 188

古代ギリシャ ancient Greece　148, 152

古代ヘブライ人 ancient Hebrews　148, 152

古代ローマ ancient Rome　148, 152

『国家』Republic　117, 132

子ども child　93, 114, 115

コペルニクス Nicolaus Copernicus　170

コリア Andrew Collier　52

コンフォード Philip Conford 13, 14, 17, 19,

28

さ行

祭司 priest　38, 155

サウル Saul　154

サティ Ian Suttie　16, 112

サマリア人 Samaritan　63, 72, 159

三間一和 Trinity　184

サンキ Ira David Sanky　24

三位一体 Trinity　123, 140, 183-187, 194-197

『三位一体論神学の約束』The Promise of
Trinitarian Theology　9

ジェフコ Walter G. Jeffko　17, 28, 33, 73, 82

視覚 visual perception　104, 105, 111, 172

自己愛 self-love　115

思考 thought　7, 76, 77, 82, 90-95, 102, 103

自己犠牲 self-sacrifice　40, 81

自己実現 self-realization　80

自己中心的 egocentric　78, 82, 100, 117, 129

自己超越 self-transcendence　80, 86, 87

仕事 work　110, 113, 114

自己批判 self-critique　148

自己防衛 self-defense　84, 86

自然法則 laws of nature　80, 105, 156, 157, 199

実在論 realism　28, 100, 191

『実践理性批判』The Critique of Practical
Reason　124

実存主義 existentialism　101

実存的 existential　33

質量の保存 conservation of mass / matter　147

自発的客観性 spontaneous objectivity　79

資本家 capital　50, 56, 57

社会 society　70, 73, 87, 88, 118-120

社会主義 socialism　52, 69

社会的観念論 social idealism　28

社会的道徳性 social morality　81

自由意志 free will　82

習慣 habit　106, 113

『十九世紀と二十世紀のスコットランド哲
学』Scottish Philosophy in the Nineteenth &
Twentieth Centuries　17

宗教 religion　35, 36, 54, 56, 62, 70, 87, 101,
121, 123, 130, 131, 142, 143, 150, 188, 231

宗教改革 Reformation　24, 69, 70, 87, 91, 124,
130, 163

宗教的 religious　144, 152, 153, 158

宗教的寛容 religious tolerance　69

宗教的考察 religious reflection　126

宗教と芸術と科学 religion, art and science
121, 124, 149

『宗教における現実の探究』Search for Real-
ity in Religion　23, 30

自由主義的キリスト教 liberal Christianity　28

自由と平等 freedom and equality　45, 53, 68,
74, 86, 131, 160, 164, 167, 169, 192, 195

十分で完全な方法 full and complete way　135

自由、平等、博愛 liberty, equality, fraternity
86, 120, 128

周辺的、実用的方法 ulterior, utilitarian way
136

主観的衝動 subjective impulse　132

主知主義 intellectualism　89

シュティルナー Max Stirner　48

受肉 incarnation　97

『純粋理性批判』The Critique of Pure Reason
124

消極的民主主義 negative democracy　69

象徴 symbol　45, 91

上部構造 superstructure　60

触覚 tactual perception　104, 111, 172

『ジョン・マクマレー』John Macmurray　15

ジョン・マクマレー学会 John Macmurray
　Society　　　　　　　　　　10, 17, 102
ジョン・マクマレー交友会 John Macmurray
　Fellowship　　　　　　　　　　　　17
『ジョン・マクマレー哲学選集』 John Mac-
　murray Selected Philosophical Writings　14
『ジョン・マクマレー伝記』 John Macmurray
　A Biography　　　　　　　　　　　17
『ジョン・マクマレーの宗教的哲学』 John
　Macmurray's Religious Philosophy　　16
『ジョン・マクマレーの要点』 John Macmur-
　ray in a Nutshell　　　　　　　　　14
神学 theology　　124, 163, 176, 181, 191
『神学的科学』 Theological Science　11, 191
『人格とキリスト者の生活』 Character and
　the Christian Life　　　　　　　　176
新カルヴァン主義 Neo-Calvinism　　181
親交 communion　18, 96, 121, 143, 145, 164,
　184, 187
信仰 faith　　　　　　　　33, 166, 167
信仰共同体 communion　18, 54, 55, 87, 131,
　142-144, 158, 161, 165-168
信仰共同体主義者 communionarian　　19
信仰の形態 form of the faithful　　　192
信仰の領域 field of the faithful　192, 197
信仰復興集会 revivalist meeting　　　54
真善美 truth, goodness and beauty　　124
新陳代謝 metabolism　　　　　93, 230
真の愛 true love　　　　　　　134, 230
新プラトン主義 Neoplatonism　　　　42
親睦 fellowship　85-87, 120-122, 150, 160
信頼 reliance　　　　　　　　188, 231
心理学的思考の人間的統一型 personal unity-
　pattern of psychological thought　94, 191
数学的思考の機械的統一型 mechanical unity-
　pattern of mathematical thought　92, 93, 191

スコットランド教会 Scottish Church　24, 25
スコットランド思想研究所 The Centre for
　Scottish Thought　　　　　　　　　15
『スコットランド思想誌』 Journal of Scottish
　Thought　　　　　　　　　　　　15
スコットランド常識学派 the Scottish Com-
　monsense School　　　　　　　　　11
ストア哲学 Stoicism　　　　42, 117, 137
スピノザ Baruch de Spinoza　　　　93
スミット Dirk J. Smit　　　　　　181
聖画像 icon　　　　　　　　　　　123
正義 justice　　　　　　　　　　127
聖餐式 Holy Communion　　　　　45
生産手段 means of production　50, 51, 53
誠実さ sincerity　　　　　　　　　80
成熟した宗教 mature religion　36, 145, 146
生態学的神学 ecological theology　171, 173
性的魅力 sexual attraction　　　　　133
生物学的思考の有機的統一型 organic unity-
　pattern of biological thought　93, 94, 191
生物学的道徳性 biological morality　　81
生物の性質 living nature　　　　　78
世界教会協議会 the World Council of Church-
　es　　　　　　　　　　　　　　44
積極的政府 positive government　　69, 73
絶対精神 Absolute Spirit　　　　　28
絶対的自由 absolute freedom　　82, 84
『摂理と人格主義』 Providence and Personal-
　ism　　　　　　　　　　　　　16
世話 caring　　　　　　　　　113-116
全体主義 totalitarianism　　69-71, 112
相互性 mutuality　94, 120, 142, 143, 159, 188
創造的宗教 creative religion　　　　71
素朴な実在論 naive realism　　　　193
ソンム Somme, France　　　　　　29

事項索引

た行

第一次世界大戦 Great War　　28, 32, 55, 75, 169, 188, 231

第一人称、第二人称、第三人称 first, second and third persons　　125, 126, 138, 184

第二次世界大戦 World War II　　161

ダウア Nigel Dower　　15, 19

ダウニー Robin Downie　　178, 189

ダビデ David　　38

『旅への指針』 Guides for the Journey　　16

ダンカン A. R. C. Duncan　　10, 13, 15, 16, 98, 99, 102, 171, 172, 190

知的考察 intellectual reflection　　125

知的知識 intellectual knowledge　　107, 135

チャールズ一世 King Charles I　　68

『チャップマン』 Chapman　　15

聴覚 aural perception　　111

長老主義 Presbyterianism　　25

直接的関係 direct relations　　111, 112

直接的経験 immediate experience　　25, 88, 89, 94, 96

デカルト René Descartes　　99-102, 175

敵に対する愛 love for enemies　　41, 116, 159, 167

哲学的知識 philosophical knowledge　　111

『哲学と神学』 Philosophy and Theology　　14

テルトゥリアヌス Tertullian　　184-186

天国の領域 field of the heavenly　　197, 199

天才 genius　　138, 144

天の王国 the Kingdom of Heaven　　19, 40, 41, 43, 46, 57-59, 62, 64, 65, 72, 145, 158, 199

統一型 unity-pattern　　90, 91, 192

統一の枠組み schema of unity　　90

動機づけ motivation　　115, 116, 119

統合の形式 form of synthesis　　90

道徳性 morality　　80, 116, 117

道徳的相対性 moral relativity　　83

特異性 differentia　　138

独裁制 dictatorship　　136

独断的、権威主義的方法 dogmatic, authoritative way　　136

トマス・アクィナス Thomas Aquinas　　33, 42

『トマス・F・トランス　知的伝記』 Thomas F. Torrance An Intellectual Biography　　191

共にとる食事 common meal　　45

『共に結ばれて』 Together Bound　　15

トランス Alan J. Torrance　　183

トランス Thomas F. Torrance　　11, 183, 191

奴隷 slave　　38, 45, 72, 81, 96, 110, 143, 154, 161, 178, 179

トロント大学リージス学寮 Regis College, University of Toronto　　17

な行

内向的 introvert　　115

ナチスの大会 Nazi convention　　54

ナチズム Nazism　　68, 70, 73

憎しみ hatred　　77, 115

二元論 dualism　　38, 42, 43, 50, 61, 62, 102, 141, 143, 144, 151, 154-157, 160-163, 174, 175, 191

『二十世紀の宗教思想』 Twentieth-Century Religious Thought　　11, 17

ニュービギン J. E. Lesslie Newbigin　　189

『人間関係理論』 Personal Relations Theory　　16

人間性 personality　　95, 101, 109, 110, 125, 158, 200

人間性以下 sub-personal　　138, 143

人間性の保存 conservation of personality　　146, 147

人間的 personal　　10, 109, 110, 112, 118, 158,

168, 169

『人間の宇宙』 The Personal Universe 14

人間的関係 personal relationship 52, 53, 60, 96, 97, 109, 118, 120, 134, 142, 149, 187, 188

人間的自由 human freedom 80-82, 86

『人間的世界』 The Personal World 14

人間的道徳性 personal morality 81

『人間の神学的概念』 The Theological Notion of the Human Person 16

人間の性質 human nature 78, 118

『人間の性質について』 On the Nature of Persons 15

ネフュー Albert H. Nephew 171

ノディングズ Nell Noddings 173

は行

バークリ George Berkeley 93

パーソンズ Susan Parsons 113

パーソンズ Talcott Parsons 110

バーンズ Kenneth C. Barnes 13, 30

バーンズ W. H. F. Barnes 14

配慮 caring 44-46, 87, 173

パウロ Paul 27, 72, 131, 160, 196

バスカー Roy Bhaskar 191, 199

働き手 worker 155, 158, 163, 164

バッハ Johann Sebastian Bach 10

母 mother 112-116

バプテスト教会 Baptist church 25

ハリソン Stanley M. Harrison 17

バルト Karl Barth 16, 185, 186

ハワーワス Stanley Hauerwas 175, 176

『判断力批判』 The Critique of Judgement 124

範疇の体系 systems of categories 90

ヒック John Hick 10, 17

ヒトラー Adolf Hitler 70, 84

批判的実在論 critical realism 192-194

ヒューム David Hume 91, 99

『ピレボス』 Philebus 132

ファガソン David A. S. Fergusson 9, 13, 15, 17, 28, 102, 185, 190, 191

ファシズム Fascism 52, 60, 73, 75, 101, 188

不安 anxiety 115

フィールディング Michael Fielding 13

フード Adam Hood 11, 16

ブーバー Martin Buber 33, 120, 173, 187, 201

フェミニスト神学 feminist theology 171

フォイエルバッハ Ludwig Feuerbach 48, 49, 173

部族的宗教 tribal religion 70

仏教 Buddhism 37

物体的自由 material freedom 79, 80, 86

物体と生命と人間性 matter, life and personality 79, 141, 142, 148, 177, 178, 192

物体の性質 material nature 78

普遍的共同体 universal community 19, 37, 39, 63, 64, 145

普遍的宗教 universal religion 37, 55, 70, 73

普遍的他者 universal Other 122, 151

プラウト Joseph Prout 190

プラグマティズム pragmatism 50

プラグマティック pragmatic 117-119, 127, 152

プラトン Plato 42, 132

フランス革命 French Revolution 87, 91

プリマス・ブレズレン Plymouth Brethren 25, 26

ブレア Tony Blair 10, 14

ブレット Gregory Brett 16, 99, 182

フロイデンベルク Matthias Freudenberg 181

フロイト Sigmund Freud 122

プロテスタント教会 Protestant churches 24

事項索引

兵役 military service　　81, 196

『ベイリー、オーマン、マクマレー』 Baillie, Oman and Macmurray　　16

平和主義 pacifism　　31, 32, 169

ヘーゲル Georg Wilhelm Friedrich Hegel　28, 33, 48, 49, 51, 93, 99

ヘブライ人 Hebrew　34, 36, 38-40, 144, 154-156, 160, 189

ヘブライ文化 Hebrew culture　117, 124, 152-154

ペン William Penn　　168

弁証法 dialectic　19, 48-53, 59, 60, 64-67, 93, 99, 119

奉仕 service　　81, 167, 168, 195, 196

保守的宗教 conservative religion　　71

ポストモダン的反実在論 postmodern anti-realism　　193

ホッブズ Thomas Hobbes　　118

ポパー Karl Popper　　201

ボリシェヴィキ政策 Bolshevism　　52, 58

本質的価値 intrinsic value　128, 138, 139, 149

本能 instinct　　113

ま行

マクグラス Alister E. McGrath　18, 105, 124, 190-194, 199

マクフェイグ Sallie McFague　　171-173

マクロ神学 macrotheology　　18

マクロ哲学者 macrophilosopher　　18

マッキーバー Robert Morrison MacIver　15

マッキントッシュ Esther McIntosh　7, 11, 13, 14, 16, 19, 25, 33, 73, 102, 111, 175, 189, 191, 201

マッコーリー John Macquarrie　11, 12, 17, 33

マルクス Karl Marx　34, 43, 48-52, 60, 62, 79, 87, 122, 205

マルクス主義 Marxism　　180

マルセル Gabriel Marcel　　201

マンチェスター大学 University of Manchester　　23, 201

ミクロ神学 microtheology　　18

宮平望 Nozomu Miyahira　9, 171, 174, , 175, 178, 184, 194

民主主義 democracy　31, 48, 53, 62, 65-74, 85, 101, 161

ムーディ Dwight Lyman Moody　　24

ムーニー Philip Mooney　　164

無限 infinite　　7, 89, 91, 96, 147, 151

無産階級 proletariat　　50, 51, 53

無神論 atheism　48, 58, 100, 122, 182

無名のキリスト者 anonymous Christian　182, 183

瞑想 contemplation　108, 117, 172

瞑想的 contemplative　117, 119, 152

メンデレスゾーン Mendelssohn　　10

目的の王国 kingdom of ends　　116

物語神学 narrative theology　　175

や行

ヤコブ Jacob　　38

唯物論 materialism　50, 52, 53, 58-61

有機的関係 organic relation　52, 53, 60

有機的自由 organic freedom　79, 80, 86

有産階級 bourgeoisie　　51, 53

友情 friendship　45, 81, 82, 85-87, 95, 119, 131, 160, 167-169, 195

友情の構成原理 constitutive principles of friendship　　86

友情の道徳性 morality of friendship　　81

『有神論的倫理のための道徳的存在論』 A Moral Ontology for a Theistic Ethic　15

ユダヤ教 Judaism　35, 71, 185

ユダヤ人 Jew　　38-40, 63, 72, 154, 156, 159
幼児 infant　　　　　　112-114, 116
預言者 prophet　　　38-40, 155, 156, 180
ヨハネスバーグ Johannesburg　　　23
ヨベルの年 year of Jubilee 38, 154

ら行

ラーナー Karl Rahner　　　　16, 181
ラザロ Lazarus　　　　　　65, 66
ラム Elizabeth Lam　　　　　51
利己主義 self-interest　40, 43, 72, 119, 162
利己主義的 egocentric　109, 115, 117, 120, 129
理性 reason　33, 56, 99, 100, 118, 129-131, 138, 166
理想主義 idealism　　　　31, 32, 172
利他主義 altruism　　　　　115, 116
利他主義的 heterocentric　　115, 117, 120
律法 law　　　　103, 159, 180, 199
リューサー Rosemary Radford Ruether　173, 174
利用価値 utility value　　　　148
理論 theory　　　　　50, 52, 105
リンド Christopher Lind　　　180
ルイス H. D. Lewis　　　　　14
ルソー Jean-Jacques Rousseau　99, 118, 119
ルテンバー Culbert G. Rutenber　102
ルネサンス Renaissance　　124, 130

霊感 inspiration　　　　　24, 135
レッシング Gotthold Ephraim Lessing　99
レン Thomas E. Wren　　　　14
労働者 labor　42, 50, 56, 57, 97, 127, 155, 183
労働道徳 working morality　　　81
ローマ教会 Roman church　　24, 28
ローマ帝国 Roman Empire　34, 37, 39, 40, 42, 43, 64, 157, 161, 165
ローマ文化 Roman culture　　124, 152
ローマ法 Roman law　　　　117
ロシア Russia　　　52, 59, 73, 85, 91
ロバーツ Richard Roberts　　97
ロマン主義運動 Romantic movement　118, 128
ロンドン大学ユニバーシティー・コレッジ University College, London　201, 202
『論理学』 Logic　　　　　　93
論理経験主義 logical empiricism　101
論理実証主義 logical positivism　28

わ行

ワイマール（＝ヴァイマル）憲法 Weimar Constitution　　　　　　68
和解 reconciliation　31, 42, 44, 150, 180
我行う Ago　　　　　　　102
我思う Cogito　99, 101, 102, 105, 175, 187
『我と汝』 I and Thou　　　　173, 187

聖書箇所索引

旧約聖書
創世記
1:1-31	197
1:1-2:7	155
1:27	171, 194, 200
2:18-24	174
3:1-6	115
4:3-5	115
5:24	155
12:1-4	155
12:2-3	39
12:3	165
14:13	154
18:18	39
22:16-18	39
28:14	39

出エジプト記
1:9	154
3:14	186
20:8	103

レビ記
19:18	117
19:34	117
25:1-55	154
25:8-55	38
27:16-25	38, 154

申命記
6:13	63
6:16	63
8:3	63

サムエル記上
9:1-10:8	154

歴代誌下
20:7	155

エステル記
2:5	154

イザヤ書
41:8	155
53:1-12	184

エレミヤ書
2:33-3:13	152
17:9	118

エゼキエル書
16:23-63	152

ホセア書
2:4-3:5	152

新約聖書
マタイによる福音書
3:9	71
3:17	185
4:1-11	62, 165
4:3	156
4:4	63, 157
4:6	156
4:7	63, 157
4:8-9	157
4:10	63
4:17	62
5:5	65, 157
5:8	157
5:43-44	159
5:44	116, 167
6:9	167
6:10	40, 57, 165
7:17-20	50
9:13	65
12:33	50
12:46-50	161
12:48-50	158
12:50	64, 71
13:31-33	65,
16:19	57
17:20	166
18:10-14	193
18:23-35	65
19:16-22	58
19:19	116
19:23	46, 58
19:23-24	65
19:24	59
19:30	65
20:16	65
20:23	167
21:21	198
21:31	65
22:34-40	159
22:37-39	36

22:39	116	3:36	198	15:17	167
23:1-36	58, 161	4:21	166	15:26	193
23:11	66	5:17	155, 161, 164	17:1-26	194
25:31-46	177	5:24	198	17:20	166
26:29	167	6:35	166	18:4	197
26:40	177	6:40	198	18:36	38
26:45	177	6:47	198	19:30	197
26:52	165	6:50-51	198	20:17	198
28:19	140	6:58	198	**使徒言行録**	

マルコによる福音書

		7:38	166	3:25	165
2:27	80, 103	8:21-24	198	17:28	97, 116
4:40	166	8:23	38	20:19	196
5:34	166	8:32	160	**ローマ人への手紙**	
5:36	166	8:39	159	1:1	196
9:35	160	8:40	193	1:25	193
10:29-30	59	8:44	45, 145	4:17	197

ルカによる福音書

		8:45-46	166	5:8	168
6:20	64	8:58	194	6:23	198
6:21	66	10:10	135	12:10	196
6:24-25	66	10:18	197	12:11	196
8:24-25	166	10:30	194, 197	14:18	196
10:25-37	159	11:25	198	**コリント人への手紙一**	
10:29-37	63, 72	11:25-26	166	1:27-28	65
11:20	64	12:24-25	67	13:12	131
16:13	196	12:44	166	**コリント人への手紙二**	
16:19-31	65, 66	12:46	166	3:17	197
17:10	195	13:14	167	3:18	200
17:21	64	13:15	160	**ガラテヤ人への手紙**	

ヨハネによる福音書

		13:34	168, 180	3:14	165
1:9	169	14:1	166	5:13	196, 197
1:12-13	200	14:6	193	**エフェソ人への手紙**	
1:14	193	14:12	166	2:15	200
3:3	72, 200	14:28	194, 197	4:2-3	185
3:6-7	200	15:12	167, 168	4:16	185
3:8	197	15:14	168	4:24	200
3:15-16	198	15:14-17	167, 195	6:7	196

聖書箇所索引

フィリピ人への手紙		3:5	200	3:6	199
1:1	196	**ヤコブの手紙**		3:9	199, 200
2:3	196	1:1	196	3:17	146
2:8	196	2:23	155	4:7	167, 200
コロサイ人への手紙		**ペトロの手紙一**		4:18	167
3:10	200	1:3	200	4:20	45, 145
3:11	72	1:23	200	5:1	200
3:24	196	2:16	196, 197	5:4	200
4:12	196	2:22	199	5:18	199, 200
テサロニケ人への手紙一		**ペトロの手紙二**		**ユダの手紙**	
1:9	196	1:1	196	1:1	196
テトスへの手紙		**ヨハネの手紙一**		**ヨハネの黙示録**	
1:1	196	2:29	200	1:1	196

後　書

　本書は公私に渡り種々の事柄と並行して完成されたが、マクマレーが解説しているように（結章第一節）、人間は生物的要素と物質的要素を含む以上、直接の人間関係だけでなく、料理、ガーデニング、ペットの飼育といった有機的生活や、掃除、洗濯、日曜大工などの物質に関与する活動も、人間の言語能力を駆使した著作活動に資することを度々、再認識させられた。研究以外のものが研究生活を引き締め、自分以外のものが自分自身を引き締めるとも言えよう。他者や他の物との現実的な関係をマクマレーは客観性と呼んだが、こうした考え方は恋愛論から平和論に至るまで広く応用の利くものである。

　学生には時に、「真の愛は、相手に深入りすることなく相手を深め、相手に浮かれることなく相手を高める。また真の愛は、相手を低めることなく深め、相手を高ぶらせることなく高める」と言ってみたりするが（第四章第一節）、この「深め」、「高める」ことこそ客観的人間関係であり、逆に「深入り」や「浮かれること」は現実的な相手も自己をも失った状態であり、「低める」ことは相手を人間以下の生き物として、さらにはそれ以下の物として扱い、「高ぶらせること」は相手を偶像礼拝することである。

　このような非客観的人間関係は畢竟、破綻に至るだろうが、マクマレーも新陳代謝に言及しているように、人の物質的要素である体自体は何年か経過すればすべて入れ代わるという現実は（第三章第一節、第四章第三節）、新しい人間関係構築への歩みを後押ししてくれる。心残りがあっても、体がなければ心はないことを考慮すれば、体を鍛えることが心を鍛えることにもつながるだろう。時として厳しい現実を指して、人は泣きながら生まれて来ると言えるなら（シェークスピア）、すべての人は祈りながら死に

行くとも言える。この誕生と死の間には笑いも準備されている。

　国家と国家の関係の破綻は、戦争に至りうる最悪の歴史的事態であり、第一次世界大戦に従軍させられたマクマレーは、戦争が根源的には各国指導者たちの相互信頼の欠如に起因するものであり、相互の信頼を確立する宗教本来の役割が、諸国間の経済的相互依存よりも肝要であると指摘する（結章第一節）。確かに、「宗教（religion）」と「信頼（reliance）」という用語には語源的に深い関係がある。マクマレーは主にユダヤ・キリスト教文化圏の文脈で語っているが、どのような宗教にも他者や究極的な他者である礼拝対象に対する信頼という構成要素があるだろう。

　マクマレーの思想は特に英語圏では様々な学問分野で活用されているが、今回、日本でマクマレーを紹介する意義を認めてくださった新教出版社の小林望社長に再び心から感謝申し上げたい。

2017 年 3 月 22 日

宮平　望

著者紹介　宮平 望（みやひら のぞむ）

1966 年　神戸市生まれ

1989 年　同志社大学神学部卒業（神学士）

1991 年　同志社大学大学院神学研究科前期博士課程歴史神学専攻終了（神学修士）

1992 年　ハーバード大学神学大学院修士課程修了（神学修士号［ThM］受領）

1996 年　オックスフォード・ウィクリフホール神学大学研究科終了（コベントリー大学より神学博士号［PhD in Theology］受領）

1996 年 8 月－1997 年 3 月　オックスフォード大学グリーン学寮客員研究員

1997 年　西南学院大学文学部国際文化学科講師（キリスト教学・アメリカ思想）

1998 年　西南学院大学文学部国際文化学科助教授

2002 年 8 月－2003 年 8 月　ケンブリッジ大学神学部・宗教学神学高等研究所客員研究員

2002 年 8 月－2003 年 8 月　ケンブリッジ・ティンダルハウス聖書学研究所客員研究員

2002 年 10 月－2003 年 8 月　ケンブリッジ大学セント・エドマンズ学寮客員研究員

2004 年　西南学院大学文学部国際文化学科教授

2006 年以後　西南学院大学国際文化学部国際文化学科教授

著書

『神の和の神学へ向けて　三位一体から三間一和の神論へ』（すぐ書房, 1997／新教出版社, 2017）

Towards a Theology of the Concord of God　A Japanese Perspective on the Trinity, (Carlisle, Cumbria: Paternoster, 2000)

『責任を取り、意味を与える神　21 世紀日本のキリスト教 1』（一麦出版社, 2000）

『苦難を担い、救いへ導く神　21 世紀日本のキリスト教 2』（一麦出版社, 2003）

『戦争を鎮め、平和を築く神　21 世紀日本のキリスト教 3』（一麦出版社, 2005）

『現代アメリカ神学思想　平和・人権・環境の理念』（新教出版社, 2004）

『ゴスペルエッセンス　君に贈る 5 つの話』（新教出版社, 2004）

『ゴスペルフォーラム　君に贈る 5 つの話』（新教出版社, 2007）

『ゴスペルスピリット　君に贈る 5 つの話』（新教出版社, 2008）

『神の和の神学入門　21 世紀日本の神学』（新教出版社, 2005）

『マタイによる福音書　私訳と解説』（新教出版社, 2006）

『マルコによる福音書　私訳と解説』（新教出版社, 2008）

『ルカによる福音書　私訳と解説』（新教出版社, 2009）

『ヨハネによる福音書　私訳と解説』（新教出版社, 2010）

『使徒言行録　私訳と解説』（新教出版社, 2011）

『ローマ人への手紙　私訳と解説』（新教出版社, 2011）

『コリント人への手紙　私訳と解説』（新教出版社，2012）

『ガラテヤ人・エフェソ人・フィリピ人・コロサイ人への手紙　私訳と解説』（新教出版社，2013）

『テサロニケ人・テモテ・テトス・フィレモンへの手紙　私訳と解説』（新教出版社，2014）

『ヘブライ人への手紙　私訳と解説』（新教出版社，2014）

『ヤコブ・ペトロ・ヨハネ・ユダの手紙　私訳と解説』（新教出版社，2015）

『ヨハネの黙示録　私訳と解説』（新教出版社，2015）

訳書

クラス・ルーニア『使徒信条の歴史と信仰』（いのちのことば社，1992）

ボブ・ハウツワールト『繁栄という名の「偶像」』（いのちのことば社，1993）

D. ブローシュ『キリスト教信仰　真の信仰をめざして』（一麦出版社，1998）

アーサー F. ホームズ『知と信の対話　キリスト教教育の理念』（一麦出版社，1999）

本書に寄せられた言葉

「人間の関係論的視点に基づくジョン・マクマレーの人間哲学は、私たちが社会的、宗教的、政治的生活を理解するための重要な役割を担い続けている。彼の著作に対する本書の忍耐深く鋭敏な解説は、マクマレーの思想の様々な要素を明示し、それらがいかに新しく活用されうるかを指し示している。宮平博士の素晴らしい研究は、新たな聞き手の中にマクマレー自身の研究に対する興味を確かに引き起こすだろう。」

エディンバラ大学　デイヴィッド・ファガソン教授

David Fergusson, OBE MA BD DPhil DD FBA FRSE

Professor of Divinity and Principal of New College, University of Edinburgh

「長期間の閑却の後、今やスコットランドの哲学者であり神学者であるジョン・マクマレーの著作に対する新たな関心が湧き起こってきている。宮平博士のこの重要な研究は、キリスト教徒の生活と思索を結び付けながら神学の論述と議論を深めるマクマレーの方法を解き明かす。大いに推薦されるべき書である。」

オックスフォード大学　アリスター・E・マクグラス教授

Alister E. McGrath MA DPhil DD DLitt FRSA

Andreas Idreos Professor of Science and Religion, University of Oxford

「宮平望教授は、イギリスの哲学者であった故ジョン・マクマレーの思想に関する見事な本を著した。宮平氏の網羅的で深い知識に基づく研究は、マクマレー自身の研究の広さを反映しているだけでなく、印象に残るほどの正確さと繊細さを伴っている。宮平氏がマクマレーに対する研究の増大しつつある領域を活用している点こそ、読者には特に重要になってくるだろう。」

トリニティー大学　フランク・カークパトリック名誉教授

Frank Kirkpatrick, MA PhD

Ellsworth Morton Tracy Lecturer and Professor of Religion, Emeritus,

Trinity College, Hartford Connecticut

「本書において宮平望博士は、マクマレーの思想の明快な解説を読者に提供する際、最新のマクマレー研究を紹介し、マクマレーの思想をその生活と実践の脈絡の中で提示している。その後、宮平氏は現代の我々に資する形で、マクマレーの著作に見られる諸概念を徹底的、網羅的に整理する。特に、マクマレーの関係論的思想を現代神学や三位一体論と対話させることで実り多い議論が展開されていると言えるだろう。」

ヨーク・セントジョン大学　エスター・マッキントッシュ博士

Dr Esther McIntosh, BD(Hons) PhD

Director of Theology and Religious Studies, Senior Lecturer in Religion, Philosophy and Ethics

School of Humanities, Religion and Philosophy, York St. John University

ジョン・マクマレー研究

キリスト教と政治・社会・宗教

●

2017 年 9 月 1 日　第 1 版第 1 刷発行

著　者……宮平　望
発行者……小林　望
発行所……株式会社新教出版社
〒 162-0814 東京都新宿区新小川町 9-1
電話（代表）03 (3260) 6148
振替 00180-1-9991

印刷製本……モリモト印刷株式会社

ISBN 978-4-400-32766-0 C1016
Nozomu Miyahira 2017 ©

新教出版社

宮平望の本

*

私訳と解説シリーズ

マタイによる福音書　　マルコによる福音書
私訳と解説　4000 円　　私訳と解説　2400 円

ルカによる福音書　　ヨハネによる福音書
私訳と解説　4000 円　　私訳と解説　2500 円

使徒言行録　　ローマ人への手紙
私訳と解説　2500 円　　私訳と解説　2000 円

コリント人への手紙
私訳と解説　2500 円

ガラテヤ人・エフェソ人・フィリピ人・コロサイ人への手紙
私訳と解説　2500 円

テサロニケ人・テモテ・テトス・フィレモンへの手紙
私訳と解説　2400 円

ヘブライ人への手紙
私訳と解説　2200 円

ヤコブ・ペトロ・ヨハネ・ユダの手紙
私訳と解説　2500 円

ヨハネの黙示録
私訳と解説　2300 円

*

神の和の神学へ向けて
三位一体から三間一和の神論へ　2400 円

表示は税抜き本体価格です。